kohlhammer
edition eisenbahn

Rüdiger Gänsfuß

Lokomotiv- und Triebwagen-Lexikon Deutsche Bundesbahn

Ausgemusterte Fahrzeuge 1960–1969

Verlag W. Kohlhammer
Stuttgart Berlin Köln Mainz

CIP-Kurztitelaufnahme der Deutschen Bibliothek

Lokomotiv- und Triebwagen-Lexikon Deutsche Bundesbahn. –
Stuttgart ; Berlin ; Köln ; Mainz : Kohlhammer
(Kohlhammer-Edition Eisenbahn)

NE: Deutsche Bundesbahn

Ausgemusterte Fahrzeuge 1960–1969 /
Rüdiger Gänsfuss. - 1984.
ISBN 3-17-008345-7

NE: Gänsfuss, Rüdiger [Mitverf.]

Titelbild: 10 001: Bw Münster, 1967 (Dr. W. Fiegenbaum)

Stuttgart Berlin Köln Mainz
Verlagsort: Stuttgart
Umschlag: hace
Gesamtherstellung: W. Kohlhammer Druckerei GmbH + Co.
Stuttgart
Printed in Germany

Inhalt

Vorwort

Alle zwischen dem 1. 1. 1960 und dem 31. 12. 1969 aus dem DB-Bestand ausgeschiedenen Triebfahrzeuge werden in diesem dritten Band der Lexikon-Reihe in Wort und Bild vorgestellt. Zusammen mit den beiden bereits erschienenen Bänden (»Stand 1. 1. 1980« und »Ausgemusterte Fahrzeuge 1970–1979«) liegt damit eine lückenlose Dokumentation aller seit 1960 bis zum Beginn der 80er Jahre bei der DB eingesetzten Lokomotiven und Triebwagen vor.
Geboten werden wiederum Ausführungen zur Entwicklungs- und Einsatzgeschichte der Fahrzeuge, technische Daten sowie Bestandsübersichten. Im Zeitabschnitt 1960–1969 finden sich u. a. hochinteressante Lokomotiven wie die »Sputniks« (Baureihe 10), die »Glaskästen« (Baureihe 98^3), Gliedertriebzüge und Gepäcktriebwagen, aber auch noch eine große Anzahl altbewährter Länderbahn-Lokomotiven.
Wie schon bei den beiden anderen Lexika beschränkt sich die Darstellung auf Fahrzeuge des DB-Bestandes (also keine angemieteten Loks bzw. Triebwagen) und verzichtet auf eine gesonderte Behandlung der Bei-, Mittel- und Steuerwagen (sie werden bei den zugehörigen Motorwagen mitbehandelt); auch Bahndienstfahrzeuge sind nicht berücksichtigt (zu diesen zählt auch der noch in den 60er Jahren vorhandene ET 184). Einige Baureihen, die eng miteinander verwandt sind, wurden zusammengefaßt (z. B. VT 25^5 und VT 33^5). Nicht aufgenommen wurde schließlich der ET 255, der bereits im Lexikon »Ausgemusterte Fahrzeuge 1970–1979« auf den Seiten 106 f beschrieben wurde.

Mein besonderer Dank gilt Herrn Andreas Knipping für die Überlassung zahlreicher Unterlagen. Ebenfalls intensiv unterstützt mit Archivmaterial haben mich die Herren Jürgen Ebel, Dr. Wolfgang Fiegenbaum, Helmut Iffländer und Hansjürgen Wenzel, des weiteren verschiedene Dienststellen der DB und das Verkehrsarchiv in Nürnberg. Ihnen allen, ebenso den vielen Bildautoren, sei für ihre Mitarbeit gedankt. Mein herzlicher Dank richtet sich auch an Frau Ursula Wening für die kritische Durchsicht und die Reinschrift des Manuskripts.

Münster, im Januar 1984 *Rüdiger Gänsfuß*

Einführung

Einteilung der Triebfahrzeuge

Bis zur Einführung der computergerechten Fahrzeugnummern am 1. 1. 1968 war das Numerierungssystem bei der DB recht uneinheitlich, so daß in diesem Zusammenhang auf jede Fahrzeuggruppe gesondert eingegangen werden muß.
Bei den Dampflokomotiven wurde bereits 1925 ein Nummernsystem eingeführt, daß bei DB und DR bis zur Einführung der Computernummern beibehalten wurde. Hierbei bestand die Loknummer aus einer zweistelligen Baureihenbezeichnung und einer drei- oder vierstelligen Ordnungsnummer. Die Baureihennummern wurden wie folgt vergeben:

Baureihen 01 bis 19	für Schnellzuglokomotiven,
Baureihen 20 bis 39	für Personenzuglokomotiven,
Baureihen 40 bis 59	für Güterzuglokomotiven,
Baureihen 60 bis 79	für Schnell- und Personenzug-Tenderlokomotiven,
Baureihen 80 bis 96	für Güterzug-Tenderlokomotiven,
Baureihe 97	für Zahnradlokomotiven,
Baureihe 98	für Lokalbahnlokomotiven und
Baureihe 99	für Schmalspurlokomotiven.

Verschiedene Bauarten innerhalb einer Baureihennummer erhielten eigene Gruppen in den Ordnungsnummern, z. B. 01 001 ff und 01 1001 ff. In diesen Fällen (wenn mehr als eine Bauart innerhalb einer Baureihe vertreten waren) wurden die erste (bei dreistelligen Ordnungsnummern) bzw. die ersten beiden (bei vierstelligen) Ziffern der Ordnungsnummern als Hochzahlen an die Baureihe gehängt, also z. B. 01^{0} und 01^{10}. Eine Ausnahme bildete hier die Baureihe 99, bei der die ersten beiden bzw. ersten drei Ziffern der Ordnungsnummer zur näheren Bestimmung der Baureihe gewählt wurden.
Ausnahmen bei diesem Nummernsystem waren selten, zu nennen wären vor allem Versuchsloks mit vorangestelltem Buchstaben (T 18, H 45), Einreihung von Maschinen gleicher Bauart in verschiedene Ordnungsnummerngruppen (z. B. 75^{4}, 75^{10} und 75^{11} oder 64 6576) oder Einreihung unterschiedlicher Bauarten in die gleiche Ordnungsnummerngruppe (Baureihe 89^{70}, vgl. S. 70 ff.).
Am 1. 1. 1968 führte die DB ein neues Nummernsystem ein, bei dem jedes Triebfahrzeug eine dreistellige Baureihenbezeichnung, eine ebenfalls dreistellige Ordnungsnummer und eine durch einen waagerechten Strich abgesetzte Kontrollziffer erhielt. Die erste Ziffer der Baureihenbezeichnung gibt die Art des Fahrzeugs an, für Dampflokomotiven wurde die 0 gewählt. So konnten die alten Baureihenbezeichnungen nach Vorsetzen der 0 in der Regel erhalten werden. Geändert wurde die alte Baureihenbezeichnung bei folgenden Fahrzeugen:

01^{10} Kohle zu 011, 01^{10} Öl zu 012, 41 Öl zu 042, 44 Öl zu 043, 50 zu 050 bis 053 (siehe unten), 98^{11} zu 097.
Loks mit dreistelligen Ordnungsnummern konnten diese unverändert übernehmen, bei Maschinen mit vierstelliger Ordnungsnummer (Baureihen 01^{10}, 38^{10}, 44, 50, 55^{25}, 57^{10}, 93^{5}, 94^{5} und 98^{11}) wurde die erste Ziffer bei der Umnumerierung weggelassen. Eine Ausnahme bildete die Reihe 50, bei der man die erste Ziffer der Ordnungsnummer in die Baureihenbezeichnung übernahm (also 50 001 ... 999 zu 050 001 ... 999, 50 1004 ... 1982 zu 051 004 ... 982 usw.). Schwierigkeiten traten bei den Baureihen 38^{10}, 44, 55^{25} und 94^{5} auf, wenn sich durch Fortfall der Tausenderziffer bei zwei oder mehr Loks im neuen Nummernplan gleiche Ordnungsnummern ergeben hätten. In diesen Fällen änderten sich z. T. auch die Ordnungsnummern (Beispiel: 44 044 zu 044 044 und 44 1044 zu 044 045). In diesem Zusammenhang sei noch auf 50 3000 hingewiesen, die in 053 003 umgezeichnet wurde, weil man die Ordnungsnummer 000 vermeiden wollte.
Auf die Errechnung der Kontrollziffer sei hier nicht eingegangen, siehe dazu Lexikon-Band »Stand 1. 1. 1980« und »Ausgemusterte Fahrzeuge 1970–1979« jeweils auf Seite 8.
Es sei noch darauf hingewiesen, daß viele Dampfloks ihre neuen Nummern nur auf dem Papier erhielten, da bei ihnen erst ab Herbst 1968 zögernd begonnen wurde, die neuen Nummernschilder anzubringen.

1927 führte die Deutsche Reichsbahn auch für ihre Elloks ein einheitliches Nummernsystem ein, daß die DB bis Ende 1967 und die DR bis 1970 beibehielten. Danach bekamen Elloks eine zwei- oder dreistellige Baureihennummer mit einem vorangestellten »E« und eine zwei- bis vierstellige Ordnungsnummer. Die Stammnummern wurden wie folgt vergeben:
E 00 bis E 100 für Einphasenwechselstromloks (16 ⅔ und 25 Hz),
E 101 bis E 200 für Gleichstromloks,
E 201 bis E 300 für Einphasenwechselstromloks (50 Hz),
E 301 bis E 400 für Zweisystemloks und
E 401 bis E 500 für Loks für drei und mehr Stromsysteme.
Innerhalb dieses Systems unterteilte man noch weiter in Schnellzugloks (00 bis 29), Personenzugloks (30 bis 59) und Güterzugloks (60 bis 99). Dieses System wurde bei der DB jedoch mehrfach durchbrochen (z. B. E 40 und E 50).
Für die Unterbauarten, die durch eigene Gruppen in den Ordnungsnummern und daraus abgeleitete Hochzahlen (z. B. E 44 501 ff: E 44^{5}) gekennzeichnet waren, gilt prinzipiell das bereits bei den Dampfloks Gesagte, jedoch waren bei den Elloks relativ mehr Ausnahmen zu finden.
Die Einführung der Computer-Nummern bei der DB brachte für die Umzeichnung der Elloks kaum Probleme. Die Baureihennummer konnte unverändert übernommen werden, wobei lediglich das »E« durch eine »1« ersetzt wurde (Ausnahmen: E 10^{12} zu 112, E 40^{11} zu 139, E 44^{11} zu 145,

E 310 zu 181, E 320 zu 182, E 344 zu 183 und E 410 zu 184), und auch bei den Ordnungsnummern brauchte man nicht viel zu ändern: bei zweistelligen Ordnungsnummern wurde als dritte Ziffer eine 0 vorgesetzt, bei vierstelligen fiel die Tausenderstelle weg.

Für ihre Diesel- und Kleinlokomotiven hatte die DRG ein gemeinsames Nummernsystem, das aus einem »V« und einer vier- oder fünfstelligen Ordnungsnummer gebildet wurde. Wegen seiner beschränkten Aussagekraft ersetzte man es 1930 durch ein neues Nummernschema, bei dem man auch Diesel- und Kleinloks voneinander trennte. Dieselloks erhielten Nummern, die ähnlich wie bei den Elloks gebildet wurden und aus einem »V«, einer zwei- oder dreistelligen Baureihenbezeichnung und einer drei- (später auch vier-)stelligen Ordnungsnummer bestand. Die Baureihe gab die Motorleistung in PS geteilt durch zehn an. Dieses Prinzip wurde aber, besonders von der DB, nicht genau eingehalten; so hatte beispielsweise die V 162 keineswegs 1620 PS Motorleistung, sondern 2400 PS, so daß die Bezeichnung V 240 logisch gewesen wäre.
Bei der Einführung der EDV-Nummern versuchte man, bei zweistelligen Baureihenbezeichnungen beide Ziffern zu übernehmen (z. B. V 36 zu 236), bei dreistelligen die ersten beiden Ziffern (z. B. V 160 zu 216). In beiden Fällen waren aber Ausnahmen zu verzeichnen (V 20 zu 270, da 220 durch V 200 bereits besetzt; V 162 zu 217, da 216 durch V 160 besetzt usw.). Die genauen Umzeichnungen sind im Anhang (Triebfahrzeugbestand) nachzusehen. Hingewiesen sei noch auf die Baureihen V 60 und V 60^{10}, bei denen man im neuen Nummernplan die beiden Baureihenbezeichnungen 260 und 261 nach dem Gewicht vergab. Durch diese Neuordnung wurden sowohl V 60 zu 261 als auch V 60^{10} zu 260.
Bei den Ordnungsnummern gab es keine Schwierigkeiten. Bei ehemals vierstelligen Nummern fiel die Tausenderstelle weg oder wurde in die Baureihenbezeichnung mit übernommen.

Der 1930 eingeführte Nummernplan für Kleinlokomotiven der DRG wich vom Bezeichnungssystem der übrigen Loks ganz erheblich ab. Eine Kleinloknummer setzte sich aus einer zwei- oder dreistelligen Buchstabengruppe und einer vierstelligen Ordnungsnummer zusammen. Die Buchstabengruppe bestand aus einem großen »K« für Kleinlokomotive und einem oder zwei kleingeschriebenen Buchstaben, die den Antrieb und sonstige Besonderheiten kennzeichneten. 1960 gab es bei der DB nur noch folgende Bezeichnungen: Kö für Kleinloks mit Dieselmotor und mechanischer Kraftübertragung, Köf für Kleinloks mit Dieselmotor und hydraulischer Kraftübertragung und Ka für Akkukleinloks mit elektrischer Kraftübertragung (früher Ks).
Man unterschied die Kleinloks in zwei Leistungsgruppen (Lg): die Lg I für Loks bis 39 PS Motorleistung und die Lg II für Maschinen mit 40 bis 149 PS. Die Loks der Lg I bekamen die Ordnungsnummern 0001 bis 3999 zugeteilt, die der Lg II nummerte man ab 4000 ein. Innerhalb dieser beiden Nummerngruppen wurde fortlaufend durchnumeriert, also nicht nach verschiedenen Bauarten getrennt. Bis 1945 waren die Nummern bis 0289

bzw. 5288 vergeben. Später wurden auch noch die Nummern 5709 ... 5755 und 5801, 5802 vergeben.
Die DB übernahm eine Anzahl von Loks, größtenteils aus Beständen der Wehrmacht, und nummerte sie als 1000 ... 1008 (Lg I) und 6000 ... 6047 (Lg II) ein. Ab 1948 wurden für die DB noch 841 Loks der Lg II gebaut: zwei Ka (4992" und 4993"), 836 Köf (6100–6835) sowie die drei Schmalspurloks der Inselbahn Wangerooge (ursprünglich V 11 901–903, später Köf 99 501–503). 1959 nahm die DB die ersten Maschinen der von ihr neu geschaffenen Leistungsgruppe III (ab 150 PS Motorleistung) in Betrieb. Sie wurden als Köf 11 001–317, Köf 11 1001–1003 und Köf 12 001 eingereiht.
Der neue Nummernplan ersetzte das besonders bei der Lg II bestehende Chaos durch ein neues. Die vorhandenen Köf II (die letzten Kö II waren 1967 in Köf II umgebaut worden) erhielten die Baureihenbezeichnungen
321 für Loks mit mechanischer Bremse und
30 km/h Höchstgeschwindigkeit
322 für Loks mit Druckluftbremse und
30 km/h Höchstgeschwindigkeit sowie
323 für Loks mit Druckluftbremse und
45 km/h Höchstgeschwindigkeit.
Innerhalb dieser Baureihen wurden weitere Unterscheidungen durch bestimmte Gruppen in den Ordnungsnummern getroffen, wobei man als Hauptregel ansehen kann, daß Loks mit Deutz-Motoren Ordnungsnummern bis 499 und Loks mit Kaelble-Motoren solche ab 501 bekamen. Durch Motorentausch stimmte dieses Ordnungsprinzip schon bald nicht mehr. Außerdem wurden bis auf wenige ausgemusterte Loks alle 321 in 322 und 323 umgebaut. Das führte dazu, daß bereits Ende 1968 mit der 323 999 diese Baureihe voll besetzt war (man hätte allerdings auch noch vorhandene Nummernlücken füllen können) und weitere umgebaute 321 als 324 001 ff bezeichnet wurden. Schließlich wurden auch noch die neuen Nummern am 1. 1. 1968 nicht in der Reihenfolge der alten Nummern vergeben, sondern in der Reihenfolge der Baujahre oder Umbaujahre.
Die Ka der Leistungsgruppe II bekamen die neuen Reihen 381 und 382, wobei die Einheitstype zu 381 001 ... 022 (vgl. Bd. »Stand 1. 1. 1980«, S. 102 f) wurde. Die beiden vorhandenen Vorserienmaschinen Ka 4015 und 4071 bekamen die neuen Nummern 381 101 und 201 (vgl. Bd. »Ausgemusterte Fahrzeuge 1970–1979«, S. 102 f), und die beiden von der DB beschafften Ka 4992 und 4993 wurden zu 382 001 und 101 (vgl. Bd. »Stand 1. 1. 1980«, S. 102 f).
Nicht so kompliziert gestaltete sich die Umnumerierung bei den Leistungsgruppen I und III. Alle Kö I erhielten die neue Baureihenbezeichnung 311, die Ordnungsnummer übernahm man unter Fortfall der »0«. Die Loks der Leistungsgruppe III wurden wie folgt eingereiht:
Köf 11 001–317 zu 332 701, 002, 801, 702, 005–062, 901, 064–210, 902, 212–317, Köf 11 1001–1003 zu 331 001–003 und Köf 12 001 zu 333 001.
Die drei Wangerooger Schmalspurloks Köf 99 501–503 endlich erhielten

die neue Baureihenbezeichnung 329, die Ordnungsnummern blieben unverändert.
Für die elektrischen Triebwagen wurde 1940 ein einheitliches Nummernschema eingeführt, das sich aus zwei Großbuchstaben, einer zwei- oder dreistelligen Baureihenbezeichnung und einer ebenfalls zwei- oder dreistelligen Ordnungsnummer zusammensetzte, bei mehrteiligen Triebwagen, die eine festgekuppelte Einheit bildeten, zusätzlich noch durch einen kleingeschriebenen Buchstaben ergänzt. Die Großbuchstaben hatten folgende Bedeutung: ET für Triebwagen, ES für Steuerwagen, EB für Beiwagen und EM für Mittelwagen. Die Unterscheidung der Stromsysteme erfolgte wie bei den Elloks durch die Baureihennummer (also 01 bis 99 für Wechselstromtriebwagen mit 16 ⅔ oder 25 Hz usw.). Eine weitere Unterteilung der Baureihenbezeichnung erfolgte nach folgendem Schema:
ET 01 bis 09 für Fernschnelltriebwagen,
ET 10 bis 39 für Schnelltriebwagen,
ET 40 bis 59 für Eiltriebwagen,
ET 60 bis 79 für Nahverkehrstriebwagen,
ET 80 bis 89 für Nebenbahntriebwagen und
ET 90 bis 99 für Sondertriebwagen.
Bei der Umzeichnung 1968 ersetzte man die Bezeichnung »ET« durch die Kennziffer »4«; ES, EB und EM bekamen die Kennziffer »8«. Die alten Baureihenbezeichnungen konnten unverändert übernommen werden, lediglich bei den Triebzügen der Hamburger S-Bahn fiel die erste Ziffer der ehemaligen Baureihenbezeichnung weg. Schwieriger gestaltete sich die Umzeichnung bei den Ordnungsnummern. Triebwagen, die nicht eine feste Einheit bildeten oder nur einen Motorwagen hatten (ET 26, ET 65, ET 85, ET 90 und ET 91), behielten ihre alte Ordnungsnummer, gegebenenfalls ergänzt durch eine Null. So wurde beispielsweise der ET 91 01 zum 491 001. Bei Triebzügen mit zwei Motorwagen erhielten die ehemaligen a-Wagen Ordnungsnummern ab 101 (also ET 30 001a zu 430 101), die b-Wagen wurden ab 401 eingenummert. Mit Auslieferung der Baureihe 420/421 im Jahre 1970 wurde dieses Prinzip aber bereits verlassen.
Bei den Steuer-, Bei- und Mittelwagen verfuhr man nach dem Prinzip, den Bei- und Mittelwagen Ordnungsnummern ab 001 zuzuteilen, den Steuerwagen dagegen Ordnungsnummern ab 601 (ES 65 001 zu 865 601 usw.). Mithin lassen sich seit 1968 Bei- und Mittelwagen anhand der Nummer nicht mehr unterscheiden.

Für die Akkumulatortriebwagen waren verschiedene Nummerungssysteme ausprobiert worden. Bis 1948 (bzw. bis zu ihrer Ausmusterung bei der DR) trugen die Wagen die Bezeichnung »AT« für Akkumulatortriebwagen und eine dreistellige Ordnungsnummer. Im September 1948 führte man in den drei Westzonen ein neues Bezeichnungssystem ein, das in etwa dem der elektrischen Triebwagen angepaßt war. Danach wurden die Speichertriebwagen mit der Bezeichnung »ETA« (elektrischer Triebwagen mit Akkumulator), einer dreistelligen Baureihen- und einer ebenfalls

dreistelligen Ordnungsnummer versehen. Steuer- und Beiwagen reihte man entsprechend als ESA und EBA ein. Zunächst belegte man die Baureihen ETA 177 bis 180 sowie EBA 177, ESA 177 und ESA 178, wobei wie bei den ET für ständig miteinander gekuppelte Wagen die gleiche Nummer mit dem Zusatz »a« bzw. »b« vergeben wurde. Später kamen durch Neubauten noch die Baureihen ETA/ESA 150 und ETA/ESA 176 hinzu.
Der Umzeichnungsplan 1968 bescherte den beiden verbliebenen Baureihen ETA 150 und 176 die eigene Kennziffer »5«, während die Steuerwagen die gleiche Kennziffer »8« wie die Steuer-, Bei- und Mittelwagen zu elektrischen Triebwagen erhielten. Es wurde die ETA/ESA 150 neu zu 515/815, die ETA/ESA 176 zu 517/817. Die Ordnungsnummern blieben bei den ETA erhalten, während die ESA als Steuerwagen Ordnungsnummern ab 601 erhielten (also ESA 150 001 zu 815 601 etc.).

Dieseltriebwagen wurden seit jeher als »VT« (Verbrennungstriebwagen) bezeichnet. Bis 1932 trugen sie bei der DRG nur eine dreistellige Ordnungsnummer (außer Gütertriebwagen), ab dann eine dreistellige Baureihen- und ebenfalls dreistellige Ordnungsnummer. Belegt wurden folgende Baureihen (einschließlich VS und VB):

VT 133 für zweiachsige Triebwagen mit Vergasermotor,
VT 135 für zweiachsige Dieseltriebwagen,
VT 137 für vierachsige Dieseltriebwagen,
VB 140 für zweiachsige Beiwagen,
VS 144 für zweiachsige Steuerwagen,
VS 145 für vierachsige Steuerwagen und
VB 147 für vierachsige Beiwagen.

Mittelwagen erhielten nicht die Bezeichnung »VM«, sondern die selben Nummern wie die Triebwagen; die einzelnen Teile eines solchen Triebzuges wurden durch Kleinbuchstaben hinter der Nummer voneinander unterteilt. Schnelltriebwagen trugen die Bezeichnung »SVT«.
Da die vor 1932 gebauten Triebwagen nicht auf das neue System umgezeichnet wurden und außerdem auch das Prinzip von 1932 nicht aussagekräftig genug erschien, entwickelte man in den Westzonen 1947 einen neuen Nummernplan für Dieseltriebwagen, der auch die Triebwagen der heutigen DDR enthielt. Tatsächlich wurde die Umzeichnung aber nur bei der DB durchgeführt, während die DR an den alten Nummern festhielt. Der neue Nummernplan sah die Bezeichnung »VT« oder »SVT« (letztere fiel später weg), eine zweistellige Baureihen- und eine dreistellige (bei Schienenbussen ab 1951 auch vierstellige) Ordnungsnummer vor. Die Baureihenbezeichnungen waren nach folgendem Schema unterteilt:
VT 01 bis 19 für vierachsige VT ab 120 km/h Höchstgeschwindigkeit,
VT 20 bis 39 für vierachsige VT mit 100 bis 119 km/h Höchstgeschwindigkeit,
VT 40 bis 59 für vierachsige VT mit 85 bis 99 km/h Höchstgeschwindigkeit,

VT 60 bis 69 für vierachsige VT mit 65 bis 85 km/h Höchstgeschwindigkeit,
VT 70 bis 79 für zweiachsige VT ab 65 km/h Höchstgeschwindigkeit,
VT 80 bis 89 für VT mit einer Höchstgeschwindigkeit unter 65 km/h und
VT 90 bis 99 für Schmalspur- und Sondertriebwagen (später auch Schienenbusse).

Bei der Ordnungsnummer besagte die erste Ziffer die Antriebsart. Dieselelektrische Triebwagen erhielten Ordnungsnummern ab 000, hydraulische ab 500 und dieselmechanische ab 900.
Für die Steuer- und Beiwagen wurde zunächst das alte DRG-Schema beibehalten, wobei die DB noch zwei neue Baureihen einführte, nämlich VB 141 für einachsige Gepäckanhänger und VB 142 für zweiachsige Schienenbus-Beiwagen. Ab 1952 erhielten Steuer-, Bei- und Mittelwagen dann aber die gleichen Baureihenbezeichnungen wie die zugehörigen Motorwagen (also z. B. VM 08 und VS 08 zu VT 08).
Der Umzeichnungsplan 1968 brachte für die Dieseltriebwagen die neue Kennziffer »6« für die alte Bezeichnung »VT«. Ansonsten konnten sowohl die Baureihenbezeichnung als auch die Ordnungsnummer übernommen werden. Abweichungen gab es lediglich bei der Baureihe VT/VM 11, die neu zur Baureihe 601/901 wurde und bei der die erste Ziffer der Ordnungsnummer wegfiel, bei der Baureihe VT/VM/VS 12[6], die man jetzt 613/913 nannte, bei der Reihe VT/VM 23, die unter Änderung der Ordnungsnummer wie die VT/VM 24 zu 624/924 wurden, und bei der Baureihe VT 45, wo sich das Problem der Umzeichnung der beiden fest gekuppelten Teile »a« und »b« (siehe Elektrotriebwagen) ergab. Außerdem erhielten alle Steuerwagen, die nun zusammen mit den Mittel- und Beiwagen die Kennziffer »9« trugen, Ordnungsnummern ab 601. Deshalb mußten auch einige Mittelwagen Änderungen der Ordnungsnummer über sich ergehen lassen, um nicht als Steuerwagen eingestuft zu werden (VM 24 601 zu 924 401 usw.).

Schienenomnibusse erhielten, wie auch die Bahndienstfahrzeuge, die neue Kennziffer »7«; man teilte ihnen zur Abgrenzung der Bahndiensttriebwagen Baureihennummern ab 790 zu. Die zugehörigen Steuer- und Beiwagen bekamen Baureihennummern ab 990, wobei man die Beiwagen VB 142 (zum VT 95 gehörend) in 995 umzeichnete. Steuerwagen bekamen auch hier wiederum Ordnungsnummern ab 601 zugeteilt. Bei vierstelligen Ordnungsnummern der alten Baureihe VB 98 (neu 998) fiel die erste Ziffer fort.
Inzwischen wurde auch das bereits mehrfach erwähnte Prinzip, Steuerwagen Ordnungsnummern ab 601 zuzuteilen, verlassen: die Steuerwagen der drei 1981/1982 ausgelieferten Wagen der Baureihe 628[1] wurden unlogischerweise als 928 101–103 eingereiht.

Der Triebfahrzeugbestand der DB zwischen 1960 und 1969

Der Zeitraum zwischen dem 1. 1. 1960 und dem 31. 12. 1969 ist gekennzeichnet durch einen tiefgreifenden Strukturwandel des Triebfahrzeugbestandes und damit der Zugförderung. Hatte der Bestand an Dampflokomotiven bei Kriegsende in den drei Westzonen noch rund 17 700 Maschinen betragen, wovon allerdings nur 38 % betriebsfähig waren, so war bis Anfang 1960 ungefähr eine Halbierung des Gesamtbestandes an Dampfloks eingetreten. Gleichzeitig war mit der Ablieferung der 23 105 am 4. 12. 1959 die Ära des Dampflokbaus für die DB abgeschlossen. Der Bestand konnte durch Neubauten nicht mehr ergänzt werden, vielmehr wurden die Reihen der Dampfloks durch Ausmusterungen kräftig gelichtet.

Von den Abstellungen waren natürlich in erster Linie Splittergattungen und überalterte Loks (insbesondere Länderbahnmaschinen) betroffen. Besondere Erwähnung verdient in diesem Zusammenhang wohl die Ausmusterungsverfügung der Bundesbahn-Hauptverwaltung vom 30. 9. 1960, durch die mit einem Schlag über 900 Dampfloks zur Ausmusterung freigegeben wurden.

In die 60er Jahre, speziell 1966 ff, fällt aber auch der Beginn der planmäßigen Ausmusterung von zahlenmäßig teilweise reichlich vorhandenen Einheitsbauarten. Selbst eine Anzahl von Neubauloks der DB schied in den 60er Jahren nach z. T. weniger als zehn Jahren Nutzungsdauer aus.

Nicht nur die drastische Reduzierung der Dampfloks fiel in die 60er Jahre, sondern auch die Aufgabe der Dampflokunterhaltung in einer großen Anzahl von Ausbesserungs- und Bahnbetriebswerken. Waren 1959 noch 14 Ausbesserungswerke für die Dampflokausbesserung zuständig, so besserten zehn Jahre später nur noch die AW's Braunschweig, Lingen, Offenburg und Trier Dampfloks aus. In Trier wurde am 23. 1. 1969 an der 023 074 auch die letzte L3-Hauptuntersuchung einer Dampflok der DB durchgeführt.

Ersetzt wurden die Dampfloks durch große Serien von Elektro- und Dieselmaschinen. Zwischen dem 1. 1. 1960 und dem 1. 1. 1970 erhielt die DB 1347 Neubau-Elloks:

E 03	/ 103 001–004	4 Stück
E 10	/ 110 216–264, 271–307, 313–484, 505–510	263 Stück
E 10^{12}	/ 112 265–270, 308–312, 485–504	31 Stück
E 40^{11}	/ 139 163–166, 309–316, 552–563	24 Stück
E 40	/ 140 150, 167–308, 317–551, 564–756	571 Stück
E 41	/ 141 121–449	329 Stück
E 50	/ 150 042–155	114 Stück
E 310	/ 181 001–004 (später 001, 002, 103, 104)	4 Stück
E 320	/ 182 001, 011	2 Stück
E 410	/ 184 001–003, 011, 012 (später 001–003, 111, 112)	5 Stück

Hinzu kamen noch die drei aus E 244 umgebauten Loks E 44 188 und 189 sowie E 344 01.
Ausgemustert wurden in den zehn Jahren insgesamt nur 37 Elloks, die sich auf die Baureihen E 32, E 52, E 75, E 80 und E 244 sowie in nur je einem Exemplar auch auf die Baureihen E 16, E 44^5, E 91 und E 344 verteilten.

Größer noch als die Anzahl der Elloks war die der in den 60er Jahren gelieferten Dieselloks. Vor allem der Bestand an Streckendiesellokes verzigfachte sich durch die in großen Mengen gebauten Loks der Baumuster V 100 und V 160. Im einzelnen wurden folgende 1831 Maschinen abgenommen:

V 100^{10} / 211 008–365	358 Stück
V 100^{20} / 212 002–331, 342–381	370 Stück
V 100^{20} / 213 332–341	10 Stück
215 001–013, 015	14 Stück
V 160 / 216 001–224	224 Stück
V 162 / 217 001–003, 011–022	15 Stück
218 001–012	12 Stück
V 169 / 219 001	1 Stück
V 200^1 / 221 101–150	50 Stück
V 51 / 251 901–903	3 Stück
V 52 / 252 901, 902	2 Stück
V 60 / 260 029–036, 046–049, 535–617, 760–800, 845–896, 900–942	231 Stück
V 60 / 261 042–045, 695–740, 801–840	190 Stück
V 60^{11} / 261 101–241	141 Stück
V 90 / 290 001–210	210 Stück

Außerdem wurden noch zwei Loks übernommen (V 50 001, 002). Insgesamt sechs Maschinen (DE 1500/201 001, DE 2000/202 001, V 320 001/ 232 001 und V 90 901–903 / 291 901–903) wurden zwar in den 60er Jahren geliefert, aber erst später (BR 291) oder gar nicht von der DB übernommen. Es schieden nur 13 Diesellok aus: V 20 022, 058; V 29 951–953; V 36 116, 239, 254; V 50 001, 002; V 60 313, 442; V 188 001; der größte Teil von ihnen wurde verkauft.

Auch der Bau von Kleinlokomotiven war in den 60er Jahren mit 730 Exemplaren nicht unbedeutend:

Köf 6440–6443, 6446, 6447, 6451–6465, 6467–6492, 6509–6592, 6622–6666, 6672–6692, 6710–6835 / 323 201–313, 321–355, 709–778, 780–884 (Lg II)	323 Stück
Köf 11 006–317 / 332 006–062, 901, 064–210, 902, 212–317 (Lg III)	312 Stück
Köf 12 001 / 333 001–068, 070–082, 086–099 (Lg III)	95 Stück

Dem stand aber auch eine große Anzahl von ausgemusterten Maschinen, vor allem bei der Lg I, gegenüber. In der Lg II wurden viele Maschinen umgebaut, zu nennen ist vor allem der Umbau von Räder- auf Flüssigkeitsgetriebe (Kö zu Köf), der 1967 abgeschlossen war.

Nicht sehr bedeutend hingegen war die Indienststellung von Neubautriebwagen: fünf dreiteilige Einheiten ET 27, 28 ebenfalls dreiteilige Einheiten ET 170 für die Hamburger S-Bahn, 142 Speichertriebwagen ETA 150 (dazu 144 Steuerwagen), 44 dreiteilige Einheiten VT 23/24 (dazu noch 15 weitere Mittelwagen) und 160 Schienenbusse VT 97/98 (dazu 100 Bei- und 127 Steuerwagen). Die Nummern im einzelnen:

ET	27 001–005 a/b / 427 101–105, 401–405	10 Stück
ET	170 117–144 a/b / 470 117–144, 417–444	56 Stück
ETA	150 / 515 508, 520–537, 539–661	142 Stück
VT	23 501–504 / 624 505–508	4 Stück
VT	24 / 624 501–504, 601–680 (später z. T. 634)	84 Stück
VT	97 / 797 901–908 (später 501–508)	8 Stück
VT	98 9671, 9677–9746, 9749–9829 / 798 671, 677–746, 749–829	152 Stück
EM	27 / 827 001–005	5 Stück
EM	170 / 870 117–144	28 Stück
ESA	150 073–216 / 815 673–816	144 Stück
VM	11 5121–5123 / 901 121–123	3 Stück
VM	23 501, 502 / 924 505, 506 (später 924 505 u. 934 506)	2 Stück
VM	24 601–640, 501, 502 / 924 401–450, 501, 502, 561–565 (später z. T. 934)	57 Stück
VB	98 2221–2320 / 998 221–320	100 Stück
VS	98 121–130, 132–197, 208–215, 261–263, 282–321 / 998 721–730, 732–797, 808–815, 861–863, 882–921	127 Stück

Weitere Triebwagen wurden umgebaut: der ET 51 zum ET 65, der ET 255 zum ET 45, der größte Teil der VT 08[5] zu VT 12[6]. Ferner baute man 1963–66 alle vorhandenen ET 25, ET 32[2] und ET 55 in dreiteilige Einheiten um, wobei man die Steuerwagen ES 25 und ES 55 als Mittelwagen herrichtete. Ebenfalls neue Mittelwagen erhielten alle ET 65, für einige ET 85 und VT 97 baute man aus Reisezugwagen bzw. einem VB 142 Beiwagen um. Die Ausmusterung von elektrischen Triebwagen beschränkte sich weitgehend auf Einzelstücke wie Gleichstrom- und Schmalspurtriebwagen, außerdem schieden fünf ET 85/90 und der durch Unfall zerstörte ET 55 07a aus; letzterer wurde durch einen umgebauten ES 25 wieder ersetzt. Bei den Speichertriebwagen setzte sich dagegen die bereits Ende der 50er Jahre begonnene Ausmusterung aller Altbautriebwagen fort, und 1963 schieden zwei unfallbeschädigte ETA 150 aus.

Die größten Verluste waren bei den Dieseltriebwagen zu verzeichnen. Durch Abstellung aller Altbauwagen (mit Ausnahme einiger VT 60 und des umgebauten VT 92) verringerte sich der Bestand um 123 Motorwagen; dem stand nur ein Zugang von 88 Motorwagen der Baureihen VT 23 und 24 entgegen. Noch größer war die Bestandsabnahme bei den zugehörigen Bei- und Steuerwagen, von denen im Berichtszeitraum fast 200 ausschieden. Bei den Schienenbussen stellte man zunächst die Prototypen der Reihe VT 95[9] ab, Ende der 60er Jahre begann dann auch die planmäßige Ausmusterung der einmotorigen Serienfahrzeuge der Reihe VT 95[91] und der zugehörigen Beiwagen VB 142. Bis 1962 schieden außerdem fast alle einachsigen Gepäckanhänger der Reihe VB 141 aus.

Anmerkungen zu den Fahrzeugbeschreibungen

Die statistischen und technischen Angaben zu den einzelnen Baureihen sind in der gleichen Art wie bei den ersten beiden Lexika verwendet worden. Dennoch sind einige Besonderheiten zu erwähnen.
Anstatt der Rubrik »DB-Betriebsnummern am 1.1.1970« im Bd. »Ausgemusterte Fahrzeuge 1970–1979« wurde logischerweise das Datum »1.1.1960« gesetzt. Zusätzlich wurde bei Bedarf noch eine Rubrik »DB-Betriebsnummern am 1.1.1968« aufgenommen, die alle zu diesem Zeitpunkt noch nicht ausgemusterten Fahrzeuge mit ihrer neuen Computer-Nummer nennt, unabhängig davon, ob sie nur auf dem Papier umgezeichnet wurden oder diese neue Nummer auch noch tatsächlich angeschrieben bekamen.
Unter »Letzte Ausmusterung« ist in der Regel das Datum der Ausmusterungsverfügung der HVB, OBL West oder OBL Süd angegeben. Nur in Ausnahmefällen mußte auf das Datum zurückgegriffen werden, mit dem die Heimatdirektion der Fahrzeuge diese aufgrund der Ausmusterungsverfügung der HVB oder einer der beiden Oberbetriebsleitungen ausmusterte. Beachtenswert ist ferner, daß in einigen Ausnahmefällen zwei Ausmusterungsverfügungen vorliegen.
Für die technischen Daten gilt grundsätzlich, daß sie sich auf den letzten Betriebszustand und nur auf die 1960 noch vorhandenen Fahrzeuge beziehen, was besonders bei den Dieseltriebwagen durch Motorentausch wichtig ist. Abweichende technische Angaben innerhalb einer Baureihe wurden, soweit möglich, berücksichtigt; allerdings gibt es auch hier immer wieder Ausnahmen, die selbst in den Dienstvorschriften der DB nicht erwähnt sind. Abweichend zum Bd. »Ausgemusterte Fahrzeuge 1970–1979« mußte bei den elektrischen Triebfahrzeugen gelegentlich die Angabe »Stundenleistung« anstatt »Dauerleistung« gewählt werden. Bei den Triebwagen sind in der Rubrik »Sitzplätze« auch alle Klappsitze (Notsitze) mitgezählt. Außerdem beziehen sich bei den Triebwagen die technischen Angaben nur dann auf den ganzen Triebzug, wenn dieser stets festgekuppelt fuhr. Bei den anderen Triebwagen, die nur gelegentlich mit Steuer- oder Beiwagen zum Einsatz kamen, ist bei den technischen Angaben der Vermerk »nur Triebwagen« enthalten.
Bei der Erstellung des Anhangs (»Triebfahrzeugbestand«) können sich durch doppelte Ausmusterung, Rücknahme von Ausmusterungen und Umbauten oder Umzeichnungen unter Umständen kleine Unstimmigkeiten ergeben. Auch sind die vorhandenen amtlichen DB-Unterlagen nicht immer völlig stimmig oder fehlerfrei; nach einem Zeitraum von teilweise über 20 Jahren ließ sich nicht immer alles eindeutig klären.

Fahrzeugbeschreibungen

Dampflokomotiven

Baureihe 03^{10}

Mitte der 30er Jahre wurde der Bau neuer, leistungsfähiger Schnellzugloks unumgänglich; die Maschinen sollten aus den bewährten Reihen 01 und 03 weiterentwickelt werden. Man entschied sich, die neuen Schnellzugloks als Dreizylindermaschinen mit Stromlinienverkleidung zu konzipieren. Von den ursprünglich geplanten 140 Loks der Reihe 03^{10} wurden – wegen des Krieges stand der Bau von Güterzugloks im Vordergrund – 1939–41 nur 60 Maschinen ausgeliefert. Die 03^{10} waren zunächst im ganzen damaligen Reichsgebiet eingesetzt, wurden ab 1942 aber vor allem im Osten bei den Bw's Breslau Hbf, Kattowitz, Posen Hbf und Stargard zusammengezogen.
Die 26 zur DB gelangten 03^{10} wurden um 1950 ausgebessert, wobei man die betriebsstörenden Stromlinienverkleidungen entfernte, und danach bei den Bw's Dortmund Bbf, Hamburg-Altona, Hamm, Ludwigshafen, Offenburg und Paderborn eingesetzt. 1957 bis 1959 wurden die Maschinen bei der DB umgebaut, vor allem mußten die Kessel aus dem schlecht schweißbaren St 47 K-Stahl durch Neubaukessel ersetzt werden. Des weiteren wurden u. a. Rollenlager und Kohlennachschubeinrichtungen mit Abdeckplatten am Tender eingebaut. Gleichzeitig wurden ab Winterfahrplan 1958/59 alle 26 Loks beim Bw Hagen-Eckesey zusammengefaßt.
Zwar waren die Leistungen der Loks hier nie besonders hoch, doch gingen sie vor allem ab 1964 merklich zurück, da Streckenelektrifizierungen das Einsatzgebiet einschränkten. Zuletzt blieben den 03^{10} nur noch einige Einsätze östlich von Hagen (u. a. nach Paderborn, Hannover, Göttingen und Kassel) erhalten. Da die Loks im Einsatz nicht völlig befriedigten (u. a. wegen der empfindlichen Heißdampfregler), unterblieb eine Abgabe an andere Bw's. Alle Loks wurden deshalb 1965/66 (die letzten am 26. 9. 1966) abgestellt und 1966 mit drei Ausmusterungsverfügungen aus dem Bestand gestrichen. In den AW's Bremen, Lingen und Schwerte erfolgte 1966/67 die Verschrottung, lediglich 03 1001 stand bis 1972 in Hagen und wurde dann in Recklinghausen zerlegt.
Bei der Polnischen Staatsbahn (PKP) waren nach dem Krieg neun 03^{10} als Reihe Pm 3 im Einsatz, wobei die Stromlinienverkleidung oberhalb des Triebwerks nicht entfernt wurde. Die letzte Lok Pm 3–3 (ex 03 1005) wurde 1968 ausgemustert und steht heute im Eisenbahnmuseum in Warszawa. – Die DR in der DDR übernahm 19 Loks in ihren Bestand. Die Stromlinien-

03 1008: Bw Kassel, 10. 4. 1966 (O. Blaschke)

verkleidung entfernte man; die meisten Loks wurden ab 1959 rekonstruiert (neuer Kessel u. a.) und auf Ölhauptfeuerung umgestellt. Die letzten schieden Ende Mai 1980 beim Bw Stralsund aus dem Planeinsatz aus.

Gebaute Stückzahl:	60									
Stückzahl am 1. 1.:	60	61	62	63	64	65	66	67	68	69
	26	26	26	26	26	26	26	–	–	–

DR-/DB-Betriebsnummern bis 1967: **03** 1001–1022, 1043–1060, 1073–1092

DB-Betriebsnummern am 1. 1. 1960: **03** 1001 ... 1084

Letzte Ausmusterungen: 22. 11. 1966 **03** 1001, 1008, 1011–1014, 1017, 1021, 1043, 1045, 1050, 1054, 1056, 1060, 1076, 1081, 1084 Bw Hagen-Eckesey

Technische Daten:

Achsanordnung:	2'C 1' + 2'2'
Höchstgeschwindigkeit:	140 km/h
Dienstlast (nur Lok):	104 Mp
Länge über Puffer:	23 905 mm
Indizierte Leistung:	1870 PS
Kesselüberdruck:	16 kp/cm^2
Treib-/ Kuppelraddurchmesser:	2000 mm
Lieferer:	Borsig, Krupp, Krauss-Maffei

Baureihe 10

Bedingt durch den Ausbruch des Zweiten Weltkriegs waren von der Deutschen Reichsbahn seit 1939/40 fast ausschließlich schwere Güterzugdampfloks gebaut worden. In den ersten Jahren ihres Bestehens verfügte die DB daher auch über genügend Güterzugloks, während bei den Schnell- und Personenzugloks oft Engpässe auftraten. Die DB entwickelte deshalb ein neues Einheitslokprogramm. 1950 wurden die ersten Maschinen der neuen Baureihen 23 (Ersatz für die 38^{10}), 65 und 82 abgeliefert. Von weiteren geplanten Baureihen wurden noch zwei realisiert, bevor der einsetzende Strukturwandel die Beschaffung von Dampfloks beendete: 1955 die Baureihe 66 und 1957/58 die 10, jeweils nur in zwei Exemplaren gebaut.

Wie bei allen Loks des Einheitsprogramms 1950 verwirklichte man auch bei der Reihe 10 die unter Wittes Führung entwickelten neuen Baugrundsätze. Besondere konstruktive Merkmale der 10 waren vollständig geschweißter Blechrahmen und Kessel, selbsttragender (rahmenloser) Tender, Mischvorwärmer und Wälzlager. Ein Meisterstück vollbrachte Krupp bei den Zylindern: alle drei Zylinder der Lok wurden in einem Stahlgußstück vereinigt.

Die 10 001 wurde am 28. 3. 1957 abgeliefert und hatte zunächst nur eine Ölzusatzfeuerung, während die am 31. 12. 1957 gelieferte 10 002 von Anfang an über eine Ölhauptfeuerung verfügte. Im Sommer 1959 erhielt auch die 10 001 im AW Braunschweig eine Ölhauptfeuerung. Beide teuren Loks (650.000,– DM pro Lok) waren bis zum 30. 9. 1962 beim Bw Bebra beheimatet, danach kümmerte man sich im Bw Kassel um die Maschinen. Wegen ihrer extrem hohen Achslast von 22 Mp hatten die beiden 10er ein sehr beschränktes Einsatzgebiet. Zunächst liefen sie bis Sommer 1963 auf der Nord-Süd-Strecke Hannover – Kassel/Bebra – Würzburg – Treuchtlingen vor hochwertigen Reisezügen, danach auf der Strecke Kassel – Gießen – Frankfurt. Ab Sommer 1965 ging der Abschnitt Gießen – Frankfurt an E-Loks über. Als letztes Einsatzgebiet der 10er blieb zuletzt noch die Strecke Kassel – Hamm – Münster (kurzzeitig weiter bis Rheine) übrig.

Am 6. 1. 1967 wurde 10 002 wegen Triebwerkschäden Z-gestellt, diente aber noch von Dezember 1967 bis April 1971 in Ludwigshafen Hbf als Heizlok (Ersatz für 18 603). Anschließend stand sie ein Jahr in Schifferstadt abgestellt und wurde dann im AW Offenburg verschrottet.

Besser erging es dagegen der 10 001, die genau ein Jahr nach ihrer Schwester wegen Schieberstangenbruchs am 5. 1. 1968 den Dienst quittieren mußte. Bis zum September 1976 stand sie konserviert im Bw Kassel abgestellt, dann übernahm das Deutsche Dampflok-Museum in Neuenmarkt-Wirsberg diese formschöne, windschnittige Lok, die wegen ihrer Teilverkleidung, der spitzen Rauchkammertür, der eigenartig geformten Windleitbleche und ihrer Zierstreifen beim Personal auch »Sputnik« genannt wurde.

10 001: Münster Hbf, 18. 4. 1967 (Sammlung M. Quebe)

Gebaute Stückzahl:	2
Stückzahl am 1. 1.:	60 61 62 63 64 65 66 67 68 69 2 2 2 2 2 2 2 2 1 –
DB-Betriebsnummern bis 1967:	**10** 001, 002
DB-Betriebsnummern am 1. 1. 1960:	**10** 001, 002
DB-Betriebsnummer am 1. 1. 1968:	**(010** 001**)**
Letzte Ausmusterung:	21. 6. 1968 **(010** 001**)** Bw Kassel

Technische Daten:

Achsanordnung:	2'C 1' + 2'2'
Höchstgeschwindigkeit:	140 km/h
Dienstlast (nur Lok):	119 Mp
Länge über Puffer:	26 503 mm
Indizierte Leistung:	2500 PS
Kesselüberdruck:	18 kp/cm^2
Treib-/ Kuppelraddurchmesser:	2000 mm
Lieferer:	Krupp

Baureihe 18^3

Die badische Reihe IVf (später Reihe 18^2), eine Maffei-Konstruktion, befriedigte mit ihrer Leistung und ihren nur 1800 mm hohen Treibrädern weder auf Gebirgsstrecken noch im schnellen Einsatz im Flachland und wurde deshalb bis zum Beginn der 30er Jahre ausgemustert. Aus ihr entwickelte Maffei die badische IVh. Von Mai 1918 bis März 1920 nahm die Badische Staatsbahn in drei Bauserien 20 Loks in Dienst, die die DRG als Baureihe 18^3 bezeichnete.
Die wuchtige und formschöne Maschine war als gute Dampfmacherin bekannt und zudem wegen ihrer großen, stark geneigten Feuerbüchse leicht zu feuern.
Alle zwanzig 18^3 waren ursprünglich in Offenburg für den Einsatz auf der Oberrheinstrecke beheimatet. Zu Beginn der 30er Jahre verdrängten die neuen 01-Einheitsloks dort die 18^3. Das Vierzylinder-Verbundtriebwerk war bei den Konstrukteuren der DRG verpönt, und damit auch die 18^3. Bis 1935 gab man die Loks nach Koblenz-Mosel (hier vielfach Einsatz im Personenzugdienst!), Bremen Hbf und Hamburg-Altona ab und zog 1942 alle Loks in Bremen Hbf zusammen. Im Langstreckendienst, etwa nach Berlin oder Köln, waren sie der 03 erheblich überlegen.
18 326 mußte 1944 nach Bombenschaden ausgemustert werden. Die übrigen Loks schieden am 20. 9. 1948 bei der DB als Splittergattung aus, nachdem am 29. 7. 1948 die 18 314 mit der DR gegen 18 434 getauscht worden war. Die 18 314 setzte die Versuchsanstalt Halle ein, 1959 baute sie das RAW Zwickau vollständig um (Neubaukessel, Teilverkleidung u. v. a.). Die Lok befriedigte voll und wurde 1984 in die Bundesrepublik (Sinsheim) verkauft.
Bei der DB benötigte man am Anfang der 50er Jahre Schnellfahrloks zu Versuchszwecken und arbeitete dafür 1950 und 1952 drei Loks (18 316, 319 und 323) wieder auf. 18 315 diente als Ersatzteilspender. Nach verschiedenen Verbesserungen überzeugten die drei Loks der LVA Minden derart, daß man sie bis 1963 (Ausmusterung von 18 319 am 1. 7. 1964 nach Triebwerkschaden, Verschrottung 1965) bzw. 1969 im Betrieb beließ. Die Loks waren äußerst leistungsfähig und schnell bei allergrößter Laufruhe und konnten extreme Langläufe fahren.
Nachdem 18 323 am 6. 10. 1969 letztmalig unter Dampf stand, erhielt sie im April 1975 einen Ehrenplatz vor der Ingenieurschule in Offenburg, während 18 316 seit Mai 1970 in Dützen bei Minden steht.

18 323: Bw Münster, Mai 1969 (Dr. W. Fiegenbaum)

Gebaute Stückzahl:	20									
Stückzahl am 1. 1.:	60	61	62	63	64	65	66	67	68	69
	3	3	3	3	3	2	2	2	2	2

DR-/DB-Betriebsnummern bis 1967: **18** 301–303, 311–319, 321–328
DB-Betriebsnummern am 1. 1. 1960: **18** 316, 319, 323
DB-Betriebsnummern am 1. 1. 1968: **018** 316, 323
Letzte Ausmusterung: 3. 12. 1969 **018** 323 Bw Karlsruhe

Technische Daten:
Achsanordnung: 2'C 1' + 2'2'
Höchstgeschwindigkeit: 140 km/h
Dienstlast (nur Lok): 97 Mp
Länge über Puffer: 23 230 mm
Indizierte Leistung: 1950 PS
Kesselüberdruck: 15 kp/cm²
Treib-/Kuppelraddurchmesser: 2100 mm
Lieferer: Maffei

Baureihe $18^{4,5}$

Wie in Baden, so herrschte auch in Bayern zu Beginn dieses Jahrhunderts ein starker Mangel an leistungsfähigen Schnellzugloks. Die Konstruktion der Pazifiklok IVf der Badischen Staatsbahn veranlaßte die Königlich Bayerischen Staatseisenbahnen, ähnliche Maschinen zu beschaffen. Wiederum war es die Lokfabrik Maffei, die diese als S 3/6 bezeichneten Loks entwarf und baute. Und wie die badische IVf zeichnete sich auch die S 3/6 durch ihre Formschönheit und Leistungsstärke aus.

Insgesamt wurden zwischen 1908 und 1930 für die K.Bay.Sts.B., die Pfalzbahn und die Deutsche Reichsbahn 159 Exemplare von Maffei und Henschel (die letzten 18 Stück) gebaut. Bedingt durch den langen Lieferungszeitraum ergaben sich viele Bauartunterschiede. Die 15 Bauserien werden meist durch Kleinbuchstaben (S 3/6 a bis o) differenziert. Auffällige Abweichungen waren bei den Serien d und e die größeren Treibräder (2000 mm gegenüber 1870 mm bei den übrigen Loks) und die fehlende Windschneide auf dem Führerhaus bei einigen Serien. Außerdem kamen verschiedene Tender zur Ausführung.

Die S 3/6 wurde noch bis 1930 von der DRG nachgebaut, obwohl der Bau der Einheitsschnellzugloks der Reihe 01 bereits fünf Jahre vorher begonnen hatte und obwohl die DRG wenig von Vierzylinder-Verbundloks hielt. Die Ursache lag im verzögerten Streckenausbau für 20 t Achsdruck, der eine leichtere Schnellzuglok erforderte (ab 1930 Baureihe 03).

In ihren neuen Nummernplan übernahm die DRG die bayerischen S 3/6 als 18 401–424, 441–458 und 461–508, die Loks der Pfalzbahn als 18 425–434 und die Nachbauten (1927 bis 1930) als 18 509–548. Nach dem Ersten Weltkrieg waren 1919 drei bayerische S 3/6 an Belgien und 16 an Frankreich abgetreten worden.

Fast alle S 3/6, die überwiegend in Bayern eingesetzt waren, blieben nach 1945 in den drei Westzonen. Die älteren Maschinen bis Betriebsnummer 18 458 schieden bis 1950 praktisch vollständig aus dem Einsatz aus, die anderen Loks verrichteten in den 50er Jahren noch ihren Dienst, vor allem bei den Bw's Augsburg, Bamberg, Buchloe, Darmstadt, Hof, Lindau, Nürnberg Hbf, Regensburg und (Neu) Ulm. 1953 bis 1956 baute die DB 30 Nachbau-S 3/6 um (siehe Baureihe 18^{6}), die anderen S 3/6 musterte sie nach und nach bis 1962 aus. Lediglich 18 505 kam zur LVA Minden, wo sie erst im Mai 1967 Z-gestellt und über zwei Jahre später ausgemustert worden ist.

Fünf dieser formschönen Loks blieben erhalten: 18 451 (München), 478 (Schweiz), 505 (Neustadt/Weinstr.), 508 (Schweiz) und 528 (München-Allach), dazu noch ein Torso von 18 427 in Bochum-Dahlhausen.

18 505: Bw Minden, 19. 5. 1967 (Dr. W. Fiegenbaum)

Gebaute Stückzahl:	18^4: 119; 18^5: 40
Stückzahl am 1. 1.:	60 61 62 63 64 65 66 67 68 69
	9 5 3 1 1 1 1 1 1 1
DR-/DB-Betriebsnummern bis 1967:	18^4: **18** 401–434, 441–458, 461–508; 18^5 : **18** 509–548
DB-Betriebsnummern am 1. 1. 1960:	**18** 478, 481, 483, 505, 508, 512, 516, 528, 537
DB-Betriebsnummer am 1. 1. 1968:	**018** 505
Letzte Ausmusterung:	10. 7. 1969 **018** 505 Bw Lehrte

Technische Daten:

Achsanordnung:	2'C 1' + 2'2'
Höchstgeschwindigkeit:	120 km/h
Dienstlast (nur Lok):	18^4: 92–94 Mp; 18^5: 95–96 Mp
Länge über Puffer:	je nach Tender 21 221–22 862 mm
Indizierte Leistung:	1770 PS, ab **18** 479: 1830 PS
Kesselüberdruck:	15 kp/cm^2, ab **18** 479: 16 kp/cm^2
Treib-/Kuppelraddurchmesser:	1870 mm
Lieferer:	Henschel, Maffei

Baureihe 18^6

Der sich vor allem nach der Währungsreform 1948 wieder entwickelnde Reiseverkehr führte schon bald zu einem Engpaß an leistungsfähigen Schnellzugloks. Die DB ergriff deshalb in den 50er Jahren verschiedene Maßnahmen, um den Bedarf an starken Schnellzugloks zu decken. Zwar blieb es bei nur zwei Neubauten (siehe Baureihe 10), doch rekonstruierte die DB viele Loks. Maschinen der Baureihen 01, 01^{10}, 03^{10} und 18^5 bekamen Neubaukessel, die Reihen 01^{10} und 10 außerdem Ölhauptfeuerung. Den umgebauten 18ern blieb es allerdings vorbehalten, auch neue Betriebsnummern zu erhalten.
Die DB wählte 30 Loks der Nachbauserien der bayerischen S 3/6 (18 509–548) zum Umbau aus. Die neuen, völlig geschweißten Kessel mit Verbrennungskammer lieferte die Firma Krauss-Maffei. Außerdem erneuerte man die Führerhäuser und Armaturen und verwendete Heißdampf-Mehrfachventilregler. Die ersten vier Umbauten führte 1953 das AW München-Freimann durch, danach war das AW Ingolstadt zuständig. Die umgebauten Loks erhielten die neuen Betriebsnummern 18 601 bis 630. Wenngleich der Umbau recht gut gelang und auch der Formschönheit der S 3/6 keinen Abbruch tat, so führte doch ein Konstruktionsfehler – die Verschweißung des Pumpenträgers mit dem Kessel und dadurch bedingte Rißbildungen – zur zeitweisen Reduktion des Kesseldrucks auf 12 kp/cm². Dadurch war die Leistungsfähigkeit dieser wirtschaftlichen Maschine natürlich stark eingeschränkt.
Bis 1956 gingen alle 30 Loks in Betrieb und waren zunächst bei den Bw's Darmstadt, Hof, Lindau, Nürnberg Hbf und Regensburg beheimatet. 1957 gab Darmstadt den 18^6-Einsatz auf, dafür erhielt Ulm solche Maschinen. Bis August 1961 zog die DB ihre 18^6 in Lindau zusammen, von wo aus sie vor allem im schweren Reisezugdienst nach München liefen.
Bereits am 29. 5. 1961 erfolgte mit 18 625 die erste Ausmusterung. Diese Lok hatte nach ihrem Umbau 1956 nur fünf Jahre Dienst getan. Weitere Ausmusterungen folgten zügig, denn inzwischen nahmen Kemptener V 200 und V 200^1 den 18^6 viele Leistungen ab. Im November 1965 war mit 18 622 letztmals eine 18^6 eingesetzt. Sie wurde zusammen mit 18 630 am 6. 1. 1966 ausgemustert. Die 18 603 schließlich schied am 20. 6. 1966 als letzte aus – zum Schluß hatte sie nur noch als Heizlok im Bw Ludwigshafen gedient.
Zu Beginn der 70er Jahre waren noch mindestens sechs Loks vorhanden. Sie waren abgestellt (18 617, 622, 630), dienten als Heizloks (18 602 als Heizlok 7009 der BD Saarbrücken und 18 612 in Kempten) oder als Versuchsfahrzeug für Mittelpufferkupplungen (18 610 in Minden). Die Kemptener Heizlok 18 612 konnte vor der Verschrottung bewahrt werden und steht heute im Deutschen Dampflok-Museum in Neuenmarkt-Wirsberg.

18 630: Bf Lindau, 24. 6. 1962 (H. Kuom)

Gebaute Stückzahl:	30 (aus Umbau)
Stückzahl am 1. 1.:	60 61 62 63 64 65 66 67 68 69
	30 30 25 19 13 5 3 – – –
DB-Betriebsnummern bis 1967:	**18** 601–630
DB-Betriebsnummern am 1. 1. 1960:	**18** 601–630
Letzte Ausmusterungen:	6. 1. 1966 **18** 622, 630 Bw Lindau
	20. 6. 1966 **18** 603 Bw Ludwigshafen (Heizlok)

Technische Daten:

Achsanordnung:	2'C 1' + 2'2'
Höchstgeschwindigkeit:	120 km/h
Dienstlast (nur Lok):	100 Mp
Länge über Puffer:	22 862 mm
Indizierte Leistung:	2250 PS (**18** 601–605), 2230 PS (**18** 606–610), 2120 PS (**18** 611–630)
Kesselüberdruck:	16 kp/cm²
Treib-/ Kuppelraddurchmesser:	1870 mm
Lieferer:	Henschel, Maffei; Umbau Krauss-Maffei / DB

Baureihe 24

Die neugegründete Deutsche Reichsbahn sah Anfang und Mitte der 20er Jahre den Bau von Schnellzugloks als dringlicher an als den von Personenzugloks. Schließlich führte der Bedarf Ende der 20er Jahre doch noch zur Entwicklung und zum Bau zweier Personenzug-Nebenbahnmaschinen mit 15 Mp Achslast: der Einheitsloks der Reihen 24 und 64.
Die Reihe 24 (heutiger Spitzname »Steppenpferd«) und die Reihe 64 (»Bubikopf«) waren Parallelentwicklungen. Kessel, Zylinder, Triebwerk und viele andere Teile waren untereinander austauschbar, was die Unterhaltungskosten niedrig hielt. Beide Typen wurden 1928 bis 1940 gebaut, wobei es die 24 nur auf 95 Exemplare brachte gegenüber 520 Stück der Reihe 64.
Die beiden Maschinen 24 069 und 070 wurden von Borsig als Mitteldruckloks (eine als Verbund- und eine als Gleichstromlok) ausgerüstet und für 25 kp/cm^2 Kesseldruck zugelassen. Das AW Lingen baute beide Loks 1952 wieder in die Normalausführung zurück. Ab Betriebsnummer 24 071 nahm man einige Verbesserungen vor, z. B. eine geschweißte Stahlfeuerbüchse und einen etwas vergrößerten Tender. Die geplanten Loks 24 096 bis 115 sollten statt der Bissel-Achse ein Krauss-Helmholtz-Gestell erhalten; die Bestellung wurde 1940 aber storniert.
Vor dem Krieg waren die »Steppenpferde« vor allem bei den Direktionen Münster, Regensburg, Schwerin, Stettin und Stuttgart zu finden. Sie bewährten sich auch auf bergigen Strecken, einige Loks waren kurzfristig sogar in Österreich eingesetzt.
Die DB übernahm die Hälfte der 24er in ihren Bestand. Hier liefen sie nur im Flachland bei den Direktionen Hamburg, Münster und Köln. Gute Zugkraft, niedriger Kohlenverbrauch und ein geräumiges Führerhaus machten die 24 beim Personal beliebt. 1961 begannen dann aber die Abstellungen in größerem Umfang. Auslauf-Bw's waren Rhaden und Rheydt, beim letzteren zog man mit 24 067 diese Reihe 1966 endgültig aus dem Betrieb. Alle Loks wurden bald verschrottet, 24 067 als letzte im Februar 1967.
Die DR hatte nur fünf Loks der Reihe 24 in ihrem Bestand. Sie konnten sich, zuletzt beim Bw Jerichow eingesetzt, jedoch sehr lange im Betrieb halten. Erst 1972 quittierte 24 009 in der DDR ihren Dienst. Noch im selben Jahr verkaufte die DR sie für 31.500,– DM an westdeutsche Eisenbahnfreunde. Die DR selbst übernahm 24 004 in ihr Museumsprogramm.
1975 kam eine zweite 24er in die Bundesrepublik. In Polen waren nach 1945 viele »Steppenpferde« vorhanden und als Reihe Oi 2 bis in die 70er Jahre im Einsatz. Aus dem PKP-Bestand stammte auch die gekaufte 24 083, vormals Oi 2–22. Beide »Steppenpferde« bleiben betriebsfähig erhalten und sind oft vor Eisenbahnfreunde-Sonderzügen zu sehen.

24 067: Bw Rheydt, 18. 10. 1965 (O. Blaschke)

Gebaute Stückzahl:	95
Stückzahl am 1. 1.:	60 61 62 63 64 65 66 67 68 69
	42 39 34 15 7 5 1 – – –
DR-/DB-Betriebsnummern bis 1967:	**24** 001–095
DB-Betriebsnummern am 1. 1. 1960:	**24** 006, 007, 011, 013–020, 025, 026, 029, 041, 042, 044–058, 060, 061, 064–070, 074, 095
Letzte Ausmusterung:	19. 8. 1966 **24** 067 Bw Rheydt

Technische Daten:

Achsanordnung:	1'C + 3
Höchstgeschwindigkeit:	90 km/h
Dienstlast (nur Lok):	57 Mp
Länge über Puffer:	16 995 mm
Indizierte Leistung:	920 PS (24 069/070: 830 PS)
Kesselüberdruck:	14 kp/cm² (24 069/070: 16 kp/cm²)
Treib-/ Kuppelraddurchmesser:	1500 mm
Lieferer:	Borsig, Hanomag, Henschel, Krupp, Linke-Hofmann, Schichau

Baureihe 39^0

In Preußen waren die Reihe P 8 (später 38^{10}) und die verschiedenen S 10-Bauarten bis 1920 an die Grenzen ihrer Leistungsfähigkeit gelangt. Um diese Maschinen nicht zu überfordern, suchte man nach einer vierfach gekuppelten Type. Der Entwurf einer um eine Treibachse verlängerten P 8 (solche Loks gab es tatsächlich, sie stehen zum Teil noch in der Türkei im Einsatz) wurde ebenso verworfen wie der Nachbau der sächsischen XX HV (später 19^0). Man entwickelte statt dessen eine als P 10 bezeichnete 1'D 1'-Schlepptenderlok mit Dreizylindertriebwerk. Diese Maschine zeigte äußerlich schon eine gewisse Ähnlichkeit mit den später gebauten Einheitsloks.
1922 bis 1926 bauten verschiedene Hersteller 260 Loks, die die DRG als Baureihe 39 in ihrem Bestand führte. Die Maschinen bewährten sich im Mittelgebirge zwar gut, doch wiesen sie auch einige konstruktive Mängel (häufige Stehbolzen- und Schieberstangenbrüche) auf und hatten zudem einen hohen Kohlenverbrauch.
Nach dem Zweiten Weltkrieg mußten nur wenige 39er wegen Kriegsschäden ausgemustert werden bzw. blieben im Ausland. Von den im Ausland vorgefundenen Maschinen gingen die polnischen 1956 an die DR zurück, die in Belgien, Frankreich und Österreich stehengebliebenen Einzelstücke kamen bis 1952 zur DB. So verfügte dann die DB über mehr als 150, die DR über rund 100 Stück.
Die DR rekonstruierte den größten Teil ihrer 39er. Insgesamt 85 Loks erhielten Neubaukessel und die Baureihenbezeichnung 22. Nach Außerdienststellung bis 1971 konnten die Ersatzkessel noch für die Baureihe 03 weiterverwendet werden. Einige 22 dienten auch nach ihrer Ausmusterung als Dampfspender und sind zum Teil noch abgestellt vorhanden.
Die DB begann 1958 mit der planmäßigen Ausmusterung der 39er. Durch Diesel- und Elloks freigewordene 01 und 03 übernahmen vielfach die Dienste der 39er. Zudem war die P 10 wegen ihres hohen Achsdrucks nicht überall einsetzbar. Die Abstellung der 39er, die bei der DB zum Teil mit Witte-Windleitblechen ausgestattet wurden, zog sich aber bis 1967 hin. Auslauf-Bw war neben Jünkerath, Kempten und Kaiserslautern auch Stuttgart, wo man im Januar 1967 mit 39 035, 196 und 254 die letzten P 10 der DB aus dem Betrieb zog.
Einige Maschinen fanden noch Verwendung als Heizloks, so die 39 106 und 162 als Hl 7007 und 7008 in der BD Saarbrücken; sie konnten daher zunächst der Verschrottung entgehen. Heute existieren nur noch zwei 39er: die bereits 1960 ausgemusterte 39 184 im Werksmuseum von Linke-Hofmann-Busch in Salzgitter und 39 230 als Kranprüfgewicht im AW Offenburg.

39 196: Bw Stuttgart, August 1965 (H. Kuom)

Gebaute Stückzahl:	260									
Stückzahl am 1. 1.:	60	61	62	63	64	65	66	67	68	69
	141	92	92	87	79	66	36	6	–	–

DR-/DB-Betriebsnummern bis 1967: **39** 001–263
DB-Betriebsnummern am 1. 1. 1960: **39** 009 ... 260
Letzte Ausmusterungen: 5. 7. 1967 **39** 035, 196, 254 Bw Stuttgart

Technische Daten:
Achsanordnung: 1'D 1' + 2'2'
Höchstgeschwindigkeit: 110 km/h
Dienstlast (nur Lok): 110 Mp
Länge über Puffer: 22 980 mm
Indizierte Leistung: 1620 PS
Kesselüberdruck: 14 kp/cm^2
Treib-/Kuppelraddurchmesser: 1750 mm
Lieferer: Borsig, Hanomag, Henschel, Karlsruhe, Krupp, Linke-Hofmann

Baureihe 42

Die Deutsche Reichsbahn benötigte zur Bewältigung der von ihr im Zweiten Weltkrieg verlangten Transportaufgaben eine große Anzahl leistungsfähiger, aber billig zu beschaffender Güterzugloks. Zunächst baute man daher Übergangskriegsloks, ab 1942 dann Kriegsloks der Reihe 52 (siehe dort). Ein Jahr später erschien eine weitere Kriegslok, die Reihe 42. Sie wies gegenüber der 52 einige Verbesserungen an Lauf- und Triebwerk und einen höheren Achsdruck (18 Mp) auf, war aber ebenfalls äußerst sparsam gehalten – alle nicht unbedingt notwendigen Teile ließ man weg, die übrigen wurden vereinfacht.
Nach zwei Probelokomotiven von Henschel mit Brotankessel und den ungewöhnlichen Betriebsnummern 42 0001 und 0002 aus dem Jahre 1943 begann 1944 die Serienproduktion – immerhin wurden in diesem Jahr allein 760 Maschinen abgeliefert. Schon 1945 sank die Auslieferungsquote auf 71 Loks ab, doch bis 1949 fertigte man aus halbmontierten 42ern und Ersatzteilen noch solche Maschinen. So waren die ehemaligen DRG-42er und die Nachbauten nach dem Zweiten Weltkrieg über halb Europa verteilt, ähnlich wie die Schwesterbaureihe 52. Die Loks der Baureihe 42 konnte man in Bulgarien, Luxemburg, Österreich, Polen, Rumänien, der Sowjetunion und Ungarn im Einsatz beobachten. 1946 bis 1950 baute die polnische Lokfabrik Cegielski in Poznań 126 Loks nach, die bei der PKP als Reihe Ty 43 geführt wurden.
Ein Großteil der Maschinen verblieb in Deutschland und ging auf die DB und die DR über. Die Bundesbahn, die ohnehin reichlich über schwere Güterzugloks verfügte, musterte ihre 42er zügig aus. Schließlich waren diese Kriegsloks auch nicht für eine lange Lebensdauer konzipiert. Weitere Nachteile waren häufige Achslagerschäden, schlechte Laufeigenschaften und ungünstige Kohlenverbrauchswerte. So strich die DB bereits am 18. 4. 1956 die Loks 42 001 (ex 42 0001) und 2616 als letzte 42er aus ihrem Bestand. Schon vorher waren 60 Loks als Schrott an Frankreich an Stelle von noch benötigten (in Frankreich gebauten) 44ern abgegeben worden.
Als das Saarland mit dem Beginn des Jahres 1957 der Bundesrepublik angegliedert wurde, übernahm die DB nochmals 21 Loks dieser Baureihe. Sie verblieben beim Bw Saarbrücken Rbf, um dort (bis 1962) abgefahren zu werden. Einige 42er verwendete die DB nach der Ausmusterung noch als Heizloks weiter, so daß die letzten Exemplare erst Mitte der 60er Jahre dem Schneidbrenner anheimfielen.
Die Reichsbahn in der DDR war länger auf ihre 42er angewiesen, sie stellte erst 1972 die letzten ab. Noch länger liefen diese Loks in Bulgarien und Polen, einzelne Maschinen dürften dort auch heute noch gelegentlich zum Einsatz kommen. Erwähnt sei schließlich noch die 42 1597, die im Juli 1945 zu Versuchszwecken in die USA kam.

42 5000: Saarbrücken Vbf, Sommer 1959 (H. Hillebrand)

Gebaute Stückzahl:	859									
Stückzahl am 1. 1.:	60	61	62	63	64	65	66	67	68	69
	15	8	6	–	–	–	–	–	–	–

DR-/DB-Betriebsnummern bis 1967:	**42** 0001, 0002, 001–003, 501 ... 2810, 5000
DB-Betriebsnummern am 1. 1. 1960:	**42** 585, 636, 963, 1078, 1419, 1489, 1510, 1606, 1888, 1894, 2332, 2356, 2539, 2807, 5000
Letzte Ausmusterungen:	1. 8. 1962 **42** 963, 1606, 1888 Bw Saarbrücken

Technische Daten:

Achsanordnung:	1'E + 2'2'
Höchstgeschwindigkeit:	80 km/h
Dienstlast (nur Lok):	97 Mp
Länge über Puffer:	23 000 mm
Indizierte Leistung:	1800 PS
Kesselüberdruck:	16 kp/cm^2
Treib-/ Kuppelraddurchmesser:	1400 mm
Lieferer:	BMAG, Esslingen, Floridsdorf, Henschel, RAW Stendal, Schichau

Baureihe 42^{90}

Der Gedanke der Franco-Crosti-Vorwärmer läßt sich bis in das Jahr 1914 zurückverfolgen, die erste Lok mit einem solchen Vorwärmersystem nahm aber erst 1932 die belgische Staatsbahn in Betrieb: eine dreiteilige Lok mit der Achsfolge (C 1') 1'B 1' B 1' (1'C) und dem treffenden Namen »Mastodont«. Wenngleich dieses Ungetüm schon 1935 ausgemustert wurde, bewies man später doch die Betriebstauglichkeit der Franco-Crosti-Loks, die vor allem in Italien große Verbreitung fanden. Bei der DB blieben solche Loks jedoch eine Seltenheit.
Ein vernachlässigter Lokpark, die finanzielle Notlage der Bahn und der stark gestiegene Kohlenpreis ließen Ende der 40er Jahre die Suche nach Möglichkeiten der Brennstoffeinsparung dringlich erscheinen. Bei Dampfloks bot sich in erster Linie die Verwendung von Speisewasser-Vorwärmern an, die man grob in Oberflächen-, Misch- und Franco-Crosti-Vorwärmer unterteilen kann. Hierbei sind die Franco-Crosti-Abgasvorwärmer zwar die aufwendigsten, aber auch die effektivsten. Im Gegensatz zum Oberflächen- oder Mischvorwärmer wird beim Franco-Crosti-Vorwärmer nicht der Abdampf genutzt, sondern man macht sich die hohe Temperatur der Rauchgase von 300 bis 400 °C beim Austritt aus dem Schornstein zunutze. Diese Rauchgase werden nicht durch den Schlot ins Freie geblasen, sondern in einen zweiten, unter dem Langkessel liegenden Vorwärmerkessel geleitet, um dort das Speisewasser aufzuheizen und anschließend durch einen seitlich am Kessel liegenden Schornstein auszutreten.
Zu den ersten Neubeschaffungen nach dem Krieg gehörten 40 Loks der Reihe 52, die Henschel 1948 bis 1951 baute und bei denen verschiedene Vorwärmer erprobt wurden. Während die meisten dieser als 52 124–143 und 875–892 bezeichneten Loks Mischvorwärmer der Bauart »Henschel MVR« erhielten, bekamen die beiden Loks mit den Fabriknummern 28313 und 28314 Franco-Crosti-Abgasvorwärmer und die Betriebsnummern 42 9000 und 9001.
Beide Loks wurden im Februar 1951 abgenommen und in Minden beheimatet. Noch im selben Jahr erhielten sie große Windleitbleche. Nach eingehenden Versuchsfahrten kamen beide Loks ab Mai 1952 beim Bw Bingerbrück in den Plandienst, wo sie vor allem im Güterzugdienst Richtung Ruhrgebiet liefen. Dabei waren gute Vergleichsmöglichkeiten mit den in Duisburg-Wedau beheimateten Vorwärmer-52 (siehe oben) möglich.
Zum Sommerfahrplan 1958 wechselten die 42^{90} zum Bw Oberlahnstein, ihre Abstellung erfolgte aber schon wenig später. 42 9000 stellte man am 20. 1. 1959 auf »Z« (Ausmusterung am 23. 7. 1959), 42 9001 am 8. 4. 1960. Im Juli 1960 zerlegte man in Frankfurt die 42 9000, ihre Schwestermaschine ereilte dieses Schicksal 1962 in Limburg.

42 9001: Bw Gremberg, 9. 5. 1959 (H. Schmidt)

Gebaute Stückzahl: 2

Stückzahl am 1. 1.:

60	61	62	63	64	65	66	67	68	69
1	–	–	–	–	–	–	–	–	–

DB-Betriebsnummern bis 1967: **42** 9000, 9001

DB-Betriebsnummern am 1. 1. 1960: **42** 9001

Letzte Ausmusterung: 30. 9. 1960 **42** 9001 Bw Oberlahnstein

Technische Daten:

Achsanordnung:	1'E + 2'2'
Höchstgeschwindigkeit:	80 km/h
Dienstlast (nur Lok):	99 Mp
Länge über Puffer:	22 975 mm
Indizierte Leistung:	1630 PS
Kesselüberdruck:	16 kp/cm^2
Treib-/ Kuppelraddurchmesser:	1400 mm
Lieferer:	Henschel

Baureihe 45

Um den ständig steigenden Zuglasten und-geschwindigkeiten gerecht zu werden, faßte die DRG ab 1934 den Bau drei neuer Einheitsloks ins Auge: die 06 (Achsfolge 2'D 2') für schweren Schnellzugdienst, die 41 (Achsfolge 1'D 1') für gemischten Dienst und die 45 (Achsfolge 1'E 1') für schwere und schnelle Güterzüge. 1936 begannen die Firmen Krupp (Reihe 06), BMAG (41) und Henschel (45) die Fertigung von je zwei Maschinen der neuen Einheitsloks. Während die 41 (siehe Bd. »Ausgemusterte Fahrzeuge 1970–1979«, S. 29 ff) zu einem Erfolg wurde, baute man die 06 überhaupt nicht nach und die 45 im Jahre 1940 in nur 26 Exemplaren. Eine Bestellung über weitere 104 Maschinen aus dem Jahre 1941 wurde storniert.
Die 45 stellte die stärkste deutsche Dampflok überhaupt dar. Ihrer Leistungsfähigkeit stand aber ein sehr ungünstiges Verhältnis von direkter und indirekter Strahlungsheizfläche gegenüber, ein Fehler, der bei den meisten größeren DRG-Einheitsloks begangen und bei den Reihen 06 und 45 auf die Spitze getrieben worden war. Ein weiterer gewichtiger Nachteil der Dreizylinderlok war die Ausbildung des Mittelzylinders als ein Gußstück mit dem oberen Sattel der Kesselauflagerung, was häufig zu Rissen in diesem Zylinderblock durch thermische Verformung führte.
1940 kamen die beiden Vorausloks wie auch die 26 neugelieferten Maschinen zum Bw Würzburg. Gegen Ende des Zweiten Weltkrieges zog man alle Loks aus dem Betrieb, wobei 45 024 auf dem Gebiet der heutigen DDR stehenblieb. Die DR baute die Lok als Hochdrucklok mit La-Mont-Kessel für 42 kp/cm² Druck und Kondenstender um. Dieser Kessel zerknallte um 1954, Teile der H 45 024 verwendete man aber 1961 für den Umbau der 61 002 in 18 201 weiter.
Die 45 002 schied schon 1946 aus, zwölf weitere musterte die DB am 7. 9. 1953 aus. Aufgearbeitet für die LVA Göttingen (später Minden) wurden ab 1948 die 45 011 (später Ersatz durch 45 020), 004 und 003. Für das Bw Würzburg wählte man 1952/53 zehn Loks zur Wiederinbetriebnahme aus. 45 010, 016, 019, 021 und 023 erhielten völlig neue Kessel, 45 008, 009, 012, 014 und 022 neue Stehkessel und Feuerbüchsen. Alle zehn Loks rüstete man zudem mit »Stoker« (mechanische Rostbeschickung) aus.
Bis Ende der 50er Jahre schieden alle aufgearbeiteten 45er aus. Lediglich vier Neubaukessel-Loks (45 010, 016, 019 und 023) blieben für die LVA Minden und später auch München im Bestand. 45 016 wurde nach einem Riß des Mittelzylinders im Winter 1964/65 zerlegt. 45 019 und 023 stellte man im Juni 1968 ab (Ausmusterung am 2. 10. 1968) und verschrottete sie im Winter 1969/70. 45 010 wurde schließlich am 15. 11. 1968 Z-gestellt, war bis April 1984 im DGEG-Museum in Neustadt/Weinstraße zu besichtigen und wird heute wieder von der DB betreut.

45 019: Bw Rahden, 31. 10. 1963 (O. Blaschke)

Gebaute Stückzahl:	28
Stückzahl am 1. 1.:	60 61 62 63 64 65 66 67 68 69
	4 4 4 4 4 3 3 3 3 1
DR-/DB-Betriebsnummern bis 1967:	**45** 001–028
DB-Betriebsnummern am 1. 1. 1960:	**45** 010, 016, 019, 023
DB-Betriebsnummern am 1. 1. 1968:	**045** 010, 019, 023
Letzte Ausmusterung:	3. 3. 1969 **045** 010 Bw Mühldorf

Technische Daten:

Achsanordnung:	1'E 1' + 2'3
Höchstgeschwindigkeit:	90 km/h
Dienstlast (nur Lok):	126 Mp
Länge über Puffer:	25 645 mm
Indizierte Leistung:	2800 PS
Kesselüberdruck:	16 kp/cm^2
Treib-/Kuppelraddurchmesser:	1600 mm
Lieferer:	Henschel

Baureihe 50^{40}

Die Erfahrungen mit den Versuchsloks 42 9000 und 9001 zeigten die Betriebstauglichkeit der Franco-Crosti-Abgasvorwärmer. Daher entschloß sich die DB, eine dritte Maschine mit einer leicht verbesserten Franco-Crosti-Rauchzuganlage auszurüsten. Die Wahl fiel auf die Maschine 50 1412, die im AW Göttingen mit einem neuen Kessel von Henschel ausgerüstet und am 11. 11. 1954 abgenommen wurde.
Die Erfolge mit dieser ebenfalls in Bingerbrück beheimateten Lok waren so vielversprechend, daß innerhalb eines Jahres (August 1958 bis September 1959) weitere 30 Maschinen im AW Schwerte mit Franco-Crosti-Kesseln von Henschel ausgerüstet wurden. Während man die 50 1412 in 50 4001 umbenannte, erhielten die übrigen Loks die Nummern 50 4002–4031.
Über 900 Loks der Reihe 50 benötigten in den 50er Jahren neue Kessel, da die bisherigen Kessel aus St 47 K-Stahl nicht alterungsbeständig waren. Bei den meisten Loks baute man aufgearbeitete Kessel von ausgemusterten 52ern ein, da dies erheblich billiger als Neubaukessel war. Man entschied sich bei den Loks, für die eine Neubekesselung notwendig war, aber für den Franco-Crosti-Kessel: Dieser kostete zwar rund 35.000,– DM mehr als ein herkömmlicher Neubaukessel – dem stand jedoch eine nicht unerhebliche Kohleersparnis durch die Abgasvorwärmer gegenüber.
Ihr charakteristisches Aussehen verdankten die 50^{40} nicht nur ihrem seitlichen Schornstein, sondern auch ihrem über der Rauchkammer angeordneten Mischvorwärmer sowie den Tenderabdeckklappen, die sich im Betrieb jedoch nicht bewährten. Eine Sonderstellung nahm die 50 4011 ein, die sofort nach ihrem Umbau zu Henschel kam, um dort mit Ölhauptfeuerung ausgerüstet zu werden. Diese Lok mit dem Rahmen der 50 2540 und Teilen von 50 1422 ist schon fast als Neubau zu bezeichnen und war sehr verdampfungsfreudig und leistungsfähig.
Bis auf 50 4001, 4030 und 4031 teilte man alle Loks nach dem Umbau den Bw's Kirchweyhe (bei Bremen) und Osnabrück Rbf zum Einsatz im schweren Güterzugdienst auf der »Rollbahn« (Ruhrgebiet–Bremen) zu. Die Maschinen 50 4016–4023 gab das Bw Kirchweyhe schon im April 1959 an das Bw Oberlahnstein ab, alle anderen blieben bis zu ihrer Abstellung bei den obengenannten Bw's der BD Münster. Oberlahnstein gab seine elf Maschinen (50 4001, 4016–4023, 4030, 4031) zum Sommerfahrplan 1962 nach Bingerbrück ab, von hier kamen sie im Sommer 1964 nach Hamm.
Als erste Lok wurde 50 4024 am 9. 5. 1964 nach einer Flankenfahrt aus dem Betrieb gezogen, nur drei Jahre später schob die DB am 24. 6. 1967 mit 50 4025 ihre letzte Franco-Crosti-Lok aufs Abstellgleis. Zu einer Umzeichnung in die Reihe 054 (bzw. 059 für die Öllok 50 4011) kam es ebensowenig wie zu einem geplanten Verkauf. Keine einzige Maschine konnte vor dem Schneidbrenner gerettet werden.

50 4014: Bw Kirchweyhe, 3. 2. 1959 (Sammlung M. Quebe)

Gebaute Stückzahl:	31 (aus Umbau)
Stückzahl am 1. 1.:	60 61 62 63 64 65 66 67 68 69
	31 31 31 31 31 31 28 20 – –
DB-Betriebsnummern bis 1967:	**50** 4001–4031
DB-Betriebsnummern am 1. 1. 1960:	**50** 4001–4031
Letzte Ausmusterungen:	14. 11. 1967 **50** 4004, 4005, 4007, 4025, 4026, 4028 Bw Kirchweyhe

Technische Daten:

Achsanordnung:	1'E + 2'2'
Höchstgeschwindigkeit:	80 km/h
Dienstlast (nur Lok):	91 Mp
Länge über Puffer:	22 940 mm
Indizierte Leistung:	1540 PS (**50** 4011: 1560 PS)
Kesselüberdruck:	16 kp/cm²
Treib-/Kuppelraddurchmesser:	1400 mm
Lieferer:	Fahrgestell: BMAG, Borsig, Esslingen, Floridsdorf, Henschel, Jung, Krauss-Maffei, Krupp, Schichau Kessel: Henschel

Baureihe 52

Die meistgebaute Reihe auf deutschen Gleisen war die 52, die noch heute in verschiedenen Ländern ihren Dienst versieht. Der Zweite Weltkrieg stellte auch an die Reichsbahn harte Forderungen. Der Reisezugdienst wurde mehr und mehr eingeschränkt, an seine Stelle trat ein vermehrter Güterverkehr, die Nachschubprobleme an den Fronten genossen Priorität. Gleichzeitig machten sich Materialknappheit und Grenzen der Kapazitätsauslastung in den Lokomotivfabriken bemerkbar, so daß man nach Lösungen suchte, um dem enorm gestiegenen Lokbedarf noch gerecht zu werden. Die Lösung wurde in der Vereinfachung der zu bauenden Loks gesucht.
Nachdem zunächst bereits in Bau befindliche Maschinen (vor allem BR 44 und 50) vereinfacht als sogenannte Übergangs-Kriegsloks (ÜK) ausgeliefert worden waren, hatte man 1942 die Loks soweit vereinfacht, daß sie als Kriegslokomotiven der Reihe 52 bezeichnet wurden. Auf alle irgendwie entbehrlichen Teile wurde verzichtet. Die Loks waren billig, robust und in großer Stückzahl zu bauen, dafür stellte man aber keine großen Forderungen an die Lebenszeit der Maschinen. Charakteristisch für sie waren das anspruchslose Äußere und der Wannentender.
Ein Jahr nach dem Erscheinen der 52 kam als zweite, verbesserte und verstärkte Kriegslok die Reihe 42 auf die Schienen. Ebenfalls ab 1943 wurden 168 Loks der Reihe 52 mit Kondenstendern zur Wasserrückgewinnung ausgeliefert. Über 6000 Kriegsloks der Reihe 52 wurden bis zum völligen Zusammenbruch Deutschlands gebaut, die nach dem Kriege über ganz Europa verstreut waren; noch heute stehen Maschinen dieser Bauart in der DDR und der Türkei in größerer Stückzahl im regelmäßigen Dienst. Die DR in der DDR rüstete sogar noch über 200 Loks mit neuen Kesseln aus und reihte sie als 52^{80} ein – auch diese Loks sind noch fast alle im Einsatz.
Die Deutsche Bundesbahn hatte 1950 noch über 900 Loks der Reihe 52 in ihrem Bestand, wovon allerdings der größte Teil abgestellt war. Die Maschinen wurden in den 50er Jahren zügig ausgemustert, die Kessel und Wannentender verwendete man größtenteils für die Reihe 50 weiter. Bis in die 60er Jahre waren lediglich die 1948–1951 gebauten Vorwärmer-Versuchsloks von Henschel (siehe Baureihe 42^{90}) und vom Saarland übernommene Maschinen im Einsatz.
Etliche 52er dienten in den 60er Jahren noch als Heizloks, darunter auch ehemalige Kondensloks. Die letzten Loks wurden in der Bundesrepublik erst Anfang der 70er Jahre verschrottet. Dennoch kann man auch in der Bundesrepublik eine aktive 52 bewundern: 52 3504 im Museumsbetrieb zwischen Merzig und Neunkirchen. Als Museums- bzw. Denkmalloks sind außerdem noch 52 5804 in Neuenmarkt-Wirsberg und 52 7596 in Singen vorhanden.

52 891: Bw Bingerbrück, 4.10.1957 (H. Schmidt)

Gebaute Stückzahl:	ca. 6250									
Stückzahl am 1.1.:	60	61	62	63	64	65	66	67	68	69
	32	29	12	3	–	–	–	–	–	–

DR-/DB-Betriebsnummern
bis 1967: **52** 001 ... 7792

DB-Betriebsnummern am 1.1.1960: **52** 136–143, 875–892, 2443, 3322, 3326, 3328, 3329, 3331

Letzte Ausmusterungen: 28.5.1963 **52** 138, 143 Bw Duisburg-Wedau; **52** 887 Bw Göttingen Rbf

Technische Daten:

Achsanordnung:	1'E + 2'2'
Höchstgeschwindigkeit:	80 km/h
Dienstlast (nur Lok):	84/89 Mp
Länge über Puffer:	22 975/23 055 mm
Indizierte Leistung:	1620/1625 PS
Kesselüberdruck:	16 kp/cm^2
Treib-/ Kuppelraddurchmesser:	1400 mm
Lieferer:	BMAG, Borsig, DWM, Esslingen, Floridsdorf, Grafenstaden, Henschel, Jung, Krauss-Maffei, Krenau, MBA, Schichau, Skoda

Baureihe 54^{15}

Nach dem Ersten Weltkrieg beschaffte die Bayerische Staatsbahn nach zehn Jahren Pause erstmals wieder 1'C-Güterzuglokomotiven. Diese Maschinen stellten eine wesentlich verbesserte und verstärkte Nachfolgeserie der 1899 bis 1909 gebauten 1'Cn2v-Loks der Reihen C VI (Baureihe 54^{13}) bzw. G 3/4 N (Baureihe 54^{14}) dar. Die neuen, von der Bayerischen Staatsbahn als G 3/4 H und von der DRG später als Reihe 54^{15} geführten Loks gehörten zu den leistungsfähigsten 1'C-Loks Europas und bewährten sich ausgezeichnet.
Die 54^{15} wurde von 1919 bis 1923 von Maffei und Krauss in München in 225 Exemplaren gebaut. Die Bayerische Staatsbahn reihte ihre G 3/4 H unter den Betriebsnummern 7001 bis 7225 in ihren Fahrzeugpark ein. Die Maschinen hatten gegenüber ihrer Vorgängertype einen um etwa 20 % vergrößerten und höher gelegten Kessel. Weitere Verbesserungen stellten das Heißdampftriebwerk und ein Speisewasservorwärmer dar. Die Vorlaufachse führte man allerdings wieder als Adamsachse aus, nachdem bei den Gattungen C VI und G 3/4 N bereits Krauss-Helmholtz-Gestelle verwendet worden waren. Ab der Betriebsnummer 7166 verstärkte man die Loks etwas. Außerdem fiel bei dieser letzten Bauserie ein für die Loks bis dahin charakteristisches Merkmal weg: Dom und Sandkasten waren auf dem Kessel nicht mehr zu einem voluminösen, kantigen Aufbau zusammengefaßt.
Die Deutsche Reichsbahn übernahm alle 225 Maschinen und teilte ihnen die neuen Betriebsnummern 54 1501 bis 1725 zu. Einsatzgebiet der Loks war stets Bayern mit den Direktionen Augsburg, München, Nürnberg und Regensburg. Allerdings gab die RBD Regensburg 1935 über zwanzig Loks nach Norddeutschland ab. Diese Loks kehrten bis 1943 nach Bayern zurück. Bereits ab 1939 kamen einige Maschinen nach Österreich, wo nach dem Zweiten Weltkrieg sechs Loks verblieben (54 1534, 1548, 1550, 1559, 1589, 1663) und zwischen 1954 und 1962 ausgemustert wurden. Zwei weitere Loks (54 1507 und 1554) fanden sich 1945 auf dem Gebiet der DDR. Diese beiden Einzelgänger musterte die DR erst am 8. 11. 1957 beim Bw Halle G aus und verkaufte sie anschließend als Werkloks.
Alle übrigen 217 Maschinen übernahm die DB und beließ sie in Bayern. Die letzten Einsatzstellen der 54^{15} in den 60er Jahren waren Hof, München Hbf, Nürnberg Rbf, Regensburg und Weiden. Viele Loks verkaufte die DB nach ihrer Abstellung nach Österreich zur Verschrottung. Als letzte Betriebslok stellte man am 13. 10. 1965 beim Bw Nürnberg Rbf die 54 1632 auf »Z«; sie wurde auch als letzte etwa im September 1966 in München zerlegt, so daß keine 54^{15} für die Nachwelt erhalten blieb.

54 1632: Bw Nürnberg Rbf, 1.5.1964 (O. Blaschke)

Gebaute Stückzahl:	225									
Stückzahl am 1.1.:	60	61	62	63	64	65	66	67	68	69
	82	63	36	20	5	2	1	–	–	–

DR-/DB-Betriebsnummern bis 1967:	**54** 1501–1725
DB-Betriebsnummern am 1.1.1960:	**54** 1502 ... 1725
Letzte Ausmusterung:	4.3.1966 **54** 1632 Bw Nürnberg Rbf

Technische Daten:

Achsanordnung:	1'C + 3
Höchstgeschwindigkeit:	65 km/h
Dienstlast (nur Lok):	61 Mp (ab **54** 1666: 62 Mp)
Länge über Puffer:	17 500 mm
Indizierte Leistung:	1040 PS
Kesselüberdruck:	13 kp/cm^2
Treib-/Kuppelraddurchmesser:	1350 mm
Lieferer:	Krauss, Maffei

Baureihe 56^2

Typisch für die Preußische Staatsbahn waren einfache und sparsame, aber trotzdem leistungsfähige und den jeweiligen Erfordernissen gerechte Loktypen, die in großer Stückzahl beschafft wurden. Eine solche Loktype stellte auch die preußische G 8^1 dar, die später bei der Reichsbahn als Baureihe 55^{25} geführt wurde (vgl. Bd. »Ausgemusterte Fahrzeuge 1970–1979«, S. 42 f). Zwei Nachteile dieser Lok behinderten jedoch den Einsatz: die Höchstgeschwindigkeit von nur 55 km/h und der recht hohe Achsdruck von durchschnittlich 17,5 Mp. Nachdem die DRG bis 1933 bereits über tausend dieser Maschinen ausgemustert hatte, entschloß sie sich endlich, versuchsweise zehn Loks bei Borsig in 1'D-Loks umzubauen. Damit konnte die Höchstgeschwindigkeit auf 70 km/h heraufgesetzt werden (das bedeutete den unproblematischen Einsatz auf vielen Hauptbahnen); gleichzeitig verminderte sich der maximale Achsdruck auf 16,2 Mp, wodurch für die so umgebauten Loks der Einsatz auf den meisten Nebenbahnen möglich wurde.
Die Ergebnisse mit den ersten Umbauloks waren so vielversprechend, daß von verschiedenen Ausbesserungswerken von 1935 bis 1941 insgesamt 681 weitere 55^{25} mit einer Vorlaufachse ausgerüstet wurden. Man teilte den umgebauten Loks die Betriebsnummern 56 201 bis 891 zu. Durch den Umbau verringerte sich zwar das Reibungsgewicht, doch dies tat der Leistungsfähigkeit der Maschinen keinen wesentlichen Abbruch.
Nach 1945 verblieben von der 56^2 die meisten Maschinen in den drei Westzonen, nachgewiesen sind 375 Loks (inklusive Saarland). Die übrigen waren Kriegsverluste, verblieben im Ausland (nennenswert sind hier nur Polen und die UdSSR) oder in der heutigen DDR. Bei der DB konnten sich die alten Preußinnen relativ lange im Betrieb halten, allerdings überlebten sie ihre Schwester- bzw. Mutterbaureihe 55^{25} nicht, 1964 schieden sie vollständig aus dem Unterhaltungsbestand aus. Einige Exemplare dieser Reihe, deren Domäne zuletzt die Direktionsbezirke Frankfurt, Kassel und Mainz gewesen waren, konnten sich jedoch noch bis 1966/67 halten. Am längsten überlebte 56 241 (1935 im RAW Schneidemühl aus 55 5452 umgebaut), die erst am 27. 7. 1967 den Dienst quittierte. Da sie erst im März 1968 ausgemustert wurde, erhielt sie auf dem Papier noch die neue Nummer 056 241–3, jedoch nicht mehr tatsächlich angeschrieben. Ihre Verschrottung erfolgte im Sommer 1969 (als letzte DB-56^2) in Mülheim-Speldorf.
Auch in der DDR blieb keine 56^2 erhalten. Die DR zog die meisten ihrer Loks zwischen 1966 und 1971 aus dem Verkehr, die letzten beiden aktiven Vertreter waren hier die Pasewalker 56 234 und 339.

56 427: Bad Nauheim, August 1962 (H. Hillebrand)

Gebaute Stückzahl:	691 (aus Umbau)

Stückzahl am 1. 1.:	60	61	62	63	64	65	66	67	68	69
	231	145	126	103	71	49	18	1	1	–

DR-/DB-Betriebsnummern bis 1967:	**56** 201–891
DB-Betriebsnummern am 1. 1. 1960:	**56** 201 ... 891
DB-Betriebsnummer am 1. 1. 1968:	**(056** 241**)**
Letzte Ausmusterung:	12. 3. 1968 **(056** 241**)** Bw Hohenbudberg

Technische Daten:

Achsanordnung:	1'D + 3
Höchstgeschwindigkeit:	70 km/h
Dienstlast (nur Lok):	75 Mp
Länge über Puffer:	18 296 mm
Indizierte Leistung:	1260 PS
Kesselüberdruck:	14 kp/cm^2
Treib-/ Kuppelraddurchmesser:	1350 mm
Lieferer:	BMAC, Grafenstaden, Hagans, Hanomag, Henschel, Hohenzollern, Humboldt, Jung, Linke-Hofmann, O & K, Schichau, Vulcan

Baureihe 56^{20}

Im Ersten Weltkrieg herrschte in Preußen nach zahlreichen Lokabgaben u. a. ein großer Mangel an 1'D-Maschinen. Zunächst baute man ab 1918 die Reihe G 8^{3} (später 56^{1}) in 85 Exemplaren. Sie war als kurze G 12 (Reihe 58^{10}) entstanden, indem man eine Kuppelachse wegließ und den Kessel entsprechend kürzte, das Dreizylindertriebwerk jedoch beibehielt. Unsere G 8^{2} schließlich stellte die vereinfachte Zweizylinderversion der G 8^{3} dar. Die G 8^{2} (später als 56^{20} geführt) war zwar keine besonders leistungsfähige Maschine und arbeitete zudem recht unwirtschaftlich, doch beschaffte man sie wegen ihrer Einfachheit und dem dringenden Bedarf von 1919 bis 1928 in großer Stückzahl. Bei der DRG liefen die Loks unter den Nummern 56 2001–2485 und 2551–2916, im Jahre 1938 reihte man außerdem die 1923 gebauten, etwas leichteren Loks der Lübeck-Büchener-Eisenbahn als 56 3001–3008 ein. Obwohl die 56^{20} bei der Reichsbahn nie sonderlich in Erscheinung traten, ist doch erwähnenswert, daß man vier Loks mit einer Kohlenstaubfeuerung ausrüstete.
Viele Maschinen standen im Kriegseinsatz, dementsprechend gingen auch viele Loks verloren. Dennoch übernahm die DB über 500 56^{20}, musterte sie aber in den 50er Jahren zügig aus. Bereits vor dem Zweiten Weltkrieg hatte nämlich die Verdrängung aus dem Streckendienst durch die Reihen 41 und 50 begonnen. Zudem war die 56^{20} wegen ihres hohen Achsdrucks von 17,5 Mp nicht auf allen Nebenstrecken zu verwenden. Ein weiterer Nachteil, der zur beschleunigten Abstellung der 56^{20} mit beitrug, war im Belpaire-Stehkessel zu sehen, der für häufige Stehbolzenbrüche bekannt war.
In den 60er Jahren hatte die DB die Abstellung ihrer 56^{20} bereits weitgehend abgeschlossen. Die letzten Heimatdienststellen lagen vor allem im Industriegebiet Rhein/Ruhr, in Süddeutschland dagegen war diese Loktype so gut wie unbekannt. Am 28. 10. 1963 schied 56 2637 in Duisburg als letzte Maschine aus dem aktiven Dienst, sie wurde aber erst 1965 ausgemustert und 1966 in Mülheim-Speldorf verschrottet. Erhalten blieb lediglich eine der LBE-Maschinen: Die 56 3007 steht im Eisenbahnmuseum in Darmstadt-Kranichstein.
In der DDR waren die wenigen vorhandenen 56^{20} wesentlich länger im Einsatz, hier zog man erst im Dezember 1970 die 56 2009 beim Bw Saalfeld als letzte aus dem Betrieb. Länger als bei der DB liefen 56^{20} auch in Polen und Rumänien. Wenngleich in Europa keine 56^{20} mehr unter Dampf steht, so kann man doch auch heute noch zahlreiche 56^{20}-Nachbauten (gebaut von Nohab und Tubize 1927–1930 in 62 Exemplaren) im täglichen Streckendienst in der asiatischen Türkei bestaunen.

56 2637: Bw Duisburg Hbf, 9. 4. 1966 (O. Blaschke)

Gebaute Stückzahl:	859
Stückzahl am 1. 1.:	60 61 62 63 64 65 66 67 68 69
	97 43 18 6 2 1 – – – –
DR-/DB-Betriebsnummern bis 1967:	**56** 2001–2485, 2551–2916, 3001–3008
DB-Betriebsnummern am 1. 1. 1960:	**56** 2020 ... 2909
Letzte Ausmusterung:	1. 9. 1965 **56** 2637 Bw Duisburg Hbf

Technische Daten:

Achsanordnung:	1'D + 3
Höchstgeschwindigkeit:	65 km/h
Dienstlast (nur Lok):	84 Mp
Länge über Puffer:	16 995 mm
Indizierte Leistung:	1390 PS
Kesselüberdruck:	14 kp/cm^2
Treib-/ Kuppelraddurchmesser:	1400 mm
Lieferer:	AEG, Hanomag, Henschel, Jung, Krupp, Linke-Hofmann

Baureihe 66

Die von der DB nach dem Zweiten Weltkrieg entwickelten »Einheitsloks 1950« wurden vom Strukturwandel überholt. Nur die drei Baureihen 23, 65 und 82, deren Lieferung bereits 1950/51 begonnen hatte, brachten es noch auf halbwegs akzeptable Stückzahlen. Von den Reihen 66 (1955) und 10 (1957) wurden aber nur noch je zwei Exemplare hergestellt. Der Bau weiterer geplanter Baureihen, so z. B. einer schweren Güterzuglok der Reihe 46, unterblieb indes völlig. Die fortschreitende Elektrifizierung und die inzwischen erreichte Serienreife von hydraulischen Großdieselloks machten die Entwicklung neuer Dampflokreihen überflüssig.
Die beiden 1955 von Henschel mit den Fabriknummern 28923 und 28924 gebauten Loks 66 001 und 66 002 wurden von der DB im Oktober 1955 abgenommen. Diese Bauart sollte in der Lage sein, fast alle Tenderloks älterer Prägung und die Reihe 38^{10} zu ersetzen. Vor allem war an einen Ersatz der noch in großer Stückzahl vorhandenen Reihen 64, 74^{4}, 78, 86, 91^{3} und 93^{5} gedacht. Die schlank wirkende 66 war ursprünglich als 1'C 1'-Tenderlok geplant. Um die Vorräte großzügiger bemessen zu können, wählte man hinten dann aber ein zweiachsiges Laufdrehgestell.
Bei der Reihe 66 kamen die von Friedrich Witte entwickelten neuen Baugrundsätze voll zur Anwendung, zumal man schon auf Ergebnisse mit den Reihen 23, 65 und 82 zurückgreifen konnte. Typische Merkmale der 66 waren daher der Hochleistungskessel mit Verbrennungskammer und Mischvorwärmer der Bauart Henschel MVT sowie die Anwendung von Wälzlagern. Die Konstruktion erwies sich als gelungen. Der niedrige Achsdruck, die Höchstgeschwindigkeit von 100 km/h, die großen Vorräte und das Leistungsvermögen der 66 machten die Loks zudem auf Haupt- und Nebenbahnen gleichermaßen verwendbar.
So war die Reihe 66 im schweren Vorortverkehr von Frankfurt eingesetzt. Heimat-Bw der beiden 66 war zunächst Frankfurt-3, danach Frankfurt-1. Ende Mai 1960 wurden beide Loks dem Bw Gießen überwiesen. Hier konnten sie nochmals unter Beweis stellen, was in ihnen steckte: Schnellzüge gehörten lange Zeit zu ihrem Dienstplan. Ab Mitte der 60er Jahre schob man die 66er auf Nebenstrecken ab und strich die beiden Einzelgänger aus dem Unterhaltungsbestand. Am 3. 10. 1966 stellte man die 66 001 wegen Triebwerkschäden auf »Z«. Die Ausmusterung erfolgte am 24. 2. 1967, die Verschrottung im Juli 1967 im AW Trier. 66 002 überlebte ihre Schwester im aktiven Dienst um ein Jahr. Nach ihrer Z-Stellung am 15. 9. 1967 und der Ausmusterung am 12. 3. 1968 erwarb die DGEG die Lok. Zunächst stand sie im Bw Erndtebrück abgestellt, im Oktober 1973 übernahm man sie ins Museum Bochum-Dahlhausen.

66 002: Bw Gießen, 23. 5. 1963 (O. Blaschke)

Gebaute Stückzahl:	2									
Stückzahl am 1. 1.:	60	61	62	63	64	65	66	67	68	69
	2	2	2	2	2	2	2	2	1	–

DB-Betriebsnummern bis 1967: **66** 001, 002
DB-Betriebsnummern am 1. 1. 1960: **66** 001, 002
DB-Betriebsnummer am 1. 1. 1968: **(066** 002**)**
Letzte Ausmusterung: 12. 3. 1968 **(066** 002**)** Bw Gießen

Technische Daten:

Achsanordnung: 1'C 2'
Höchstgeschwindigkeit: 100 km/h
Dienstlast: 93 Mp
Länge über Puffer: 14 798 mm
Indizierte Leistung: 1170 PS
Kesselüberdruck: 16 kp/cm^2
Treib-/Kuppelraddurchmesser: 1600 mm
Lieferer: Henschel

Baureihe 70^0

Zu den ungewöhnlichsten Dampfloks im Fahrzeugpark der DB zählten die bayerischen Pt 2/3 (Reihe 70^0), waren sie doch über Jahre hinweg die einzigen zweifach gekuppelten Maschinen. In sieben Baulosen lieferte Krauss von 1909 bis 1916 insgesamt 97 Loks der Gattung Pt 2/3, die die DRG alle als 70 001 bis 097 übernahm.
Ungewöhnlich war nicht nur die Achsfolge 1B, sondern vor allem die Anordnung des Fahrwerks. Weit vorne lagerte die Laufachse fest im Rahmen. Eine große Lücke (Achsstand 4 Meter) klaffte zur Treibachse, die dafür extrem dicht neben der hinteren Kuppelachse (Achsstand 1,45 Meter) lag. Diese ungewöhnliche Laufwerkanordnung – der Maschine »fehlte« in der Mitte eine Achse – brachte dem Lökchen den Spitznamen »Känguruh« ein.
Erstaunlich war für die damalige Zeit, daß die kleine Maschine bereits als Heißdampflok gebaut wurde. Ungewöhnlich war auch der hohe Anteil an direkter Heizfläche an der Gesamtheizfläche, wodurch die 70^0 zu einer guten Dampfmacherin wurde. Auch die großen Vorräte trugen zum Erfolg dieser Baureihe wesentlich bei. Um die Kurvenläufigkeit zu verbessern, ersetzte die DRG bei gut der Hälfte aller Loks die fest im Rahmen gelagerte Laufachse durch eine Bisselachse. Die letzten sechs Loks waren zudem bei Lieferung mit etwas vergrößerten Laufrädern ausgestattet worden.
Die bayerische Pt 2/3 war so erfolgreich, daß die Badische Staatsbahn 1914 und 1916 als Reihe I g ähnliche Maschinen bestellte, die die DRG als Baureihe 70^1 bezeichnete und 1927/28 sogar noch in acht Exemplaren nachbauen ließ. Die Reihe 70^1 hielt sich aber nicht so lange wie die 70^0 und schied bis 1955 vollständig aus.
Die 70^0 waren fast ausschließlich in Bayern eingesetzt. Einige Loks kamen allerdings auch in Österreich zum Einsatz. Dort verblieben nach dem Zweiten Weltkrieg die vier Loks 70 086, 092, 095 und 096. Bis mindestens 1965 waren solche Loks als Reihe 770 auf der Strecke Pöchlarn – Kienberg – Gaming im Einsatz. An diese Leistungen erinnert heute die 770.86 (ex 70 086) als Denkmallok in Pöchlarn.
Zwei Loks schieden bis 1945 aus, zwei weitere 1946. Alle übrigen (mit Ausnahme der vier ÖBB6-Maschinen) übernahm die DB. 1950 musterte sie eine 70^0 aus, 1953 zwei weitere. Ab 1954 wurden außer 1956 jährlich etwa zehn Loks aus dem Bestand gestrichen, so daß die DB Anfang 1963 nur noch über vier solcher Maschinen verfügte. Davon war aber nur 70 083 beim Bw Ansbach betriebsfähig. Diese zuletzt ausgemusterte 70^0 steht heute vor dem Maschinenamt Mühldorf als Denkmal.

70 025: bei Schierling, Februar 1962 (W. Tausche)

Gebaute Stückzahl:	97
Stückzahl am 1. 1.:	60 61 62 63 64 65 66 67 68 69
	34 24 14 4 – – – – – –
DR-/DB-Betriebsnummern bis 1967:	**70** 001–097
DB-Betriebsnummern am 1. 1. 1960:	**70** 001 ... 093
Letzte Ausmusterung:	1. 7. 1963 **70** 083 Bw Ansbach

Technische Daten:

Achsanordnung:	1B (z. T. 1'B)
Höchstgeschwindigkeit:	65 km/h
Dienstlast:	40 Mp
Länge über Puffer:	9165 mm (**70** 093: 9265 mm)
Indizierte Leistung:	420 PS
Kesselüberdruck:	12 kp/cm^2
Treib-/Kuppelraddurchmesser:	1250 mm
Lieferer:	Krauss

Baureihe 74^4

Die klassische Lokomotive der Berliner Stadt-, Ring- und Vorortbahnen war vor der Elektrifizierung die preußische T 12, von der dort zeitweise bis zu 500 Loks im Einsatz standen. Hervorgegangen war diese Bauart wie auch die Schwesterbaureihe T 11 zu Anfang dieses Jahrhunderts aus der preußischen T 9^3 (vgl. Baureihe 91^3).
Im Jahre 1902 erschienen die ersten Maschinen der Baureihe T 12 (später 74^4), erst ein Jahr später die der Bauart T 11 (74^0). Erstaunlich ist das insofern, als die T 12 eine Heißdampf-, die T 11 aber eine Naßdampflok war. Im Betrieb zeigte die T 12 später denn auch eine Kohlenersparnis von durchschnittlich 20 % gegenüber der T 11. Zudem war die T 12 etwas schwerer gebaut und auch leistungsfähiger. Trotzdem wurde die T 11 bis etwa 1910 in immerhin 471 Exemplaren gebaut. Danach beschaffte man nur noch die Heißdampflok T 12, die es auf über 1000 Stück brachte.
Die einzelnen Lieferungen der T 12 unterschieden sich geringfügig voneinander. Verschiedene Rauchrohrüberhitzer wurden an dieser Baureihe ebenso getestet wie unterschiedliche Blasrohr- und Schornsteinanlagen. Sogar Versuche mit Heißdampfreglern wurden unternommen. Auch bei der Schwesterbaureihe T 11 gab es bauartliche Unterschiede. Einzelne Loks dieser Gattung baute die DRG sogar in Heißdampfloks um, so daß sie sich von der T 12 kaum noch unterschieden.
Die DRG übernahm neben 358 Loks der Gattung T 11 auch 900 der Reihe T 12, die als 74 401 bis 1300 eingereiht wurden. Später kamen von dieser bis 1921 gebauten Art noch weitere Maschinen in den Bestand der DRG, so z. B. zehn Loks aus dem Saarland. Besonders interessant waren die letzten sechs der elf von der Lübeck-Büchener-Eisenbahn übernommenen Loks. Diese Maschinen (74 1316 bis 1321) waren mit einer Stromlinienverkleidung ausgestattet, die erst nach dem Zweiten Weltkrieg entfernt wurde!
Die DB hatte im Jahre 1950 noch fast 400 Loks der Reihe 74^4 in ihrem Bestand. Die Ausmusterung ging in den 50er Jahren zwar zügig vonstatten, doch dauerte es immerhin bis zum 18. 1. 1966, daß mit 74 1070 des Bw Düren die letzte 74^4 der DB auf »Z« gestellt wurde. Am längsten existierte in der Bundesrepublik allerdings die bereits am 2. 11. 1954 ausgemusterte 74 816. Sie wurde nach ihrer Abstellung als Kranprüflok im AW Opladen weiterverwendet, wo sie erst Ende November 1973 dem Schneidbrenner zum Opfer fiel.
Außer in einigen anderen Ländern waren die Loks der Reihe 74^4 nach dem Zweiten Weltkrieg vor allem in Polen (dort als Reihe Oki 2) und der DDR zu finden. In der DDR bleibt 74 1230 betriebsfähig erhalten. Daneben ist mit 74 1192, die ebenfalls aus der DDR stammt, in Bochum-Dahlhausen eine zweite T 12 zu besichtigen.

74 849: Bw Wiesbaden, 23. 5. 1963 (O. Blaschke)

Gebaute Stückzahl:	1018
Stückzahl am 1. 1.:	60 61 62 63 64 65 66 67 68 69
	170 90 73 27 18 10 1 – – –
DR-/DB-Betriebsnummern bis 1967:	**74** 401–1321, 1345, 1346, 1351–1355, 6776–6779
DB-Betriebsnummern am 1. 1. 1960:	**74** 437 ... 1313
Letzte Ausmusterung:	11. 5. 1966 **74** 1070 Bw Düren

Technische Daten:

Achsanordnung:	1'C
Höchstgeschwindigkeit:	80 km/h
Dienstlast:	67 Mp (ab **74** 1311: 72 Mp)
Länge über Puffer:	11 800 mm (ab **74** 1311: 12 100 mm)
Indizierte Leistung:	870 PS (ab **74** 1311: 910 PS)
Kesselüberdruck:	12 kp/cm^2
Treib-/Kuppelraddurchmesser:	1500 mm
Lieferer:	Borsig, Grafenstaden, Hohenzollern, Linke-Hofmann, Union

Baureihe 75^0

Zu den gelungensten Loks der Württembergischen Staatsbahn gehörten die Maschinen der Gattung T 5. Bis etwa 1908 war der Bau von größeren Personenzug-Tenderloks hier relativ vernachlässigt worden, obwohl der Bedarf ständig stieg. Man gab daher 1'C 1'-Tenderloks bei der Maschinenfabrik Esslingen in Auftrag. Von 1910 bis 1920 wurden in kleineren Serien 96 Loks geliefert; bis auf vier Stück von der MBG Heilbronn stammten alle Loks aus Esslingen.
Die Loks waren wegen der größeren Wirtschaftlichkeit mit einem Heißdampftriebwerk ausgestattet. Die drei 1450 mm hohen Treibräder waren in einem relativ großen festen Achsstand von 4 Metern angeordnet, was der Lok einen ruhigen Lauf einbrachte. Daher konnte man die Geschwindigkeit auch von 70 auf 80 km/h heraufsetzen. Die niedrige Achslast von nur 15 Mp machte die Maschine praktisch auf allen Nebenbahnstrecken einsetzbar. Durch reichlich bemessene Vorräte waren auch Langläufe möglich. Die seitlichen Wasserkästen waren sehr lang geraten. Um die Sicht nach vorne nicht allzusehr zu beeinträchtigen, schrägte man die Wasserkästen im vorderen Teil leicht nach unten ab. Konstruktive Unterschiede gab es zwischen den einzelnen Bauserien kaum. Auffälligste Abweichung war die Vertauschung der Lage von Dampfdom und Sandkasten ab der 17. gelieferten Maschine.
Von den württembergischen T 5 mußten 1919 drei an die französische NORD-Bahn abgegeben werden. Die übrigen 93 Loks übernahm die DRG als Reihe 75^0. Die Loks waren fast ausschließlich in der RBD Stuttgart zu finden. Daran änderte sich auch während des Zweiten Weltkriegs kaum etwas. Deshalb konnte die DB noch 89 Loks in ihren Bestand übernehmen.
Noch am 1. 1. 1959 führte die DB 81 Loks der Reihe 75^0 in ihren Listen. Eingesetzt wurden sie von fast allen Bw's der BD Stuttgart. Ab 1959 begann dann aber rasch die Ausmusterung der Maschinen. Anfang der 60er Jahre konzentrierte man die verbliebenen Loks beim Bw Aulendorf, wo sie mit für Tenderloks ungewöhnlichen Langläufen nochmals zeigen konnten, was in ihnen steckte. Schon vorher hatte man die 75^0 mehrfach mit der Beförderung von D-Zügen betraut. Am 20. 6. 1963 kam jedoch das Ende. An diesem Tag beförderte 75 042 als letzte Vertreterin ihrer Baureihe den P 4545 von Mengen nach Aulendorf; einen Tag später wurde sie abgestellt. 64er des Bw Friedrichshafen übernahmen die letzten Leistungen der 75^0. Ein großer Teil der Loks kam zur Verschrottung nach Österreich. 75 006 verdiente sich noch bis etwa Ende 1963 ihr Gnadenbrot als Werklok im AW Esslingen. 75 042 sollte museal erhalten werden, 1969 verschrottete man aber auch diese letzte württembergische T 5 im AW Offenburg.

75 044: Bf Friedrichshafen, 8. 10. 1961 (O. Blaschke)

Gebaute Stückzahl:	96
Stückzahl am 1. 1.:	60 61 62 63 64 65 66 67 68 69
	70 54 28 9 – – – – – –
DR-/DB-Betriebsnummern bis 1967:	**75** 001–093
DB-Betriebsnummern am 1. 1. 1960:	**75** 001 ... 093
Letzte Ausmusterung:	23. 10. 1963 **75** 042 Bw Aulendorf

Technische Daten:

Achsanordnung:	1'C 1'
Höchstgeschwindigkeit:	80 km/h
Dienstlast:	70–74 Mp
Länge über Puffer:	12 200 mm
Indizierte Leistung:	880 PS (**75** 016–035: 890 PS)
Kesselüberdruck:	12 kp/cm^2
Treib-/ Kuppelraddurchmesser:	1450 mm
Lieferer:	Esslingen, Heilbronn

Baureihe 75^1

Die Badische Staatsbahn war die erste Bahn in Deutschland, die 1'C 1'-Tenderloks beschaffte. Die guten Erfahrungen mit Loks dieser Achsfolge in Österreich veranlaßten die Badische Staatsbahn, nicht weiter ihre 1'C-Tenderloks der Gattung VI a zu beschaffen, sondern bei Maffei in München neue Loks der 1'C 1'-Bauart zu bestellen. Außer einer Beschleunigung des Personenverkehrs sollte sie auch eine Vereinfachung des Betriebes auf der Steilrampe Hirschsprung – Hinterzarten der Höllentalbahn bringen. Auf dem Zahnstangenabschnitt sollte sie vor dem Zug bleiben und lediglich von einer Zahnradlok am Zugschluß unterstützt werden. Auch an einen Einsatz auf der Schwarzwaldbahn dachte man.
Maffei lieferte 1900 die ersten 15 Loks, alle folgenden Serien kamen von der Maschinenbau-Gesellschaft Karlsruhe. Bis 1908 war die Lieferung zunächst abgeschlossen, 1921 und 1923 folgten aber nochmals zwei Baulose dieser Naßdampflok, obwohl bereits seit 1914 die verbesserte VI c (Heißdampfmaschine) beschafft wurde. So stellte die Badische Staatsbahn in elf Bauserien insgesamt 173 Maschinen in Dienst. Die einzelnen Baulose unterschieden sich kaum, Veränderungen waren nur bei der Gesamtlänge, Kessellage und Form der Wasserkästen zu verzeichnen. Auffälligstes Merkmal der VI b war das Verbindungsrohr zwischen den beiden Dampfdomen, das auch bei anderen badischen Loks zu finden war, z. B. bei der badischen X b (vgl. S. 76 f).
1919 mußten neun badische VI b an die Entente abgegeben werden, die übrigen 164 Loks übernahm die DRG und teilte ihnen Nummern ab 75 101 zu. Wiederum gab sie jedem Baulos eine neue Zehnergruppe, so daß Lücken in den Nummerngruppen entstanden. Bereits 1933 begann die DRG mit der Ausmusterung. Bis 1939 schieden 44 Loks aus, von denen sechs verkauft werden konnten (vor allem an die Kreis Oldenburger Eisenbahn). Diese Loks kamen 1941 bzw. nach dem Krieg (75 130) wieder in den Bestand. So konnte die DR sieben Loks übernehmen; bei der DB verblieben 117 Stück.
Daß badische VI b bei der DR vorhanden waren, hat darin seinen Grund, daß Anfang der 30er Jahre 35 Loks an die RBD Schwerin überwiesen worden waren. Zwar hatten die 75^1 bei der DR keine Bedeutung, doch wurden die letzten beiden Loks 75 227 und 264 erst am 29. 1. 1965 beim Bw Ketzin ausgemustert. Drei Loks dienten nach ihrer Ausmusterung noch als Werklokomotiven in der Lokfabrik »Hans Beimler« in Hennigsdorf.
Die DB trennte sich in den 50er Jahren von fast allen 75^1. Nur noch eine Handvoll dieser Loks erlebte den Beginn der 60er Jahre im aktiven Dienst. Auslauf-Bw war neben Freiburg und Radolfzell vor allem Haltingen, wo 75 299 als letzte im Mai 1962 ausschied.

75 301: Heidelberg, September 1954 (M. van Kampen)

Gebaute Stückzahl:	173									
Stückzahl am 1. 1.:	60	61	62	63	64	65	66	67	68	69
	10	4	1	–	–	–	–	–	–	–

DR-/DB-Betriebsnummern bis 1967: **75** 101–114, 121–136, 141–161, 171–179, 181–195, 201–216, 221–233, 241–258, 261–302

DB-Betriebsnummern am 1. 1. 1960: **75** 209, 221, 224, 225, 243, 250, 275, 276, 290, 299

Letzte Ausmusterung: 2. 5. 1962 **75** 299 Bw Haltingen

Technische Daten:

Achsanordnung:	1'C 1'
Höchstgeschwindigkeit:	80 km/h
Dienstlast:	64–67 Mp
Länge über Puffer:	11 760–12 144 mm
Indizierte Leistung:	540 PS
Kesselüberdruck:	13 kp/cm^2
Treib-/ Kuppelraddurchmesser:	1480 mm
Lieferer:	Esslingen, Karlsruhe

Baureihe 75^4, 75^{10}, 75^{11}

Die badische VI c war eine Weiterentwicklung der VI b (vgl. S. 56 f), unterschied sich von dieser aber in Aussehen und Konstruktion erheblich. Zwar hatte sich die Naßdampf-Gattung VI b als recht wirtschaftlich erwiesen, doch wählte man bei der VI c das Heißdampftriebwerk. Durch auf 1600 mm vergrößerte Treibräder konnte die Höchstgeschwindigkeit auf 90 km/h gesteigert werden. Gesteigert wurde auch die Leistung durch die Verwendung eines größeren Kessels. Der Kessel war bei der VI c höher gelagert als bei der VI b, und außerdem verfügte er nur noch über einen Dampfdom. Damit entfiel auch das für die VI b so typische Verbindungsrohr zwischen den beiden Dampfdomen. Von 1914 bis 1921 stellte die Badische Staatsbahn in neun Lieferungen 135 Loks der Gattung VI c in Dienst.
Die DRG übernahm 107 Loks. Wie bei den anderen badischen Loks wählte man für jede Lieferung eine neue Zehnergruppe, so daß in der Baureihe 75^4 verschiedene Lücken zwischen den Betriebsnummern blieben. Das ist an sich schon merkwürdig, weil die einzelnen Lieferungen sich kaum oder gar nicht voneinander unterschieden; noch kurioser ist jedoch, daß die DRG die letzten beiden Lieferungen als 75^{10} und 75^{11} einreihte, obwohl diese Maschinen, abgesehen vom Baujahr und einer Rahmenverstärkung, nicht von den übrigen (als 75^4 eingeordneten) Maschinen abwichen. 1919 mußten 15 Loks nach Frankreich und 13 nach Belgien als Reparationsleistungen abgegeben werden. Während die französischen Maschinen bis Ende der 40er Jahre dort im Dienst waren, kamen die belgischen 1930 zur luxemburgischen Prinz-Heinrich-Bahn und gelangten so 1941 wieder zur DRG. Dort wurden sie unverständlicherweise als 75 1121 bis 1133 eingereiht, obwohl sie den Lieferungen 1, 2 und 5 bis 7 zugehört hatten und mithin als 75^4 einzureihen gewesen wären. Sie verblieben nach 1945 in Luxemburg.
Zwar war Baden die Heimat der Maschinen, doch kamen Ende der 20er Jahre zehn Loks zur Berliner S-Bahn und 1935 gleich 38 nach Mecklenburg. So verblieben nach 1945 29 Loks bei der DR und waren bis Ende der 60er Jahre eingesetzt.
Vier Maschinen befanden sich nach 1945 in Frankreich. Bei fünf Loks ist der Verbleib ungeklärt. 75 1001 und 1104 waren bereits 1933 ausgemustert worden. Somit übernahm die DB nur knapp die Hälfte der gebauten Loks, nähmlich 67 Stück. Sie beließ die Maschinen in den angestammten Bw's der BD Karlsruhe. Bereits Ende der 50er Jahre begann die planmäßige Ausmusterung, die aber erst mit 75 1118 am 20. 4. 1967 beendet werden konnte. Diese Lok blieb auch als einzige badische VI c erhalten und steht heute im DGEG-Museum in Neustadt an der Weinstraße.

75 432: Altshausen, 17. 8. 1963 (O. Blaschke)

Gebaute Stückzahl:	135
Stückzahl am 1. 1.:	60 61 62 63 64 65 66 67 68 69
	53 43 39 35 27 7 3 1 – –
DR-/DB-Betriebsnummern bis 1967:	**75** 401–409, 411–441, 451–464, 471–473, 481–483, 491–494, 1001–1023, 1101–1133
DB-Betriebsnummern am 1. 1. 1960:	**75** 401 ... 494, 1002 ... 1023, 1102 ... 1120
Letzte Ausmusterung:	20. 4. 1967 **75** 1118 Bw Radolfzell

Technische Daten:

Achsanordnung:	1'C 1'
Höchstgeschwindigkeit:	90 km/h
Dienstlast:	76 Mp ($75^{10,11}$: 80 Mp)
Länge über Puffer:	12 700 mm
Indizierte Leistung:	790 PS
Kesselüberdruck:	12 kp/cm^2
Treib-/Kuppelraddurchmesser:	1600 mm
Lieferer:	Jung, Karlsruhe

Baureihe 78^{10}

Ein entscheidender Nachteil der Baureihe 38^{10} (siehe Bd. »Ausgemusterte Fahrzeuge 1970–1979«, S. 26 f), die bei der DB in großer Stückzahl vorhanden war, bestand in ihrer niedrigen zulässigen Geschwindigkeit beim Rückwärtsfahren von nur 50 km/h. Da aber bei zahlreichen Zügen des Nahverkehrs ein Drehen der Lokomotive nicht möglich war, kam der Wunsch nach einer in beiden Richtungen gleich schnell laufenden Loktype auf. Professor Mölbert von der Technischen Hochschule Hannover machte der DB aufgrund dieser Überlegungen den Vorschlag, Loks der Reihe 38^{10} in Tenderloks umzubauen.

1950/51 führte Krauss-Maffei in München in Zusammenarbeit mit dem BZA München und dem AW München-Freimann dann auch tatsächlich den Umbau von zwei Loks durch. Die beiden Maschinen erhielten einen zweiachsigen, geschweißten Kurztender, der aber immerhin fast das gleiche Fassungsvermögen wie der alte preußische Plattenrahmentender 2'2' T 21,5 der Reihe 38^{10} aufwies. Der Kurztender wurde mit der Lok durch eine Deichsel verbunden, die man am Lokrahmen hinter der letzten Kuppelachse anlenkte. Das Führerhaus wurde vollständig geschlossen, indem es zum Tender durch einen Gummibalg abgedichtet war. Einige Änderungen am Rahmen der Lok wurden ebenfalls notwendig, weil man dem vorderen Drehgestell eine etwas größere Seitenverschiebbarkeit gab.

Für den Umbau suchte die DB die beiden Maschinen 38 2919 und 2890 aus. Da man die Loks jetzt als 2'C 2'-Tenderloks ansah, erhielten sie die neuen Betriebsnummern 78 1001 und 1002. Sie wurden nach Fertigstellung dem Bw München Hbf zugeteilt und hier im Münchener Vorortverkehr eingesetzt. Außerdem unterzog die LVA Minden die beiden Maschinen bis 1953 einer eingehenden Erprobung. Die Loks erfüllten die in sie gesteckten Erwartungen nicht völlig. Angeblich sollen sie rückwärts nur bis 60 km/h befriedigend gelaufen sein, obwohl sie in beide Richtungen für 100 km/h zugelassen waren.

Durch den beginnenden Strukturwandel, durch die Einführung des Wendezugbetriebes und durch die Ausrüstung vieler 38^{10} mit Wannentendern der Reihen 42 und 52 (dies bedeutete eine Verbesserung der Laufeigenschaften) war der Umbau weiterer Loks überflüssig geworden. Die beiden Versuchsloks zog man 1954 aus München ab und setzte sie im Bodenseegebiet ein. Zunächst waren sie dort in Lindau beheimatet, nach etwa einem Jahr übernahm das Bw Augsburg die beiden Einzelgänger. Ende 1960/Anfang 1961 wurden beide Loks Z-gestellt (78 1002 am 5. 10. 1960 und 78 1001 im Januar 1961) und 1961 ausgemustert. Nach längerer Abstellzeit in München-Feldkirchen kam die am 19. 1. 1961 ausgemusterte 78 1002 im August 1963 nach Österreich zum Verschrotten. Wo und wann die Schwesterlok dem Schneidbrenner zum Opfer fiel, ist unbekannt.

78 1001: Bw Augsburg, 4. 5. 1962 (B. Kappel)

Gebaute Stückzahl:	2 (aus Umbau)
Stückzahl am 1. 1.:	60 61 62 63 64 65 66 67 68 69
	2 2 – – – – – – – –
DB-Betriebsnummern bis 1967:	**78** 1001, 1002
DB-Betriebsnummern am 1. 1. 1960:	**78** 1001, 1002
Letzte Ausmusterung:	29. 7. 1961 **78** 1001 Bw Augsburg

Technische Daten:

Achsanordnung:	2'C 2'
Höchstgeschwindigkeit:	100 km/h
Dienstlast:	110 Mp
Länge über Puffer:	17 237 mm
Indizierte Leistung:	1180 PS
Kesselüberdruck:	12 kp/cm^2
Treib-/Kuppelraddurchmesser:	1750 mm
Lieferer:	Humboldt, Vulcan Umbau: Krauss-Maffei

Baureihe 80

Im Rangierdienst konnte man vielfach ältere Länderbahntypen (auch Schlepptenderloks) aufbrauchen, doch war diese Methode äußerst unwirtschaftlich. Daher entschloß sich die DRG zum Bau von Einheitsrangierloks. Von den insgesamt 75 Loks der vier Reihen 80, 81, 87 und 89^{0} entfiel über die Hälfte (39 Stück) auf die Reihe 80, die als Ersatz für die Reihe 89^{70} (preußische T 3) gedacht war.
Die 80 stellte eine einfache Loktype ohne große technische Besonderheiten dar. Die Maschine war aufgrund ihrer Größe nicht gerade ein Kraftpaket, konnte die an sie gestellten Aufgaben aber wohl bewältigen. Wegen ihrer kleinen Treibräder war sie nur für 45 km/h Höchstgeschwindigkeit geeignet, mithin also nicht streckentauglich. Die kleinen, dicht beieinanderliegenden Räder bewirkten, daß die 80 leicht zum Nicken neigte, was ihr den Spitznamen »Schaukelpferd« eintrug.
Vor dem Kriege waren Ansbach, Bremen, Breslau, Gemünden, Halle Ingolstadt, Köln, Leipzig, Magdeburg, Regensburg und Schweinfurt typische Einsatzorte der 80er. Durch diese Verteilung übernahmen DB und DR nach dem Krieg etwa gleich viele Loks: die DB 17 und die DR 22. In den Jahren 1949, 1951 und 1955 mußte die DR je eine Maschine zum Teil wegen Kriegsschäden aus dem Bestand streichen. Die übrigen konzentrierte sie in Leipzig West, wo sie 1963 durch die neuen, in der Tschechoslowakei gebauten Dieselloks der Reihe V 75 verdrängt wurden, so daß die DR sie ausmusterte.
Die DB zog ihre Loks in Bayern zusammen, wo sie in Ansbach, Gemünden, Ingolstadt und vor allem Schweinfurt (Auslauf-Bw) anzutreffen waren. Mit dem Erscheinen der Rangierdieselloks der Baureihe V 60 konnte man auf die 80er verzichten. 1958 schied 80 032 als erste aus dem DB-Bestand aus, die letzte 80er (031) wurde am 15. 4. 1964 Z-gestellt und knapp ein Jahr später ausgemustert.
Sowohl bei der DR als auch bei der DB waren viele der Maschinen noch so gut erhalten, daß man sie als AW-Werkloks (bei der DR) weiterverwendete bzw. an Privat- und Industriebahnen verkaufte. Allein die Firma Klöckner Bergbau (später Ruhrkohle AG) erwarb von der DB acht solcher Loks, wovon die letzte erst 1977 aus dem Dienst schied. Über ein Viertel aller 80er konnte vor der Verschrottung bewahrt werden. In der DDR stehen immer noch 80er im Rangierdienst der RAW's Meiningen und Dresden-Friedrichsstadt bzw. gehören zum Museumsprogramm der DR. In der Bundesrepublik (80 039 in Hamm), den Niederlanden (80 036 in Apeldoorn) und Großbritannien (80 014 in Carnforth) laufen sie heute noch im Museumsbetrieb. Weitere Loks befinden sich in Westdeutschland als Denkmals- oder Museumsloks.

80 031: Bw Schweinfurt, August 1963 (H. Kuom)

Gebaute Stückzahl:	39
Stückzahl am 1. 1.:	60 61 62 63 64 65 66 67 68 69
	11 8 6 4 3 1 – – – –
DR-/DB-Betriebsnummern bis 1967:	**80** 001–039
DB-Betriebsnummern am 1. 1. 1960:	**80** 005, 015, 016, 028, 030, 031, 033, 034, 037–039
Letzte Ausmusterung:	10. 3. 1965 **80** 031 Bw Schweinfurt

Technische Daten:

Achsanordnung:	C
Höchstgeschwindigkeit:	45 km/h
Dienstlast:	54 Mp
Länge über Puffer:	9 670 mm
Indizierte Leistung:	575 PS
Kesselüberdruck:	14 kp/cm^2
Treib-/ Kuppelraddurchmesser:	1 100 mm
Lieferer:	Hagans, Hohenzollern, Jung, Union

Baureihe 81

Im Typisierungsplan der DRG waren je eine C-, D- und E-Rangierlok für 20, 17,5 und 15 Mp Achslast vorgesehen. Gebaut wurden 1927–29 die Loks mit 17,5 Mp als Baureihe 80 (Achsfolge C), 81 (Achsfolge D) und 87 (für das Hamburger Hafengebiet mit der Achsfolge E und Luttermölleran-trieb) sowie 1934/38 der Dreikuppler der Reihe 89^0 mit 15 Mp Achslast. Bis auf einige 89^0 waren alle Loks Heißdampfmaschinen, da sich die DRG davon selbst im Rangierdienst Brennstoffeinsparungen gegenüber Naßdampfloks versprach.

Die Baureihe 81 baute Hanomag 1928 mit den Fabriknummern 10555 bis 10564. Sie war der kleineren Schwester der Reihe 80 sehr ähnlich, hatte aber eine Achse mehr und einen um einen Meter längeren Kessel. Auch sie war als Heißdampflok mit Großrohrüberhitzer ausgebildet und wies nur 1100 mm Kuppelraddurchmesser auf, was eine Höchstgeschwindigkeit von 45 km/h zuließ. Leistungsmäßig war sie der Reihe 92^5 (siehe dort), die sie einmal ersetzen sollte, leicht überlegen. Zudem wirkten sich die großen Vorräte im Betrieb sehr vorteilhaft aus. Einen weiteren Vorteil stellte die Austauschbarkeit vieler Teile mit anderen Einheitsloks dar.

Es blieb aber bei den zehn gebauten Loks. Eine Bestellung bei Krupp aus dem Jahre 1939 über 60 weitere 81er mußte wegen des Krieges storniert werden. Die ersten zehn Loks erhielten die Bw's Goslar (81 001–005) und Oldenburg (81 006–010). Die Goslarer 81 kamen 1935 nach Süddeutschland (Hof und Regensburg), wo sie sich aber nicht behaupten konnten, so daß sie um 1943 ebenfalls zur RBD Münster kamen. Hier verblieben alle Loks bis zu ihrer Ausmusterung, sieht man einmal von kurzen Einsätzen in Paderborn ab. Haupteinsatz- und Auslauf-Bw war Oldenburg Hbf, daneben waren die 81er in der BD Münster zeitweise in Emden, Rhaden und Rheine zu finden. Alle zehn Loks musterte die DB zwischen 1961 und 1963 aus.

81 005 leistete nach ihrer Ausmusterung Rangierdienst als Werklok im AW Nied, noch 1964 war sie dort als Reservelok vorhanden. Die letzte Oldenburger Lok (81 004, Z-Stellung am 13. 4. 1964, Ausmusterung per 14. 10. 1963) entging als einzige dieser Reihe der Verschrottung. Nach jahrelanger Abstellzeit in Oldenburg und Emden sollte sie in die USA kommen, um im Museum der Steamtown Foundation ausgestellt zu werden. Die Verschiffung konnte jedoch wegen der hohen Transportkosten nicht durchgeführt werden. Deshalb nahm sich die DGEG vor über zehn Jahren der damals bereits arg heruntergekommenen Maschine an, bevor sie nach Marienhafe (bei Emden) kam, wo sie jetzt als »Denkmal« weiterrostet.

81 003: Bw Gronau, 3. 6. 1960 (Sammlung M. Quebe)

Gebaute Stückzahl:	10									
Stückzahl am 1. 1.:	60	61	62	63	64	65	66	67	68	69
	10	10	7	2	–	–	–	–	–	–

DR-/DB-Betriebsnummern bis 1967:	**81** 001–010
DB-Betriebsnummern am 1. 1. 1960:	**81** 001–010
Letzte Ausmusterung:	14. 10. 1963 **81** 004 Bw Oldenburg Rbf

Technische Daten:

Achsanordnung:	D
Höchstgeschwindigkeit:	45 km/h
Dienstlast:	68 Mp
Länge über Puffer:	11 080 mm
Indizierte Leistung:	860 PS
Kesselüberdruck:	14 kp/cm^2
Treib-/ Kuppelraddurchmesser:	1100 mm
Lieferer:	Hanomag

Baureihe 85

Die DRG war sehr daran interessiert, den Zahnstangenbetrieb soweit wie möglich aufzugeben. Die Aufgabe dieser Betriebsform auf der Höllentalbahn (Hirschsprung – Hinterzarten) im Herbst 1933 hatte den Bau neuer, besonders starker Lokomotiven notwendig gemacht, da die Baureihe 95^0 (preußische T 20) nicht in ausreichender Anzahl zur Verfügung stand, aber auch nicht nachgebaut werden sollte. So kam es 1932/33 zur Produktion von zehn schweren Tenderloks der Reihe 85 durch Henschel.
Die 85 war eine typische Einheitslok und mit der Reihe 44 verwandt, von der man das Trieb- und Fahrwerk übernehmen konnte. Man brauchte lediglich hinten eine Laufachse anzufügen. Wie die Reihe 44 führte man auch die 85 als Dreizylinderlok aus, weil dies bessere Anfahreigenschaften und größere Laufruhe versprach. Der Kessel der Maschine war bis auf die Rauchkammer mit dem der 62 identisch.
Die zehn 85er erhielt das Bw Freiburg. Schon 1936 wurde der elektrische Zugbetrieb auf der Höllentalbahn aufgenommen. Das bedeutete allerdings nicht, daß die 85er jetzt auf ihrer Stammstrecke arbeitslos wurden; der Bestand von vier E 244 reichte nicht aus, um alle Leistungen zu fahren. So fand man diese Dampflokreihe, die zu den gewaltigsten deutschen Tenderloks zählte, nach wie vor im Höllental. Zeitweilig setzte man einige Loks aber auch auf der Schwarzwaldbahn ein und teilte sie deshalb dem Bw Villingen zu.
Nach einem Bombentreffer mußte 1944 die 85 004 ausgemustert werden. Als am 20. 5. 1960 sowohl die Höllental- als auch die Dreiseenbahn von 20 kV und 50 Hz auf die bei der DB übliche Stromspannung (15 kV, 16 ⅔ Hz Wechselstrom) umgestellt wurde, rangierte man nicht nur die bisher hier eingesetzten elektrischen Triebfahrzeuge (vgl. S. 116 ff) aus – auch die 85er wurden überflüssig. Mit den Loks der Reihen $E\,40^{11}$ und $E\,44^{11}$ standen nun genügend Elloks zur Verfügung.
Als einzige Maschine versetzte man die 85 007 im Juni 1960 noch von Freiburg zum Bw Wuppertal-Vohwinkel. Ein knappes Jahr bis zu ihrer Z-Stellung am 14. 6. 1961 diente sie noch als Schiebelok auf der Rampe von Erkrath nach Hochdahl. Danach stand sie bis Oktober 1965 in Warburg und kam dann zur Aufarbeitung. Ein Jahr später erfolgte ihre Aufstellung vor der Ingenieurschule in Konstanz, wo sie mit der Zeit mehr und mehr verkam. Seit 1976 steht sie nun im Bw Freiburg und wird wieder gut gepflegt.
Die übrigen acht Loks wurden beim Bw Freiburg am 29. 5. 1961 ausgemustert. 85 002 und 009 verwendete das AW Karlsruhe noch eine Zeitlang als Heizloks. Die Verschrottung dieser beiden Loks dürfte um 1966 im AW Offenburg erfolgt sein.

85 001: Freiburg, September 1957 (M. van Kampen)

Gebaute Stückzahl:	10
Stückzahl am 1.1.:	60 61 62 63 64 65 66 67 68 69
	9 9 – – – – – – – –
DR-/DB-Betriebsnummern bis 1967:	**85** 001–010
DB-Betriebsnummern am 1.1.1960:	**85** 001–003, 005–010
Letzte Ausmusterung:	4.12.1961 **85** 007 Bw Wuppertal-Vohwinkel

Technische Daten:

Achsanordnung:	1'E 1'
Höchstgeschwindigkeit:	80 km/h
Dienstlast:	134 Mp
Länge über Puffer:	16 300 mm
Indizierte Leistung:	1500 PS
Kesselüberdruck:	14 kp/cm²
Treib-/ Kuppelraddurchmesser:	1400 mm
Lieferer:	Henschel

Baureihe 89^6, 89^7, 89^8

Seit 1877 beschaffte Bayern kleine Dreikuppler-Tenderloks für den Nebenbahn- und Rangierdienst. Nach den Gattungen DV und DV II (später bei der DRG als 89^{81} und 98^{76} eingereiht) wurden ab 1898 die Loks der Gattung D II (Zweitbesetzung) in 73 Exemplaren bis 1904 von den Lokfabriken Maffei und Krauss geliefert. Jeweils von Krauss folgten 1906/07, 1913 und 1921 bis 1923 weitere 108 Loks, die nach dem neuen Bezeichnungssystem der Bayerischen Staatsbahn als R 3/3 bezeichnet wurden.
Die Loks waren anspruchslose und zuverlässige Rangierloks ohne große technische Besonderheiten. Die Konstruktion spiegelte nicht gerade den neuesten Stand des damaligen Dampflokbaus wider, die Naßdampfmaschinen bewährten sich aber im Betrieb. Die ab 1921 gelieferten Loks waren geringfügig verstärkt worden, dadurch aber nicht leistungsfähiger.
Von den 181 gebauten Maschinen kamen 1919 vier nach Polen (Tkh 101–1 bis Tkh 101–4), die übrigen zur DRG. Man teilte ihnen drei Nummerngruppen zu, obwohl sich die Loks kaum voneinander unterschieden: 89 601–670 (Baujahre bis 1904), 89 701–717 und 89 801–890 (Baujahre ab 1921, leicht verstärkte Ausführung). Die Maschinen waren auf fast allen größeren Bahnhöfen der bayerischen Direktionen Augsburg, München, Nürnberg und Regensburg zu finden. Dort blieben sie auch bis zur Ausmusterung, abgesehen von einigen kurzfristigen Einsätzen u. a. in Kaiserslautern, Wiesbaden und Zweibrücken.
Nach dem Zweiten Weltkrieg verblieben zwei Loks in der DDR und drei in Österreich. Die ÖBB musterte ihre Maschinen zwar bis 1957 aus, doch war 89 837 danach noch lange bei der Grazer Schleppbahn eingesetzt. Die DB übernahm die meisten Maschinen, nachdem einige wenige mit Kriegsschäden ausgemustert worden waren. An den Einsätzen änderte sich kaum etwas. In den 50er Jahren trennte sich die DB von fast allen ihren 89^6 und 89^7. Nur drei Exemplare waren noch Anfang 1960 im Bestand, sie schieden aber noch im selben Jahr aus. Länger dauerte dagegen die Außerdienststellung der etwas jüngeren 89^8. Als letzte beide Exemplare strich die DB die 89 801 und 883 des Bw Weiden aus ihren Listen.
Viele Maschinen fanden nach ihrer Ausmusterung noch weitere Verwendung als AW-Rangierloks. Vor allem 89^6 wurden in den AW's München-Freimann und Kaiserslautern weiterverwendet. Der Verschrottung, die bis 1965 abgeschlossen war, konnte nur eine Lok entgehen. Die 89 801 gelangte nach vielen Jahren der Abstellung in Weiden und dem AW Schwerte als Denkmallok zum AW Duisburg-Wedau. Obwohl sie durch die lange Abstellzeit schon arg angegriffen war, konnte sie mustergültig wiederhergerichtet werden.

89 826: Bw Ansbach, 27. 7. 1962 (O. Blaschke)

Gebaute Stückzahl:	89^6: 73, 89^7: 18, 89^8: 90									
Stückzahl am 1. 1.:	60	61	62	63	64	65	66	67	68	69
$89^{6,7}$	3	–	–	–	–	–	–	–	–	–
89^8	48	22	15	5	2	–	–	–	–	–

DR-/DB-Betriebsnummern bis 1967: **89** 601–670, 701–717, 801–890

DB-Betriebsnummern am 1. 1. 1960: **89** 650, 705, 712, 801 ... 890

Letzte Ausmusterungen:
20. 2. 1960 **89** 650 Bw Wiesbaden
19. 4. 1960 **89** 705 Bw München Hbf
89 712 Bw Bamberg
28. 12. 1964 **89** 801, 883 Bw Weiden

Technische Daten:

Achsanordnung:	C
Höchstgeschwindigkeit:	45 km/h
Dienstlast:	45 Mp (89^8: 48 Mp)
Länge über Puffer:	9 410–9 450 mm (89^8: 9 974 mm)
Indizierte Leistung:	430 PS
Kesselüberdruck:	12 kp/cm^2
Treib-/Kuppelraddurchmesser:	1216 mm
Lieferer:	Krauss (89^{6-8}), Maffei (89^6)

Baureihe 89^{70}, 89 7512–7521

Zu den berühmtesten Tenderloks Deutschlands zählt die preußische T 3. Sie war eine der am weitesten verbreiteten Bauarten, und entsprechend verwickelt ist auch ihre Geschichte. Die gebaute Anzahl dieser Lokomotiven läßt sich ebensowenig exakt bestimmen wie der Verbleib vieler Loks. In Deutschland hatte diese Bauart einen derartigen Erfolg, daß sie außer bei den Staatsbahnen auch bei über 300 Privat- und Werkbahnen nachgewiesen werden kann. So kompliziert wie die Geschichte dieser Baureihe selbst ist auch ihre Nummerung bei der DRG, DR und DB. Ursprünglich wurde der preußischen T 3 die Baureihenbezeichnung 89^{70-75} zugeteilt. Tatsächlich fanden sich solche Maschinen dann aber auch in vielen anderen Nummerngruppen der Baureihe 89. Besonders die von der DR 1949 übernommenen Privatbahnloks trugen zum Nummernchaos bei. Hinzu kommt, daß die Baureihe 89^{70} nicht ausschließlich durch preußische T 3 belegt wurde.
Die Notwendigkeit zum Bau der T 3 hatte sich bereits Ende der 70er Jahre des vorigen Jahrhunderts ergeben. Die wichtigsten Hauptstrecken waren damals längst in Betrieb; nun entwickelte sich in rasantem Tempo über 30 Jahre lang das umfangreiche Netz an Nebenlinien. So entstand Bedarf an leichten, dreiachsigen Tenderloks für den Nebenbahndienst. Die Entwicklung der preußischen T 3 ist der Lokomotivfabrik Henschel in Kassel zuzuschreiben. 1882 verließ die erste Maschine die dortigen Werkshallen. Über 40 Jahre dauerte es, bis die letzte preußische T 3 gebaut wurde.
Als echte preußische T 3 sind die nach den Musterblättern M III–4e (zwei verschiedene Ausführungen) und M III–4p angefertigten Maschinen anzusehen. Aber auch die oldenburgischen T 3, die T 3 der Mecklenburgischen Friedrich Franz-Eisenbahn und die Loks der Lenz-Type b sind echte T 3. Auf die verschiedenen Bauarten einzugehen, würde hier zu weit führen; man müßte dann auch verschiedene Typen erwähnen, die der T 3 ähnlich waren, etwa die T 3-Loks mit der Achsfolge B 1. Die Unterschiede bei den T 3-Loks betrafen in erster Linie die Abmessungen (Länge, Gewicht, Leistung), die Form des Führerhauses, die Kesselaufbauten und die Art der Bremse.
Der erste vorläufige Umzeichnungsplan der DRG sah noch die Umnumerierung von 745 Loks als Reihe 89^{70} vor. Im endgültigen Plan waren dann 511 Loks als 89 7001 bis 7511 enthalten, von denen die meisten auch tatsächlich umgenummert wurden. Dazu kamen 40 mecklenburgische T 3 (Baureihe 89^{80}) und 14 oldenburgische (Reihe 98^{2}), wobei von den oldenburgischen T 3 wohl keine mehr umgezeichnet wurde.
Bereits vor der Umnummerung waren also viele preußische T 3 ausgeschieden. Mit dem Auftauchen stärkerer und schnellerer Lokgattungen (z. B. preußische $T 9^{3}$) waren sie vom leichten Nebenbahn- in den Rangierdienst verdrängt worden. Eine große Anzahl von Privat- und Werkbahnen konnte von der DRG, wie auch vorher schon von der KPEV,

preiswert gebrauchte T 3 übernehmen, so daß der Bestand bei der DRG bald auf unter 200 sank. Andererseits übernahm sie aber auch einige Loks von Privatbahnen und aus Polen (1942).
Die ersten von Privatbahnen übernommenen Maschinen waren 1930 zehn Loks der Hafenbahn Bremen. Diese Loks hatten zwar mit der preußischen T 3 bis auf die Achsfolge nicht viel gemeinsam, wurden aber dennoch als 89 7512 bis 7521 eingereiht. Auch bei den weiteren übernommenen Loks – bis Kriegsende belegte die DRG noch Nummern bis 89 7565 – handelte es sich nur teilweise um preußische T 3.
Die zehn Loks der Hafenbahn Bremen gehörten zu Typ »Pudel« der Firma Jung, waren wesentlich größer und stärker als die T 3 und wichen durch ihren höher gelegten Kessel und entsprechend kürzeren Schornstein auch äußerlich erheblich von der T 3 ab. Die DRG musterte zwei »Pudel«-Loks 1932 aus, 1934 eine weitere. Die übrigen verblieben in Polen (eine Maschine), Österreich (zwei Loks als Reihe 689, ausgemustert am 6. 5. 1959), bei der DR (eine Lok) und bei der DB (89 7513, 7515, 7518). Die 89 7513 wurde bei der DB am 19. 11. 1964 als letzte Lok der Reihe 89^{70} ausgemustert. Bis 1979 stand sie auf einem Spielplatz in Berlin-Kreuzberg.
Zurück zur T 3: In der DDR verblieben auf Staatsbahngleisen gut 40 preußische T 3. Mit Übernahme der Privatbahnloks im Jahre 1949 gelangten über 100 weitere T 3 zur DR, die zusammen mit vielen anderen Dreikupplern als 89 5901 ff eingereiht wurden. Ausführlich ist dieses Thema in dem Band »Privatbahnen in der DDR – seit 1949 im Reichsbahn-Eigentum« der kohlhammer edition eisenbahn behandelt worden. Die letzten preußischen T 3 schieden bei der DR im Jahre 1969 aus. Erhalten bleibt betriebsfähig die 89 6009, die seit 1961 mit einem dreiachsigen Tender gekuppelt ist.
Die DB übernahm rund 70 preußische T 3, von denen sie sich aber zügig trennte. Am 4. 5. 1959 schied mit 89 7248 eine besonders interessante Lok aus. Diese ehemalige »Bromberg 6135« war von 1913 bis 1917 mit einer zweiten Maschine fest verbunden als Doppellok »Cassel 6180« im Einsatz!
Als letzte preußische T 3 musterte die DB dann im April 1963 die 89 7538 aus. Dennoch konnte man auch weiterhin preußische T 3 bei der DB im Einsatz erleben: die Werkloks 2 und 3 des AW Schwerte. Nachdem sie jahrelang in den Fahrzeuglisten der DB gefehlt hatten, wurden sie ab dem 1. 1. 1968 buchmäßig wieder als 089 002–0 und 089 003–8 geführt. Letztere (die ehemalige 89 7531) schied am 21. 6. 1968 aus, womit das Kapitel der preußischen T 3 bei der DB endgültig beendet worden ist.
Allein 18 preußische T 3 bleiben z. T. betriebsfähig museal erhalten: außer der erwähnten 89 6009 in der DDR je eine Lok in Frankreich, Italien und den Niederlanden. Der Rest befindet sich in der Bundesrepublik (vgl. »Lokomotiv- und Triebwagen-Lexikon Deutsche Privatbahnen. Stand 1. 1. 1984«). In anderen Ländern – die T 3 war über halb Europa verstreut – sind sicherlich noch abgestellte Maschinen vorhanden, z. B. in Polen und Italien. Ob allerdings von den 17 nach China gelieferten T 3 noch eine vorhanden ist, muß bezweifelt werden.

Gebaute Stückzahl: ca. 2000 (pr. T 3)

Stückzahl am 1. 1.:	60	61	62	63	64	65	66	67	68	69
pr. T 3	5	3	1	1	–	–	–	–	2	–
»Pudel«	2	1	1	1	1	–	–	–	–	–

DR-/DB-Betriebsnummern bis 1967:	*pr. T 3:* **89** 356, 953, 4937, 5901–5903, 6001 ... 6018, 6101 ... 6164, 6204 ... 6235, 6306, 7001–7511, 7531 ... 7578, 8001–8022, 8051–8068, 8201, 8202; (**98** 201–215) *»Pudel«:* **89** 7512–7521
DB-Betriebsnummern am 1. 1. 1960:	*pr. T 3:* **89** 7296, 7377, 7462, 7536, 7538 *»Pudel«:* **89** 7513, 7515
DB-Betriebsnummern am 1. 1. 1968:	**089** 003 (Werklok 3 des AW Schwerte)
Letzte Ausmusterungen:	*pr. T 3:* 20. 4. 1963 **89** 7538 Bw Bremen Hbf 21. 6. 1968 **089** 003 AW Schwerte (Werklok) *»Pudel«:* 13. 11. 1964 **89** 7513 Bw Hannover Hgbf

Technische Daten:	*pr. T 3*	*Jung-Typ »Pudel«*
Achsanordnung:	C	C
Höchstgeschwindigkeit:	40 km/h	45 km/h
Dienstlast:	29–36Mp	39 Mp
Länge über Puffer:	8 591–8 780 mm	9 415 mm
Indizierte Leistung:	220–300 PS	430 PS
Kesselüberdruck:	12 kp/cm^2	12/13 kp/cm^2
Treib-/ Kuppelraddurchmesser:	1100 mm	1100 mm

Lieferer mechan. Teil: *pr. T 3:* BMAG, Borsig, Breslau, Esslingen, Freudenstein, Grafenstaden, Güstrow, Hagans, Hanomag, Hartmann, Henschel, Hohenzollern, Humboldt, Jung, Karlsruhe, Linke-Hofmann, O & K, Schichau, Smoschewer, Union, Vulcan
»Pudel«: Jung

Werklok 3 (ex 89 7531): AW Schwerte, 23. 6. 1967 (B. Kappel)

89 7513: Bw Hannover Hbf, 30. 10. 1963 (O. Blaschke)

Baureihe 91^3

Die preußische T 9^3 darf für sich das Prädikat beanspruchen, die meistgebaute Tenderlok Deutschlands zu sein. In nur gut 13 Jahren (1900 bis 1913) verließen über 2200 Loks dieser Bauart die Fabrikhallen fast aller bedeutender Lokomotivhersteller. Allein die Preußische Staatsbahn hatte 2055 Exemplare im Einsatz.
Die T 9^3 war eine direkte Nachfahrin der T 9^2 (Baureihe 91^0). Mit verbessertem Kessel und einem Krauss-Helmholtz-Drehgestell war sie ihrer Vorgängerin jedoch erheblich überlegen und praktisch auf allen Nebenbahnen Preußens anzutreffen, wobei ihr Haupteinsatzgebiet in der Beförderung leichter Güterzüge lag. Aber auch im Rangierdienst und gelegentlich auf Hauptstrecken bewährte sich die Maschine. Nach dem Ersten Weltkrieg mußten sehr viele Loks jedoch ihre Heimat verlassen und als Reparationslieferungen an Belgien, Frankreich und Polen abgetreten werden.
So konnte die DRG nur 1503 Loks übernehmen, überwiegend von der KPEV. Die T 9^3 wurden als 91 303 bis 1805 eingereiht; 91 301 und 302 waren falsch eingeordnete T 9^2. Eine nummernmäßige Unterteilung der vier leicht verschiedenen Baumuster wurde nicht vorgenommen. Zehn etwas modifizierte Loks übernahm die DRG als 91^{20} von der Württembergischen Staatsbahn (Gattung württembergische T 9).
Den bald einsetzenden Ausmusterungen standen auch einige Zugänge gegenüber, so 1935 von der Saar-Bahn 31 Maschinen (91 1806–1836) und 1941 eine größere Anzahl aus Polen. Diese Loks erhielten Betriebsnummern bereits ausgemusterter Loks (Zweitbesetzungen).
Der Zweite Weltkrieg verstreute die Baureihe 91^3 in alle Himmelsrichtungen. Die meisten Loks fanden sich nach 1945 zwar in den vier deutschen Besatzungszonen und Polen (dort als Reihe Tki 3 im Einsatz), doch auch in anderen Ländern verblieben T 9^3 – Frankreich und die UdSSR seien nur als Beispiele genannt.
Die DR zog die Reihe 91^3 bis Anfang der 70er Jahre aus dem Betrieb, die DB dagegen musterte den Großteil ihres Bestandes schon in den 50er Jahren aus. Nur wenige Maschinen waren auch noch zu Beginn der 60er Jahre aktiv. Beim Bw Krefeld wurde am 11. 1. 1964 die 91 1595 als letzte Maschine Z-gestellt. Eine vorgesehene Erhaltung zerschlug sich, so daß die Lok Anfang 1967 verschrottet wurde. Dennoch fand man auch danach noch einige 91^3 als Werklokomotiven im Einsatz. Diese Funktion hatte auch die heute in Münster als Denkmal aufgestellte 91 319 bei der Georgsmarienhütten-Eisenbahn gehabt. Die zweite noch erhaltene T 9^3 zählt zum Bestand des Eisenbahnmuseums in Warszawa: Tki 3–119 ex 91 494.

91 1654 (u. 1651) Bw Köln-Kalk Nord, 12. 1. 1963 (B. Kappel)

Gebaute Stückzahl:	2211
Stückzahl am 1. 1.:	60 61 62 63 64 65 66 67 68 69
	19 9 5 2 1 – – – – –
DR-/DB-Betriebsnummern bis 1967:	**91** 303–1836, 1845–1847, 2001–2006, 6501, 6576, 6577, 9343
DB-Betriebsnummern am 1. 1. 1960:	**91** 416, 632, 814, 851, 972, 1002, 1055, 1223, 1336, 1376, 1394, 1404, 1510, 1575, 1595, 1609, 1651, 1654, 1756
Letzte Ausmusterung:	1. 7. 1964 **91** 1595 Bw Krefeld

Technische Daten:

Achsanordnung:	1'C
Höchstgeschwindigkeit:	65 km/h
Dienstlast:	60 Mp
Länge über Puffer:	10 700 mm
Indizierte Leistung:	440 PS
Kesselüberdruck:	12 kp/cm²
Treib-/ Kuppelraddurchmesser:	1350 mm
Lieferer:	Borsig, Grafenstaden, Hagans, Hanomag, Henschel, Hohenzollern, Humboldt, Jung, O & K, Schichau, Union

Baureihe 92^2

Als erste deutsche Bahnverwaltung nahm die Badische Staatsbahn bereits ab 1907 vierfach gekuppelte Rangierloks in Betrieb. Die badische X b, die in insgesamt sieben Baulosen mit zusammen 98 Einheiten geliefert wurde, war eine überaus erfolgreiche Maschine. Obwohl sie als Naßdampflok ausgeführt war, befriedigte sie im Betrieb. Leistungsmäßig war sie der Reihe 92^5 durchaus ebenbürtig. Durch Hebelbedienung statt einer Steuerungswelle war die Lok sehr wendig, außerdem gestattete sie dem Lokführer eine gute Sicht, da die Wasserkästen fast vollständig zwischen dem Rahmen lagen. Das Fehlen der seitlichen Wasserkästen und das Verbindungsrohr zwischen den beiden Domen, ein weiterer Vorteil im Rangierdienst mit seiner oft stoßweisen Dampfentnahme, verliehen der Lok ihr charakteristisches Aussehen. Die zweite und vierte Kuppelachse waren seitenverschiebbar gelagert (Achsanordnung Helmholtz-Gölsdorf), ein weiterer Vorteil im Verschiebedienst beim Befahren enger Kurvenradien.
Die Reichsbahn übernahm aus allen sieben Baulosen insgesamt 90 Loks und reihte sie als 92^2 ein. 1919 waren zwei Loks nach Frankreich und sechs nach Belgien abgegeben worden. Bis 1945 musterte man sechs Loks aus, zwei liefen bis in die 50er Jahre in der DDR. Alle anderen Loks verblieben in den Westzonen. Daß sie nicht weiter verstreut wurden (wie viele andere Baureihen), lag daran, daß sie im Kriegseinsatz nicht im Osten verwendet worden waren.
Klassische Einsatzorte, sowohl vor als auch nach dem Zweiten Weltkrieg, waren Basel/Haltingen (bis 1957), Heidelberg und Offenburg (bis 1958), Freiburg (bis 1960), Karlsruhe und Mannheim (bis 1963) sowie Villingen (bis 1965). Man verwendete die 92^2 ausschließlich im Rangierdienst. Bereits seit den 30er Jahren standen die Maschinen im Schatten der stärkeren 94^5. Größere Ausmusterungswellen setzten jedoch erst gegen Ende der 50er Jahre ein.
Die letzten fünf Loks 92 213, 231, 232, 311 und 319 stationierte man am 16. 1. 1965 nach Radolfzell um, dienten aber dort nur noch als Reserve. Während man vier von ihnen 1965 ausmusterte, wurden 92 319 als letzte erst am 11. 10. 1965 Z-gestellt, am 25. 4. 1966 ausgemustert und 1968 verschrottet. Einige 92^2 waren nach ihrer Ausmusterung kurzzeitig noch in verschiedenen Ausbesserungswerken eingesetzt, als letzte die 1961 ausgemusterte 92 246 in den AW's Esslingen und Stuttgart-Bad Cannstatt bis 1962/63. Erwähnt werden soll schließlich noch die 92 242, die 1937 an die Hohenzollerische Landesbahn verkauft wurde und dort bis 1959 im Dienst stand.

92 287: AW Stuttgart-Bad Cannstatt, März 1962 (O. Blaschke)

Gebaute Stückzahl:	98
Stückzahl am 1. 1.:	60 61 62 63 64 65 66 67 68 69
	35 19 15 13 6 5 1 – – –
DR-/DB-Betriebsnummern bis 1967:	**92** 201–232, 241–251, 261–266, 271, 281–320
DB-Betriebsnummern am 1. 1. 1960:	**92** 207 ... 319
Letzte Ausmusterung:	25. 4. 1966 **92** 319 Bw Radolfzell

Technische Daten:

Achsanordnung:	D
Höchstgeschwindigkeit:	45 km/h
Dienstlast:	58 Mp
Länge über Puffer:	10 694 mm
Indizierte Leistung:	500 PS
Kesselüberdruck:	13 kp/cm²
Treib-/ Kuppelraddurchmesser:	1262 mm
Lieferer:	Karlsruhe, Maffei

Baureihe 92^5

Zu Beginn dieses Jahrhunderts war auf großen Rangierbahnhöfen, namentlich im Ruhrgebiet und Oberschlesien, der Verschiebebetrieb so umfangreich geworden, daß die Preußische Staatsbahn den Bau einer leistungsfähigen, vierfach gekuppelten und laufachslosen Tenderlok beschloß – die preußische T 13. Es hatte Auseinandersetzungen gegeben, ob die T 13 als Heißdampfmaschine mit Rauchrohrüberhitzer oder als Naßdampflok ohne Überhitzung zu entwickeln sei. Man entschied sich für die letzte Konstruktion.
671 Maschinen wurden zwischen 1910 und 1922 gebaut, davon für die preußische Staatsbahn allein 585. Die Deutsche Reichsbahn übernahm 1925 davon 485 Loks und reihte sie als 92 501–913 sowie 92 1001–1072 (letztere hatten eine um ein Mp höhere Achslast) ein. Die Reihe 92^5 war ausschließlich im Rangierdienst zu finden; durch den Antrieb auf der zweiten Achse und die somit sehr kurze Treibstange hatten die Maschinen einen unruhigen Lauf und waren daher nicht im Streckendienst zu verwenden.
1935 und während des Zweiten Weltkrieges übernahm die Deutsche Reichsbahn aus Elsaß-Lothringen, dem Saarland, Polen, der Tschechoslowakei und von verschiedenen Privatbahnen weitere T 13 und reihte sie ebenfalls als 92^5 ein. Allerdings waren auch einige Maschinen darunter, die keine T 13 waren und als 92^5 damit falsch eingenummert wurden (92 914–918, 991–995, 997). Bereits ab 1932 musterte man die 92^5 in größeren Stückzahlen aus. Dennoch waren nach 1945 Lokomotiven dieser Gattung noch bei der DB und in der DDR vorhanden, außerdem in Frankreich, Luxemburg, Jugoslawien, Österreich, Polen und der Tschechoslowakei. Die DB konnte etwa 180 Loks übernehmen, die überwiegend in den nördlichen Direktionsbezirken zu finden waren. In den 50er Jahren ging die Ausmusterung zügig voran, dennoch konnten sich einzelne Exemplare bis Mitte der 60er Jahre halten. Auslauf-Bw für die 92^5 war Kassel, wo 1965 auch 92 739 als letzte ausschied. Als einzige DB-Lok dieser Reihe wurde sie nicht verschrottet, sondern steht heute in Stadt Allendorf als Denkmal.
Bei Privat- und Werkbahnen in der Bundesrepublik hielten sich einige Maschinen der Reihe 92^5 bis 1967/68 (Moerser Kreisbahn und Neunkirchener Eisenwerke). Auch in der DDR liefen die Loks länger als bei der DB. 92 503 wird von der DR erhalten, 92 638 wurde inzwischen an eine Museumsbahn in Minden/Westf. verkauft.
Hingewiesen sei noch auf die sehr ähnliche Baureihe 92^4 (ex pr. T 13^1), die in 18 Exemplaren gebaut wurde, deren letztes Exemplar bei der DB aber bereits am 20. 11. 1950 ausgemustert wurde.

92 894: Bw Kassel, 25. 5. 1963 (O. Blaschke)

Gebaute Stückzahl:	671
Stückzahl am 1. 1.:	60 61 62 63 64 65 66 67 68 69
	36 26 18 14 7 1 – – – –
DR-/DB-Betriebsnummern bis 1967:	**92** 501–913, 919–990, 996, 1001–1072, 1101–1112, 6501, 6576–6578
DB-Betriebsnummern am 1. 1. 1960:	**92** 501 ... 1072
Letzte Ausmusterung:	23. 12. 1965 **92** 739 Bw Kassel

Technische Daten:

Achsanordnung:	D
Höchstgeschwindigkeit:	45 km/h
Dienstlast:	60 Mp
Länge über Puffer:	11 100 mm
Indizierte Leistung:	500 PS
Kesselüberdruck:	12 kp/cm^2
Treib-/ Kuppelraddurchmesser:	1250 mm
Lieferer:	Grafenstaden, Hagans, Hanomag, Henschel, Hohenzollern, Union

Baureihe 92^{20}

Nach der badischen und der preußischen Rangierloktype mit der Baureihenbezeichnung 92 folgt nun noch die pfälzische bzw. bayerische Variante. Für die unter bayerische Verwaltung gekommenen pfälzischen Strecken beschaffte man von der Firma Krauss in München in den Jahren 1914 und 1915 neun vierfach gekuppelte Verschubloks der Reihe R 4/4. Die Loks bewährten sich gut, so daß die Königlich Bayerische Staatseisenbahnen 1918/19 für ihr eigenes Netz 33 Maschinen der Bauart R 4/4 von Krauss unverändert nachbauen ließen. 1924/25 folgten nochmals neun leicht veränderte Loks. Die Deutsche Reichsbahn übernahm sieben der neun pfälzischen R 4/4 als 92 2001–2007 in ihren Fahrzeugpark. Die übrigen beiden Loks waren 1919 an die Eisenbahnen des Saargebietes abgetreten worden, wo sie bis Anfang der 30er Jahre im Einsatz standen. Die bayerischen R 4/4 kamen komplett als 92 2008–2040 zur DRG, die Nachbauten von 1924/25 als 92 2041–2049.

Die Reihe 92^{20} war als Naßdampflok ausgebildet, da sie nur im Rangierdienst verwendet werden sollte. Der Antrieb erfolgte, wie auch bei der badischen Reihe 92^{2}, auf die dritte Achse. Mit dieser Bauart hatte die 92^{20} außerdem die Seitenverschiebbarkeit der zweiten und vierten Achse sowie die Unterbringung des Wasserkastens zwischen den Rahmenblechen (und damit das Fehlen seitlicher Wasserkästen) gemeinsam. Die neun Loks der Nachbauserie 1924/25 erhielten gegenüber den übrigen 92^{20} größere Kohlen- und Wasservorräte, was zu einer Gewichtssteigerung führte. Außerdem waren bei dieser Serie Dampfdom und Sandkasten nicht mehr unter einer gemeinsamen Verkleidung zusammengefaßt.

Die Maschinen waren vor dem Zweiten Weltkrieg in Bayern vor allem in Augsburg, München, Nürnberg und Regensburg sowie in der Pfalz bei der RBD Ludwigshafen (später Mainz) zu finden. Alle 49 Maschinen blieben nach dem Ende des Krieges in den Westzonen und wurden in Bayern zusammengefaßt. Von den obengenannten Stützpunkten fiel Augsburg weg, dafür erhielten bei der DB u. a. die Bw's Ingolstadt und Plattling Loks dieser Gattung zugeteilt.

Die Ausmusterungen begannen 1946 und lichteten in den 50er Jahren die Reihen der 92^{20} erheblich. Als letzte Maschine quittierte 92 2024 beim Bw Nürnberg Hbf am 19. 10. 1961 den Dienst, ihre Ausmusterung erfolgte mit Verfügung der Oberbetriebsleitung Süd vom 9. 1. 1962. Alle Maschinen wurden nach ihrer Ausmusterung zerlegt, die Verschrottung dürfte mit 92 2023 in München-Feldkirchen im August 1963 abgeschlossen worden sein, so daß keine dieser Loks für die Nachwelt erhalten blieb.

92 2046: München, 1957 (M. van Kampen)

Gebaute Stückzahl:	51
Stückzahl am 1. 1.:	60 61 62 63 64 65 66 67 68 69
	15 9 1 – – – – – – –
DR-/DB-Betriebsnummern bis 1967:	**92** 2001–2049
DB-Betriebsnummern am 1. 1. 1960:	**92** 2002, 2003, 2005, 2007, 2010, 2017, 2018, 2024, 2026, 2030–2033, 2037, 2043, 2049
Letzte Ausmusterung:	9. 1. 1962 **92** 2024 Bw Nürnberg Hbf

Technische Daten:

Achsanordnung:	D
Höchstgeschwindigkeit:	45 km/h
Dienstlast:	65–70 Mp
Länge über Puffer:	10 840–11 100 mm
Indizierte Leistung:	570 PS
Kesselüberdruck:	12 kp/cm^2
Treib-/Kuppelraddurchmesser:	1216 mm
Lieferer:	Krauss

Baureihe 93^0, 93^5

1914 entwickelte die Union-Gießerei in Königsberg für die Preußische Staatsbahn die Güterzuglok der Reihe T 14 (später Baureihe 93^0), deren Kessel und Triebwerk weitgehend der bewährten preußischen G 8 (Baureihe 55^{16}) entsprach. Die T 14 wurde sowohl im Rangier- als auch im gemischten Streckendienst verwendet.
Der Bedarf an starken, streckentauglichen Tenderloks war derart groß, daß von der T 14 und der verbesserten T 14^1 (Baureihe 93^5) bis 1914 insgesamt 1357 Maschinen gebaut wurden. Die 93^0 hatte einige konstruktive Mängel. Zu nennen sind vor allem das zu schwach bemessene Triebwerk, sehr ungleiche Achslasten, der unruhige Lauf im oberen Geschwindigkeitsbereich, hoher Verbrauch an Schmierstoffen und teilweise schlechte Zugänglichkeit bestimmter Teile. Diese Mängel sollten bei der 93^5, die ab 1919 gebaut wurde, beseitigt werden; das gelang aber nur teilweise. Große konstruktive Unterschiede zur 93^0 gab es aber nicht.
Nach dem Ersten Weltkrieg mußten aufgrund des Versailler Vertrages viele 93^0 an Frankreich, Belgien und Polen abgegeben werden. Nach 1945 zeigte sich in den Besatzungszonen ein sehr unterschiedliches Bild: Während bei der späteren DB die 93^5 mit rund 450 Exemplaren ihrer älteren Schwester 93^0 (135 Loks) zahlenmäßig weit überlegen war, waren die beiden Typen in der DDR etwa in gleicher Anzahl (je 170 bis 190 Loks) vertreten.
Die Bundesbahn nahm ihre 93^0 bis 1956 fast vollständig aus dem Betrieb, nur elf Loks konnten sich etwas länger halten. Die 60er Jahre erlebte 93 026 des Bw Frankfurt Ost als einzige noch betriebsfähig, ihre Z-Stellung erfolgte am 16. 4. 1960. Länger hielten sich dagegen die 93^5, deren Ablösung weder mit der Baureihe 86, noch mit der 65 gelungen war; erst V 100 und Schienenbusse schafften dies. Als letzte wurde 093 526–2 am 23. 8. 1968 aus dem Betrieb gezogen und blieb auch als einzige DB-93 erhalten (im Deutschen Dampflok-Museum in Neuenmarkt-Wirsberg).
In der DDR liefen die T 14 länger als die T 14^1. Im Oktober 1971 schied dort 93 916 als letzte aktive 93^5 aus dem Dienst, am 22. 6. 1972 als letzte 93^0 die 93 318. 93er waren außerdem noch in folgenden Ländern im Einsatz: Belgien (bis 1965), Frankreich (bis 1958), Jugoslawien, Luxemburg (bis 1959), Österreich (bis 1958), Polen (bis 1972), Sowjetunion und Tschechoslowakei.

93 684: bei Telgte, November 1956 (L. Rotthowe)

Gebaute Stückzahl: 93^0: 589, 93^5: 768

Stückzahl am 1. 1.:

	60	61	62	63	64	65	66	67	68	69
93^0	2	–	–	–	–	–	–	–	–	–
93^5	387	274	248	199	148	101	57	13	7	–

DR-/DB-Betriebsnummern bis 1967: **93** 001–459, 501–1264

DB-Betriebsnummern am 1. 1. 1960: **93** 026, 119, 508 ... 1256

DB-Betriebsnummern am 1. 1. 1968: **093** 117, 198, 201, 526, 635, 836, 985

Letzte Ausmusterungen:
30. 9. 1960 **93** 026 Bw Frankfurt Ost
93 119 Bw Limburg
11. 12. 1968 **093** 526 Bw Lehrte

Technische Daten:
Achsanordnung: 1'D 1'
Höchstgeschwindigkeit: 70 km/h (93^0: 65 km/h)
Dienstlast: 101/104 Mp (93^0: 98 Mp)
Länge über Puffer: 14 500 mm (93^0: 13 800 mm)
Indizierte Leistung: 1000 PS
Kesselüberdruck: 12 kp/cm^2
Treib-/Kuppelraddurchmesser: 1350 mm
Lieferer: BMAG, Esslingen, Hagans, Hanomag, Henschel, Hohenzollern, Humboldt, Krupp, Rheinmetall, Schichau, Union

Baureihe 94^1

Die Württembergische Staatsbahn benötigte eine Ersatzmaschine für die überalterten Lokomotiven der Klasse A (DRG-Baureihe 34^{81}). Die Maschinenfabrik Esslingen, Hauslieferant für die Württembergische Staatsbahn, baute 1921/22 eine Serie von 30 Heißdampf-Tenderloks der Gattung Tn für den Nebenbahndienst. Die Loks mit den Betriebsnummern 1001 bis 1030 gelangten vollständig als Reihe 94^1 in den Besitz der Deutschen Reichsbahn.
Für den Nebenbahndienst konzipiert, waren die Maschinen die leichtesten und kleinsten Normalspurloks der Achsfolge E. Da auf vielen Nebenbahnen Württembergs der Oberbau recht schwach war, wies diese Bauart nur einen durchschnittlichen Achsdruck von 13 Mp auf. Zudem hatte man wegen zu befahrender enger Kurvenradien die Gölsdorfsche Achsanordnung gewählt. Hierbei waren nur die zweite und die vierte Achse fest im Rahmen gelagert, die anderen drei Achsen dagegen seitenverschiebbar. Durch diese Anordnung konnte nur die zweite oder vierte Achse als Treibachse gewählt werden. Man entschied sich für die vierte Achse, was zu sehr langen Treib- und Kolbenstangen führte. Bei einer zugelassenen Höchstgeschwindigkeit von nur 50 km/h fiel dieser Nachteil aber nicht sehr ins Gewicht.
Trotz der für eine fünffach gekuppelte Lok sehr leichten Bauart lieferte die Reihe 94^1 respektable Leistungen und fuhr wirtschaftlich. Aus dem Nebenbahndienst wanderte sie mehr und mehr in den Rangier- und Schiebedienst württembergischer Bahnhöfe ab. Hier war sie oft zusammen mit den preußischen Loks der Reihe 94^5 (T 16^1) eingesetzt, mit der sie aber nicht viel gemein hatte. Verschiedene Bauteile waren dagegen mit der württembergischen T 5 (vgl. Reihe 75^0) tauschbar. Auch der Kessel war in Anlehnung an den der T 5 konstruiert worden.
Alle 30 Loks waren auch bei der DB noch im Einsatz, praktisch ausschließlich in der BD Stuttgart bei den Heimatbetriebswerken Aalen, Freudenstadt, Kornwestheim, Plochingen, Stuttgart und Tübingen. Die Ausmusterung dieser Baureihe begann 1956. Allein 25 Loks schieden in den Jahren 1958 bis 1960 aus. Somit war zu Beginn des Jahres 1961 nur mehr eine Lok übrig. Diese Lok 94 113 musterte die DB am 26. 4. 1961 beim Bw Tübingen aus und verschrottete sie im Februar 1963. Ersatz für die im Rangierdienst eingesetzten 94^1 kam vor allem in Form der neuen Dieselloks V 60. Von einer Lok ist noch die Weiterverwendung im AW-Verschub bekannt. 94 114 wurde nach ihrer Ausmusterung als Werklok im AW Esslingen eingesetzt.

94 105: Reutlingen Hbf, Juni 1960 (R. Junghans/Sammlung D. A. Braitmaier)

Gebaute Stückzahl:	30
Stückzahl am 1. 1.:	60 61 62 63 64 65 66 67 68 69
	11 1 – – – – – – – –
DR-/DB-Betriebsnummern bis 1967:	**94** 101–130
DB-Betriebsnummern am 1. 1. 1960:	**94** 102, 104, 105, 109, 111, 113, 120, 121, 123, 128, 129
Letzte Ausmusterung:	26. 4. 1961 **94** 113 Bw Tübingen

Technische Daten:

Achsanordnung:	E
Höchstgeschwindigkeit:	50 km/h
Dienstlast:	65 Mp
Länge über Puffer:	11 020 mm
Indizierte Leistung:	770 PS
Kesselüberdruck:	13 kp/cm^2
Treib-/Kuppelraddurchmesser:	1150 mm
Lieferer:	Esslingen

Baureihe 97^1

In der Nähe von Passau lag an der österreichischen Grenze die Strecke von Erlau nach Wegscheid. Die Linie mit einer Gesamtlänge von 20 Kilometern konnte erst im Dezember 1912 vollständig in Betrieb genommen werden und besaß wegen der starken Steigungen zwei Zahnstangenabschnitte des Systems Strub zwischen Obernzell und Untergriesbach (3,8 km) sowie zwischen Mitterwasser und Wegscheid (2,4 km). Die übrigen Streckenteile wiesen normalen Adhäsionsbetrieb auf.
Für diese Strecke lieferte Krauss 1912 drei Zahnradloks mit den Betriebsnummern 4101 bis 4103 an die Bayerische Staatsbahn. Zwei Jahre vorher hatte Krauss bereits ähnliche Loks (badische IX b, später DRG-Reihe 97^2) nach Baden geliefert. Die drei bayerischen PtzL 3/4 waren Vierzylinderloks. Jeweils zwei Zylinder lagen auf jeder Seite übereinander. Der untere Zylinder wirkte auf die zweite Achse des Dreikupplers, während der obere über eine komplizierte Übersetzung aus Treibstangen, Kurbelscheiben und Zwischenzahnrädern auf die beiden Zahnräder wirkte. Im Reibungsbetrieb arbeiteten nur die beiden unteren Zylinder, im Zahnstangenbetrieb die beiden oberen oder alle vier Zylinder. Ansonsten wiesen die Loks bis auf die Riggenbach-Gegendruckbremse keine großen technischen Besonderheiten auf.
Die Loks sollten eine Last von 90 Tonnen mit zehn km/h auf 70 ‰ Steigung befördern können. 1923 baute wiederum Krauss eine äußerlich ähnliche, aber wesentlich verstärkte Maschine. Sie wies einen größeren Zylinderdurchmesser, höheren Kesseldruck, mehr Heizrohre und eine vergrößerte Rostfläche auf. Ihre Leistung und ihr Gewicht waren entsprechend höher. Die Lok bekam die Betriebsnummer 4104.
Alle vier Loks übernahm die DRG als 97 101 bis 104 und beließ sie auf ihrer Stammstrecke. Oft liefen die Maschinen bis Passau durch, wo sich auch ihr Heimat-Bw befand. Von 1943 bis 1946 war die 97 104 in Österreich im Einsatz, danach kam sie wieder auf ihre alte Strecke. Die vier Loks bewältigten weiterhin den Gesamtverkehr. 1953 kamen jedoch die ersten zweimotorigen Schienenbusse (VT 98 901–903) der DB auf die Strecke. Daraufhin schied 1954 die 97 102 aus, die anderen drei Loks blieben für den spärlichen Güterverkehr im Bestand.
Am 23. 4. 1963 musterte die DB ihre drei Passauer »Zahnradbockerl« aus. Im Februar 1964 kamen sie nach Simbach zur Verschrottung, so daß von diesen letzten Zahnradloks der DB kein einziges Exemplar erhalten werden konnte. Dafür steht heute in Obernzell an der Strecke die 97 501, eine württembergische Lok, die hier nie lief.

97 104: Tittling, 9. 6. 1960 (Dr. G. Scheingraber)

Gebaute Stückzahl:	4
Stückzahl am 1. 1.:	60 61 62 63 64 65 66 67 68 69
	3 3 3 3 – – – – – –
DR-/DB-Betriebsnummern bis 1967:	**97** 101–104
DB-Betriebsnummern am 1. 1. 1960:	**97** 101, 103, 104
Letzte Ausmusterungen:	23. 4. 1963 **97** 101, 103, 104 Bw Passau

Technische Daten:

Achsanordnung:	C 1'
Höchstgeschwindigkeit:	45 km/h (im Zahnradbetrieb: 12 km/h)
Dienstlast:	58 Mp (**97** 104: 60 Mp)
Länge über Puffer:	10 490 mm (**97** 104: 10 640 mm)
Indizierte Leistung:	530 PS (**97** 104: 590 PS)
Kesselüberdruck:	12 kp/cm² (**97** 104: 13 kp/cm²)
Treib-/Kuppelraddurchmesser:	1006 mm
Lieferer:	Krauss

Baureihe 97^5

Die Strecke Reutlingen – Münsingen – Schelklingen wies einen kurzen Zahnradabschnitt auf, der nur 1,8 Kilometer lang war und zwischen Honau und Lichtenstein lag. Dieses Streckenstück mit Riggenbachscher Leiterzahnstange der Bauart Bissinger-Klose wurde zunächst von Loks der Klasse Fz der Kgl. Württembergischen Staatseisenbahnen (später DRG-Reihe 97^3) befahren. Durch ständig steigende Zuglasten – das Gebiet war eine beliebte Ausflugs- und Wintersportgegend – bestand schon zu Beginn der 20er Jahre ein Bedarf an neuen, stärkeren Maschinen.
Noch ursprünglich als württembergische Klasse Hz geplant, lieferte die Maschinenfabrik Esslingen 1923 und 1925 je zwei fünffach gekuppelte Zahnradloks, die die DRG als 97 501 bis 504 abnahm. Diese Loks lösten sogleich die älteren 97^3 ab und waren sehr leistungsfähig. Genau wie bei der Reihe 97^1 (siehe S. 86 f) wählte man auch bei den 97^5 zwei Hochdruckzylinder für das normale Triebwerk und zwei Niederdruckzylinder für das zwischen der zweiten und dritten Kuppelachse angeordnete Antriebszahnrad. Ausführliche Untersuchungen hatten ergeben, daß ein Zahnrad günstiger war als zwei, vor allem in den Krümmungen. Ein zweites Zahnrad vorne diente lediglich als Bremszahnrad.
Heimat-Bw für die vier Loks, die das geforderte Leistungsprogramm sogar um 10 % übererfüllten und die als leistungsfähigste Zahnradloks Deutschlands galten, war Tübingen. Lediglich von 1931 bis 1946 zählten sie zum Bestand des Bw Reutlingen. Die DB übernahm alle vier Maschinen in ihren Fahrzeugpark. In den 50er Jahren erhielten drei 97^5 bei der Maschinenfabrik Esslingen eine Hauptuntersuchung. Die 97 503 dagegen unterzog man nicht mehr einer solchen Grundüberholung, sondern musterte sie bereits 1956 aus.
Ende der 50er Jahre sah sich die DB nach einem Ersatz für die Loks der Reihe 97^5 um. Man entschied sich für Zahnradschienenbusse, nachdem zuvor bereits zahnradlose Schienenbusse auf der Strecke verkehrten und auf dem Zahnstangenabschnitt von einer 97^5 nachgeschoben wurden. Die neuen Zahnradschienenbusse nahm die DB 1961/62 in sechs Exemplaren als Reihe VT 97^9 in Betrieb, 1965 folgten nochmals zwei. Passend dazu waren sechs Steuerwagen vorhanden. Diese Fahrzeuge befuhren den Zahnstangenabschnitt vom Sommerfahrplan 1962 bis zur Stillegung am 28. 7. 1969.
Die drei verbliebenen 97^5 waren damit überflüssig und wurden am 13. 8. 1962 ausgemustert. Sie blieben aber alle erhalten: 97 501 steht in Obernzell, 97 502 in Bochum-Dahlhausen (sie war früher im Hof der Maschinenfabrik Esslingen aufgestellt) und 97 504 im Bw Kornwestheim (vorgesehen für das Verkehrsmuseum in Berlin).

97 501: Reutlingen, 10. 5. 1954 (Dr. G. Scheingraber)

Gebaute Stückzahl:	4
Stückzahl am 1. 1.:	60 61 62 63 64 65 66 67 68 69 3 3 3 – – – – – – –
DR-/DB-Betriebsnummern bis 1967:	**97** 501-505
DB-Betriebsnummer am 1. 1. 1960:0	**97** 501, 502, 504
Letzte Ausmusterungen:	1. 8. 1962 **97** 501, 502, 504 Bw Tübingen

Technische Daten:

Achsenanordnung:	E
Höchstgeschwindigkeit:	50 km/h (im Zahnradbetrieb: 10 km/h)
Dienstlast:	75 Mp
Länge über Puffer:	11 870 mm
Indizierte Leistung:	830 PS
Kesselüberduck:	14 kp/cm²
Treib-/Kuppelraddurchmesser:	1150 mm
Lieferer:	Esslingen

Baureihe 98^3

Die 98^3, die eigentlich zwei Unterbaureihen umfaßt, hat eine längere Vorgeschichte. Die Bayerische Staatsbahn benötigte zu Anfang dieses Jahrhunderts für ihre Lokalbahnen neue Zweikuppler, die ohne Heizer gefahren werden sollten. 1906 bis 1908 lieferte Maffei 22 Loks der Reihe ML 2/2. Diese Loks hatten die Zylinder zwischen den beiden Achsen, durch gegenläufige Kolben wurden beide Achsen angetrieben. Die Maschinen waren noch unverkleidet, hatten aber schon die halb selbsttätige Schüttfeuerung, die einmännige Bedienung ermöglichte. Bereits 1905/6 hatte Krauss in München sechs ML 2/2 gebaut. Diese unterschieden sich äußerlich ganz erheblich von den Maffei-Loks. Sie hatten Innenzylinder und Blindwelle, der Kessel war vom Führerhaus vollständig umschlossen, um dieses geräumiger gestalten zu können. Beide Loktypen wurden zwischen 1922 und 1924 ausgemustert.
Krauss entwickelte seine Konstruktion weiter und lieferte 1908 die Reihe PtL 2/2 in 29 Exemplaren. Sie unterschied sich von ihrer Vorgängertype vor allem durch das neu gestaltete Führerhaus (das aber wiederum den Kessel umschloß und den Loks daher den Spitznamen »Glaskastl« eintrug) und die nun außen liegenden Zylinder, während man die Blindwelle beibehielt. Die meisten Maschinen dieser Bauserie schieden in den Jahren 1924 und 1925 aus, neun Loks konnten sich aber halten und bekamen die Reichsbahnnummern 98 301 bis 309.
Im Jahre 1911 schließlich überarbeitete Krauss diese Lok ein weiteres Mal, indem die Blindwelle wegfiel und dafür die zweite Achse angetrieben wurde. Äußerlich unterschied sich diese Ausführung von 1911 (neun Exemplare) gegenüber der Ausführung von 1908 sonst nicht. 1914 lieferte Krauss weitere vier Loks unverändert nach. Alle diese Maschinen übernahm die DRG als 98 310 bis 322.
Die 98^3 waren stets bei den Direktionen Augsburg, München, Nürnberg und Regensburg (bis 1943) auf Nebenbahnen im Einsatz. Sie bewährten sich gut, da sie als Heißdampfloks recht sparsam waren und zudem ohner Heizer geführt werden konnten. Außerdem ermöglichten Übergangsbühnen an beiden Enden die Kontaktaufnahme mit dem Zugführer während der Fahrt.
Der Verbleib der 22 Reichsbahn-Loks ist geklärt: zwei Loks (98 320 und 322) wurden 1942 verkauft, 98 304 blieb in Österreich, wo sie als 688.01 bis 1959 eingesetzt war, 98 305 verblieb 1945 in Norwegen, 98 321 musterte die DB 1946 als schwer kriegsbeschädigt aus, die restlichen 17 Loks fielen bei der DB zwischen 1950 und 1963 der Ausmusterung anheim. Als letzte Lok lief die 98 307 mit dem Spitznamen „Spalter Bokkerl" zwischen Georgensgmünd und Spalt. Ihre Z-Stellung erfolgte am 8.10.1962 beim Bw Nürnberg Hbf. Sie befindet sich heute in gutem Zustand im Bw Bamberg und gehört dem Verkehrsmuseum Nürnberg.

98 307: Bw Nürnberg Hbf, Oktober 1962 (H. Kuom)

Gebaute Stückzahl:	45
Stückzahl am 1.1.:	60 61 62 63 64 65 66 67 68 69 3 3 2 1 – – – – – –
DR-/DB-Betriebsnummern bis 1967:	**98** 301-322
DB-Betriebsnummern am 1.1.1960:	**98** 301, 307, 315
Letzte Ausmusterung:	1.7.1963 **98** 307 Bw Nürnberg Hbf

Technische Daten:

Achsanordnung:	B
Höchstgeschwindigkeit:	50 km/h
Dienstlast:	23 Mp (ab **98** 310: 22 Mp)
Länge über Puffer:	7 004 mm (ab **98** 310: 6 800 mm)
Indizierte Leistung:	210 PS
Kesselüberduck:	12 kp/cm^2
Treib-/Kuppelraddurchmesser:	1006 mm
Lieferer:	Krauss

Baureihe 98^{4}

Fast 20 Jahre lang, von 1895 bis 1914, wurde die bayerische Lokgattung D XI (später als PtL 3/4 bezeichnet) mit nur geringen Abweichungen gebaut. Diese Bauart, die die DRG als 98^{4} einreihte, war eine Weiterentwicklung der Klasse D X, die ab 1890 beschafft und bei der DRG als 98^{77} geführt worden war. Eine gewisse Ähnlichkeit zur D X zeigten zudem auch noch die Loks der Gattung D VIII (DRG-Reihe 98^{6}) und diejenigen Maschinen der LAG, die die DRG 1938 als Baureihe 98^{15} übernahm.
Die Reihe D XI fiel durch ihre kleinen Kuppelräder und den gedrungen wirkenden Kessel auf. Ein weiteres typisches Merkmal war die geteilte Rauchkammertür. Diese kleinen Naßdampfmaschinen waren dem Lokalbahnverkehr angepaßt. Anspruchslosigkeit und Zuverlässigkeit machten sie beliebt. Deshalb beschaffte die Bayerische Staatsbahn 137 Loks, weitere zehn übernahm sie von Privatbahnen.
Auch für die Pfalz beschaffte man drei Maschinen dieser Bauart. Die von der DRG als 98 401 bis 403 bezeichneten Loks waren etwas verstärkt gegenüber den bayerischen gebaut worden. Auch in den Lieferungen für Bayern, die die DRG als 98 411–423, 431–556 und 561–568 einreihte, gab es leichte Unterschiede, die vor allem das Gewicht betrafen. Bereits 1931 bis 1933 musterte die Deutsche Reichsbahn ungefähr die Hälfte ihrer 98^{4} aus.
Die verbliebenen Loks kamen fast ausnahmslos zur Deutschen Bundesbahn. Lediglich sechs Maschinen verblieben nach 1945 im Ausland: 98 500, 514, 546 und 549 in Österreich sowie 98 501 und 511 in der Tschechoslowakei. Die ÖBB nummerte ihre vier Loks in 791.01 bis 04 um und zog die letzte 1959 aus dem Dienst. Die anderen zwei Loks wurden von der CSD noch in 311.601 und 602 umgezeichnet, aber nicht mehr sehr lange eingesetzt.
Die von der Bundesbahn übernommenen Loks waren in verschiedenen Bw's der Direktionsbezirke Augsburg, München, Nürnberg und Regensburg eingesetzt. Zügig trennte sich die DB in den 50er Jahren von ihnen. Bis Ende 1958 war die Ausmusterung dieser Reihe dann auch bis auf eine Lok abgeschlossen. 98 507 des Bw Nürnberg war noch längere Zeit auf der Strecke Neumarkt/Oberpfalz – Freystadt und im Rangierdienst in Nürnberg Rbf im Einsatz. Ihre Z-Stellung erfolgte am 18. 7. 1960. An diesem Tag wurde der Personenverkehr auf dem Teilstück Greißelbach-Freystadt eingestellt, so daß man die 98 507 nicht mehr benötigte. Gut drei Monate später gab die OBL Süd die Lok zur Ausmusterung frei. Nach langer Abstellzeit im AW Weiden arbeitete das AW Ingolstadt die Maschine äußerlich schließlich wieder auf. Seit dem 8. 5. 1968 steht sie nun als Denkmal gegenüber dem Ingolstädter Hauptbahnhof.

98 507: Bw Weiden, 3. 8. 1967 (Dr. W. Fiegenbaum)

Gebaute Stückzahl:	150
Stückzahl am 1.1.:	60 61 62 63 64 65 66 67 68 69
	1 – – – – – – – – –
DR-/DB-Betriebsnummern bis 1967:	**98** 401-403, 411–423, 431–556, 561–568
DB-Betriebsnummern am 1.1.1960:	**98** 507
Letzte Ausmusterung:	21.10.1960 **98** 507 Bw Nürnberg Rbf

Technische Daten:

Achsanordnung:	C1'
Höchstgeschwindigkeit:	45 km/h
Dienstlast:	40 Mp
Länge über Puffer:	9 288 mm
Indizierte Leistung:	320 PS
Kesselüberduck:	12 kp/cm^2
Treib-/Kuppelraddurchmesser:	1006 mm
Lieferer:	Krauss, Maffei

Baureihe 98^{10}, 98^{17}

Die Baureihe 98^{8} (vgl. Bd. »Ausgemusterte Fahrzeuge 1970–1979«, S. 58 f) war zwar eine gelungene Maschine, besaß jedoch zwei entscheidende Nachteile. Zum einen war ihre Höchstgeschwindigkeit mit 40 km/h reichlich niedrig, zum anderen wünschte man sich größere Vorräte. Da in der zweiten Hälfte der 20er Jahre noch großer Bedarf an Lokomotiven für die bayerischen Lokalbahnen bestand, benötigte die DRG entsprechende Maschinen. So entstand eine verbesserte 98^{8}, die von Krauss entwickelt und teilweise auch gebaut wurde. Die Lok war eine typisch bayerische Bauart und zeigte keinerlei Einflüsse des inzwischen von der DRG entwickelten Einheitslokprogramms.
Von 1929 bis 1933 lieferte Krauss (ab 1932 nach der Fusion Krauss-Maffei) 45 Loks. Triebwerk, Kessel, Zylinder und Führerhaus konnten weitgehend von der Reihe 98^{8} übernommen werden. Rahmen und Kessellage änderte man so ab, daß unter dem Führerhaus eine Nachlaufachse Platz fand. Kohlenkasten und Wassertanks wurden vergrößert, letztere zur besseren Streckensicht vorne abgeschrägt. Die ersten 33 Loks erhielten einen Speisewasserreiniger, der mit dem Dampfdom unter einer gemeinsamen, etwas ungewöhnlich aussehenden Verkleidung lag. Den Speisewasserreiniger und die Verkleidung entfernte man jedoch später wieder. Die in sie gesetzten Erwartungen erfüllte diese Baureihe insofern nicht, als die Höchstgeschwindigkeit gegenüber der 98^{8} nur um 5 km/h höher lag.
Die DRG bezeichnete ihre Loks als 98 1001 bis 1045 und setzte sie ausschließlich in Bayern ein. Die DB konnte alle 98^{10} in ihren Bestand übernehmen. Erst 1958 begann die Ausmusterung in größerem Rahmen. Aber bereits bis Ende 1961 war der Bestand auf zwölf Maschinen geschrumpft. Die letzten Loks hielten sich noch eine Zeitlang. 1966 schieden 98 1005, 1011, 1014, 1026 und 1027 dann als letzte aus, und bis zum Ende des darauffolgenden Jahres waren wohl alle Loks verschrottet.
Äußerlich praktisch nicht zu unterscheiden und auch sonst mit den 98^{10} eng verwandt waren die drei 1935/36 ebenfalls von Krauss-Maffei gelieferten Loks 84 bis 86 der LAG. Die DRG übernahm sie als 98 1701 bis 1703. Unterschiede zur 98^{10} bestanden vor allem hinsichtlich des größeren Treib- und Kuppelraddurchmessers und der Höchstgeschwindigkeit von 60 km/h durch ein etwas verändertes Laufwerk.
Alle drei 98^{17} übernahm die DB und setzte sie zunächst beim Bw Neu Ulm ein, später bein Bw Kempten. 98 1702 und 1703 fielen der Ausmusterungsverfügung vom 30. 9. 1960 zum Opfer, 98 1071 dagegen wurde erst am 2. 5. 1961 Z-gestellt, am 28. 10. 1961 ausgemustert und 1964 in München-Feldkirchen zerlegt.

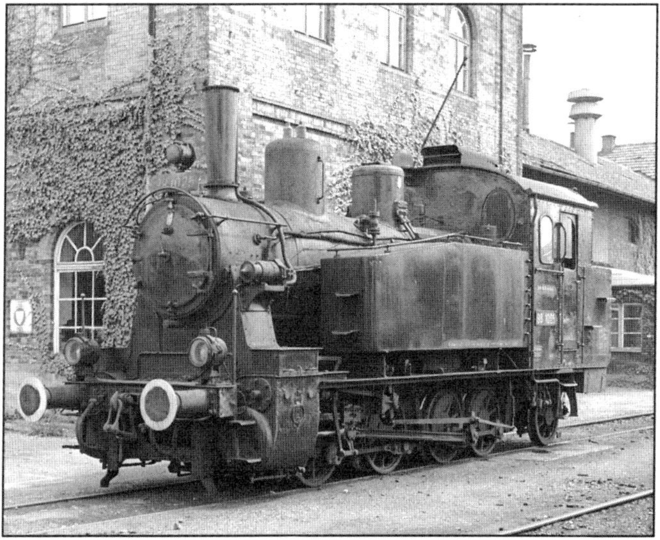

98 1025: Bw Lindau, 25. 8. 1963 (O. Blaschke)

Gebaute Stückzahl: 98^{10}: 45; 98^{17}: 3

Stückzahl am 1.1.:

	60	61	62	63	64	65	66	67	68	69
98^{10}	27	22	12	12	7	7	5	–	–	–
98^{17}	3	1	–	–	–	–	–	–	–	–

DR-/DB-Betriebsnummern bis 1967: **98** 1001-1045, 1701–1703

DB-Betriebsnummern am 1.1.1960: **98** 1001, 1003–1007, 1009–1011, 1014–1016, 1018, 1020, 1023, 1025–1029, 1032, 1035, 1036, 1038–1041, 1701–1703

Letzte Ausmusterung: 22. 11. 1966 **98** 1005 Bw Schwandorf
28. 10. 1961 **98** 1701 Bw Kempten

Technische Daten:

Achsanordnung: D1'
Höchstgeschwindigkeit: 45 km/h (98^{17}: 60 km/h)
Dienstlast: 55 Mp
Länge über Puffer: 10 050 mm (98^{17}: 10 182 mm)
Indizierte Leistung: 320 PS
Kesselüberduck: 12 kp/cm^2 (98^{17}: 13 kp/cm^2)
Treib-/Kuppelraddurchmesser: 1006 mm (98^{17}: 1100 mm)
Lieferer: Krauss (nur 98^{10}), Krauss-Maffei

Baureihe 98^{11}

Der zweite Versuch, den Nachteil der zu geringen Höchstgeschwindigkeit der sonst wohlgelungenen und zuverlässigen Baureihe 98^{8} zu beseitigen, war nach dem Bau einer modifizierten D1'-Maschine der Reihe 98^{10} der Umbau von Lokomotiven der Reihe 98^{8} in 1'D-Tenderloks. 1934 stattete das RAW Weiden versuchsweise die 98 906 mit einer Vorlaufachse aus. Parallel dazu rüstete die DRG im selben Jahr die ersten Maschinen der Reihe 55^{25} mit einer vorderen Laufachse aus (vgl. S. 44 f).
Bei der Reihe 98^{8} bereitete der Einbau einer Bisselachse als Vorlaufachse einige Schwierigkeiten. Der Rahmen mußte geändert werden, ebenso die Lage von Kessel und Führerhaus. Da man nun hinten Platz gewann, konnte der Kohlenkasten erheblich vergrößert werden. Dem stand allerdings eine geringfügige Verkleinerung der Wasservorräte gegenüber. Trotzdem konnte der Aktionsradius der umgebauten Maschinen erweitert werden. Aber vor allem steigerte man die Höchstgeschwindigkeit um 15 auf 55 km/h. Auch bei diesem Tempo liefen die Loks noch ruhig.
Bis 1939 war der Umbau im wesentlichen abgeschlossen. In diesem Jahr erhielten die umgebauten Loks auch erst ihre neue Baureihenbezeichnung 98^{11}. 1940 und 1941 folgte jeweils noch eine Maschine. Insgesamt baute die DRG 29 Loks um, und zwar zwölf aus den Krauss-Lieferungen von 1923/24 (98 858, 866, 872–874, 879, 883, 888, 892, 898–900) und alle der Nachlieferung von 1927 (98 901–917).
Die Loks kamen, wie auch ihre Schwesterbaureihen 98^{8} und 98^{10}, auf den bayerischen Lokalbahnen zum Einsatz. Deshalb konnte die DB bis auf eine Lok alle 98^{11} in ihren Bestand übernehmen. Diese eine Lok, die 98 1108, lief bei der DR bis etwa 1965, zuletzt beim Bw Probstzella. Von den Bundesbahnloks mußte die 98 1101 nach einem Unfall bereits 1954 ausgemustert werden. Die anderen waren in den 50er Jahren in Bamberg, Bayreuth und Neuenmarkt-Wirsberg (später Pressig-Rothenkirchen) beheimatet. Zwei Loks schieden 1959 aus, ab 1960 begann dann die planmäßige Ausmusterung. Gegen Ende des Einsatzes änderten sich allerdings nochmals die Beheimatungen. Bamberg und Bayreuth gaben die 98^{11}-Unterhaltung auf, Nürnberg Hbf, Schwandorf und Schweinfurt wurden neue Heimat-Bw's.
Am 10. 3. 1965 war die Ausmusterung dieser Baureihe mit 98 1105 und 98 1118 so gut wie abgeschlossen. Nur 98 1125 hielt sich beim Bw Schweinfurt zäh. Sie war mit 98 812 und 886 noch lange auf der Nebenbahn von Bad Neustadt/Saale nach Königshofen im Grabfeld, seltener auch nach Bischofsheim und im Rangierdienst in Schweinfurt, im Einsatz und wurde erst am 28. 11. 1967 Z-gestellt. Nach ihrer Ausmusterung am 12. 3. 1968 wurde sie im März 1969 als letzte ihrer Art in Frankfurt zerlegt.

98 1125: Bw Schweinfurt, 22. 4 1967 (O. Blaschke)

Gebaute Stückzahl:	29 (aus Umbau)
Stückzahl am 1. 1.:	60 61 62 63 64 65 66 67 68 69
	25 18 18 11 9 3 1 1 1 –
DR-/DB-Betriebsnummern bis 1967:	**98** 1101-1129
DB-Betriebsnummern am 1. 1. 1960:	**98** 1102–1107, 1109–1113, 1115–1128
DB-Betriebsnummer am 1. 1. 1968:	(**097** 125)
Letzte Ausmusterung:	12. 3. 1968 (**097** 125) Bw Schweinfurt

Technische Daten:

Achsanordnung:	1'D
Höchstgeschwindigkeit:	55 km/h
Dienstlast:	51 Mp
Länge über Puffer:	10 200 mm
Indizierte Leistung:	450 PS
Kesselüberduck:	12 kp/cm^2
Treib-/ Kuppelraddurchmesser:	1006 mm
Lieferer:	Krauss

Baureihe 98^{18}

Durch die Verstaatlichung der Lokalbahn-Aktiengesellschaft in München am 1.8.1938 übernahm die Deutsche Reichsbahn außer einigen Elloks und Triebwagen auch 32 normal- und vier schmalspurige Dampfloks. Die normalspurigen Maschinen wurden bis auf zwei Loks (89 1001 und 1002, die weitgehend der preußischen T 8 entsprachen, aber dennoch nicht als Reihe 89^{0} eingenummert wurden) als Lokalbahnmaschinen angesehen und erhielten deshalb die Baureihennummer 98. Sie verteilten sich auf sieben Unterbaureihen, die teilweise aber mit schon vorhandenen bayerischen Bauarten verwandt waren. So entsprachen die Loks 98 1601 und 1602 der DRG-Reihe 98^{8}, die 98 1701 bis 1703 waren der Baureihe 98^{10} ähnlich (siehe S. 94 f), die Maschinen 98 1501 bis 1510 zeigten Ähnlichkeit mit den Reihen 98^{4}, 98^{6}, 98^{77}; die 98 7101 und 7102 schließlich fanden eine ungefähre Entsprechung in der Baureihe 98^{76}. Die übrigen drei Unterbaureihen (98 1801–1802, 7201–7202, 7301–7309) dagegen hatten keine Verwandtschaft zu Loks des bisherigen DRG-Parks aufzuweisen.

Die beiden Lokomotiven 98 1801 und 1802 waren erst 1937 von Krauss-Maffei für die LAG gebaut worden. Dort trugen sie die Nummern 87 und 88 und stellten die größten Loks der LAG dar. Mit einer Höchstgeschwindigkeit von immerhin 70 km/h war ihre Einordnung als Reihe 98, als Lokalbahnmaschine also, etwas fragwürdig. Gegenüber den ebenfalls von Krauss bzw. Krauss-Maffei gebauten Loks der Reihen 98^{8} und 98^{10} war die 98^{18} vergrößert worden. Neben einer vorderen und einer hinteren Laufachse wies die 98^{18} auch einen größeren Kessel und damit eine etwas höhere Leistung auf. Die Kohlen- und Wasservorräte entsprachen aber den Werten der Baureihe 98^{10}.

Sechs der sieben als Reihe 98 eingenummerten LAG-Bauarten kamen noch in den Bestand der DB. Hiervon schieden die Baureihen 98^{15}, 98^{72} und 98^{73} aber bereits Anfang der 50er Jahre aus. Die beiden 98^{16} folgten 1957/58, so daß die DB zu Beginn der 60er Jahre noch über fünf Loks mit den Nummern 98 1701 bis 1703 sowie 98 1801 bis 1802 verfügte. Die beiden 98^{18} waren zuletzt wie auch die drei 98^{17} in Kempten beheimatet. Die umfangreiche Ausmusterungsverfügung der Hauptverwaltung der DB in Frankfurt vom 30.9.1960, von der über 900 Dampfloks betroffen waren, bedeutete auch die für beiden 98^{18} das Ende. Die Loks hatten sich im Betrieb zwar bewährt, doch war ihre Unterhaltung als Splittergattung zu aufwendig. Deshalb strich man sie 1959 aus dem Unterhaltungsbestand.

Eine dritte gleichartige Lok wurde als Lok 7 an die Tegernseebahn geliefert, wo sie noch heute im Einsatz steht (vgl. »Lokomotiv- und Triebwagen-Lexikon Deutsche Privatbahnen. Stand 1.1.1984«).

98 1801: AW Weiden, 1946 (E. Schörner)

Gebaute Stückzahl:	2 (+ 1 Tegernseebahn)
Stückzahl am 1.1.:	60 61 62 63 64 65 66 67 68 69
	2 – – – – – – – – –
DR-/DB-Betriebsnummern bis 1967:	**98** 1801, 1802
DB-Betriebsnummern am 1.1.1960:	**98** 1801, 1802
Ausmusterungen:	30.9.1960 **98** 1801, 1802 Bw Kempten

Technische Daten:

Achsanordnung:	1'D1'
Höchstgeschwindigkeit:	70 km/h
Dienstlast:	61 Mp
Länge über Puffer:	11 600 mm
Indizierte Leistung:	470 PS
Kesselüberdruck:	14 kp/cm^2
Treib-/Kuppelraddurchmesser:	1100 mm
Lieferer:	Krauss-Maffei

Baureihe 99^{19}

Am 29.12.1891 konnte auf der Meterspurstrecke Nagold–Altensteig der Verkehr aufgenommen werden. Die Bahn zweigte in Nagold von der Hauptstrecke Pforzheim – Horb ab und war 15 Kilometer lang. Die Hauptlast des Verkehrs trugen die Vierkuppler der Gattung Ts 4 (später bei der DRG als 99 171–173 bezeichnet). Ihr kompliziertes Klose-Triebwerk ließ den Wunsch nach einer einfacheren Maschine aufkommen, die dann als Ts 5 auch realisiert wurde.
1927 baute die Maschinenfabrik Esslingen unter den Fabriknummern 4181 bis 4184 vier Loks dieses Typs. Sie wurden direkt an die Deutsche Reichsbahn abgeliefert und als 99 191 bis 194 in den Bestand eingereiht. Konstruktiv lehnten sich die Maschinen an die sächsische VI K (siehe Baureihe 99^{64}) an. Bei den 99^{19} handelte es sich um äußerst leistungsstarke Fünfkuppler mit Zweizylinder-Heißdampftriebwerk. Die erste, dritte und fünfte Kuppelachse waren seitenverschieblich, wodurch man eine gute Kurvenläufigkeit erreichte. Die neuen Loks lösten sogleich die komplizierten 99^{17} ab, die daraufhin 1931 aus dem Bestand gestrichen wurden.
Während des Zweiten Weltkrieges mußte die Schmalspurbahn die 99 191 an die RBD Erfurt und die 99 194 nach Jugoslawien abgeben. Seit 1955 war die 99 191 auf der Schmalspurstrecke Gera - Meuselwitz - Wuitz im Einsatz. Ein um 1970 geplanter Verkauf an bundesdeutsche Eisenbahnfreunde zerschlug sich, die 99 191 wurde in der DDR verschrottet. 99 194 blieb bei der Jugoslawischen Staatsbahn, wo sie bis Ende der 60er Jahre eingesetzt gewesen sein soll.
Neben den beiden verbliebenen 99 192 und 193 half zeitweise die 99 044 (ein Dreikuppler) aus. 1956 kam eine Diesellok auf die Strecke Nagold – Altensteig, die V 29 952. Daraufhin konnte 99 192 abgestellt werden, die 99 193 wurde zur Reservelok degradiert. Am 15. 5. 1959 erfolgte die Ausmusterung der 99 192. Sie diente aber noch als Ersatzteilspender für ihre Schwesterlok.
Am 30. 9. 1962 stellte die DB den Personenverkehr auf dieser Schmalspurbahn ein. 99 193 blieb aber weiterhin als Reservelok auf ihrer alten Stammstrecke. 1967 war sie dann letztmals eingesetzt. In diesem Jahr erfolgten auch die Stillegung und der Abbau der Strecke. Am 28. 5. 1967 wurde die buchmäßig beim Bw Freudenstadt beheimatete Lok Z-gestellt, während V 29 952 noch beim Streckenabbau eingesetzt war.
Das weitere Schicksal der 99 193 ist recht erfreulich. Sie wurde in die Schweiz verkauft und steht noch heute auf der Museumsbahn von Blonay nach Chamby im Einsatz.

99 193: Bf Ebhausen, März 1964 (W. Doh)

Gebaute Stückzahl: 4

Stückzahl am 1.1.:

60	61	62	63	64	65	66	67	68	69
1	1	1	1	1	1	1	1	–	–

DR-/DB-Betriebsnummern bis 1967: **99** 191-194

DB-Betriebsnummer am 1.1.1960: **99** 193

Letzte Ausmusterung: 14.11.1967 **99** 193 Bw Freudenstadt

Technische Daten:

Achsanordnung: E

Höchstgeschwindigkeit: 30 km/h

Dienstlast: 44 Mp

Länge über Kupplung: 8 436 mm

Indizierte Leistung: 480 PS

Kesselüberdruck: 14 kp/cm^2

Treib-/ Kuppelraddurchmesser: 800 mm

Lieferer: Esslingen

Baureihe 99^{21}

Wie auf den meisten ostfriesischen Inseln baute man auch auf Wangerooge eine Inselbahn mit 1000 mm Spurweite, die Reisende und Güter vom Anleger zum Ort brachte. Am 3. 7. 1897 wurde in Wangerooge die dreieinhalb Kilometer lange Strecke vom Westanleger (Schiffsverkehr von Harle) über den Haltepunkt Saline in den Ort Wangerooge in Betrieb genommen. Drei Jahre später folgte die zwei Kilometer lange Strecke von Saline zum Westen der Insel. Da es in Wangerooge bis 1958 einen zweiten Anleger (Ostanleger) gab, der u. a. von Schiffen aus Wilhelmshaven und Bremerhaven angelaufen wurde, kam im Juli 1904 als dritte Strecke die mit fünf Kilometern längste Linie zum Ostanleger hinzu.
Der Verkehr konnte anfangs mit zwei kleinen B-Tenderloks abgewickelt werden. Es folgten drei weitere Zweikuppler, die bei der DRG als 99 021 bis 023 eingereiht wurden. 1929 schließlich kam der erste Dreikuppler auf die Insel, die robuste und leistungsstarke 99 211. Henschel hatte diese Naßdampflok unter der Fabriknummer 21 443 gebaut. Obwohl zu dieser Zeit bereits Einheitstenderloks gebaut wurden, wies doch die 99 211 keine Merkmale von Einheitsloks auf.
Im Zweiten Weltkrieg baute die Deutsche Wehrmacht Wangerooge (wie auch einige andere Nordseeinseln) zu einer riesigen Festung mit vielen Gleisanschlüssen aus. Das bedingte verschiedene Umsetzungen im Wangerooger Lokpark. Lediglich 99 023 und unsere 99 211 befanden sich auch nach dem Krieg noch auf Wangerooge und bewältigten zusammen mit den hierher versetzten Loks 99 081, 271, 281 und 291 den Verkehr.
Die Verdieselung begann 1952 mit einer für die Inselbahn von Gmeinder gebauten dreiachsigen Kleinlok, die noch heute als 329 501 im Einsatz steht (vgl. Bd. »Stand 1.1.1980«, S. 96 f). Daraufhin wurden 99 081 und 99 271 ausgemustert, 99 281 und 291 waren bereits 1949 an die Walhallabahn abgegeben worden.
1957 lieferte wiederum Gmeinder zwei weitere, leicht verbesserte Dieselkleinloks. Da 1958 auch die Strecke zum Ostanleger stillgelegt wurde, weil dieser wegen Versandung und Beschädigung nicht mehr zu halten war, reichten die drei Dieselkleinloks aus, um den Gesamtverkehr auf der Insel zu bewältigen. Die zweiachsige 99 023 aus dem Jahre 1913 erhielt daraufhin ihre Papiere. Lediglich die 99 211 blieb noch als Reservelok im Bestand des Bw Oldenburg Hbf, wo die Wangerooger Loks buchmäßig beheimatet waren.
Die Ausmusterung der 99 211 erfolgte erst am 18. 8. 1960. Jahrelang war sie in Wangerooge abgestellt, bis man 1968 eine neue Verwendung für sie fand: Sie steht heute noch als Denkmal neben dem alten Leuchtturm, nur einen Steinwurf vom Bahnhof entfernt.

99 211: Wangerooge, 27. 3. 1975 (Dr. W. Fiegenbaum)

Gebaute Stückzahl:	1									
Stückzahl am 1. 1.:	60	61	62	63	64	65	66	67	68	69
	1	–	–	–	–	–	–	–	–	–

DR-/DB-Betriebsnummer bis 1967:	**99** 211
DB-Betriebsnummer am 1. 1. 1960:	**99** 211
Ausmusterung:	18. 8. 1960 **99** 211 Bw Oldenburg Hbf

Technische Daten:

Achsanordnung:	C
Höchstgeschwindigkeit:	40 km/h
Dienstlast:	18 Mp
Länge über Puffer:	6 400 mm
Indizierte Leistung:	140 PS
Kesselüberdruck:	14 kp/cm^2
Treib-/ Kuppelraddurchmesser:	800 mm
Lieferer:	Henschel

Baureihe 99^{25}

Zu den ganz großen Privatbahnen Deutschlands zählte die Lokalbahn-Aktiengesellschaft mit Sitz in München. Sie betrieb vor dem Ersten Weltkrieg in Deutschland nicht nur in Bayern Linien, sondern auch in Preußen, Thüringen und Württemberg. Daneben zählten zeitweise auch Bahnen im Ausland, vor allem in Ungarn, zu ihrem Besitz. Schmalspurige Strecken waren aber auch für die LAG eine Ausnahme, denn sie besaß in Deutschland deren nur drei: die Feldabahn in Thüringen, Ravensburg - Baienfurt in Württemberg und die Walhallabahn in Bayern.

Zum Bau der Walhallabahn war es in erster Linie gekommen, weil von Regensburg aus ein starker Ausflugsverkehr zur 1842 gebauten Walhalla bei Donaustauf bestand. Daher übernahm die LAG den Bau einer meterspurigen Bahn von Stadtamhof nach Donaustauf. Die Schmalspur mußte gewählt werden, weil im gegenüber von Regensburg gelegenen Stadtamhof die Bahn zunächst die Straßen als Trasse mitbenutzte, was zu engen Kurvenradien führte. Am 23. 6. 1889 nahm die Walhallabahn den Betrieb auf. Am 1. 5. 1903 konnte die Strecke bis Wörth an der Donau verlängert werden. Am 1. 10. 1960 endete der Personenverkehr auf dem noch verbliebenen Reststück von Regensburg-Kalkwerk (vormals Walhallastraße) nach Wörth a. D., und am letzten Tag des Jahres 1968 wurde mit Einstellung des Güterverkehrs die Strecke endgültig gestrichen.

Zur Erstausstattung der Bahn hatten zwei Tramwayloks mit der Achsfolge B gehört, denen 1895 eine dritte folgte. Gebaut worden waren sie von Krauss in München. Diese Firma lieferte fast alle Dampfloks der LAG, denn sie war mit dieser finanziell verflechtet. Mit der Streckenerweiterung nach Wörth a. D. wurden größere Maschinen nötig. Krauss lieferte daraufhin 1902, 1904 und 1908 je eine C1'-Tenderlok (LAG-Betriebsnummern 61, 67, 62). Sie wiesen typische Krauss'sche Baumerkmale auf, z. B. den als Wasserkasten ausgebildeten Rahmen.

Die weitere Entwicklung des Bestandes (siehe S. 106 f) konnte am Einsatz der drei Loks ebensowenig etwas ändern wie die Übernahme durch die DRG im Jahre 1938 (Einordnung in das DRG-Nummernschema als 99 251 bis 253). Erst das Auftauchen der beiden Dieselloks der Reihe V 29 (vgl. S. 122 f) und später die Einstellung des Personenverkehrs machten die drei 99^{25} arbeitslos. 99 251 wurde am 24. 4. 1956 ausgemustert, 99 252 am 27. 10. 1959. Mit der Ausmusterung der 99 253 schließlich tat sich die DB etwas schwer. Obwohl sie bereits von der OBL Süd mit Verfügung vom 14. 7. 1960 zur Ausmusterung freigegeben worden war, enthielt die HVB-Ausmusterungsverfügung vom 30. 9. 1960 diese im Oktober 1959 Z-gestellte Maschine nochmals! Sie steht heute als Denkmal in Regensburg-Stadtamhof, unweit vom früheren Ausgangspunkt der Walhallabahn.

99 253: Regensburg, 1965 (E. Schörner)

Gebaute Stückzahl:	3
Stückzahl am 1.1.:	60 61 62 63 64 65 66 67 68 69
	1 – – – – – – – – –
DR-/DB-Betriebsnummern bis 1967:	**99** 251-253
DB-Betriebsnummer am 1.1.1960:	**99** 253
Letzte Ausmusterung:	14.7.1960 u. 30.9.1960 **99** 253 Bw Regensburg

Technische Daten:

Achsanordnung:	C1'
Höchstgeschwindigkeit:	35 km/h
Dienstlast:	17 Mp
Länge über Kupplung:	7 600 mm
Indizierte Leistung:	150 PS
Kesselüberdruck:	12 kp/cm^2
Treib-/ Kuppelraddurchmesser:	720 mm
Lieferer:	Krauss

Baureihe 99^{26}

Das »Paradepferd« der Walhallabahn von Regensburg-Stadtamhof nach Wörth an der Donau war lange Zeit die LAG-Lok 64, die spätere 99 261. Für den Betrieb der Walhallabahn (siehe S. 104 f) hatten zunächst drei zweiachsige Tramwayloks genügt. Ab 1902, nach der Streckenerweiterung bis Wörth, beschaffte die LAG drei C1'-Tenderloks. 1910 kamen weitere Tramwayloks von der inzwischen elektrifizierten Lokalbahn Ravensburg – Weingarten – Baienfurt Ort zur Walhallabahn, die die ersten beiden Maschinen dieser Bahn ablösten. Nachdem sich 1921 noch ein Dreikuppler von der Steinkohlengrube Myslowitz zur Walhallabahn gesellt hatte, bestellte die LAG schließlich die Lok 64. Dieser Vierkuppler wurde 1926 von Maffei unter der Fabriknummer 4200 geliefert. Wenig später verkaufte bzw. verschrottete die LAG außer den drei C1'-Loks und dem neuen Vierkuppler (der einzige dieser Strecke übrigens) alle noch vorhandenen Maschinen.
Die Lok 64, die nach der Verstaatlichung der LAG im Jahre 1938 in 99 261 umgezeichnet wurde, war die einzige Heißdampflok, die je auf der Walhallabahn lief. Von den drei C1'-Loks der Reihe 99^{25} unterschied sie sich völlig. Während erstere recht schlank wirkten, war die 99 261 mit ihrem kurzen Achsstand und dem hoch gelegten Kessel schon äußerlich ein kleines »Kraftpaket«. Tatsächlich war sie der Reihe 99^{25} leistungsmäßig auch fast um das Dreifache überlegen. Beschafft worden war sie für den Güterzugdienst, der wegen der vielen Gleisanschlüsse und des damit verbundenen Frachtaufkommens für die Walhallabahn von großer Bedeutung war.
Nach dem Zweiten Weltkrieg hatte die Bahn kurzzeitig nochmals ein erhöhtes Fahrgast- und Güteraufkommen zu verzeichnen. Daher kamen aus Wangerooge zur Unterstützung des Lokparks die beiden von der Wehrmacht übernommenen Dreikuppler 99 281 und 291 zur Walhallabahn. Sie blieben aber nicht lange hier: 99 291 ging 1952 an die BD Stuttgart und 99 281 wurde 1955 ausgemustert.
Im Jahre 1956 hielt der Traktionswechsel auf der Walhallabahn Einzug. Aus Ludwigshafen bzw. Neustadt an der Weinstraße kamen zwei Dieselloks der Reihe V 29 zu dieser Linie, so daß man auf die Dampfloks weitgehend verzichten konnte. Als letztes »Walhalla-Bockerl« (so wurden die Dampfloks im Volksmund genannt) war 99 261 im Juli 1960 aktiv. Ihre Ausmusterung erfolgte mit Verfügung der OBL Süd vom 19. 1. 1961. Die Einstellung des Personenverkehrs hatte das Vorhalten einer Reservelok für die beiden Diesellloks überflüssig gemacht.

LAG 64 (99 261): Donaustauf, 1936 (E. Schörner)

Gebaute Stückzahl:	1
Stückzahl am 1.1.:	60 61 62 63 64 65 66 67 68 69
	1 1 – – – – – – – –
DR-/DB-Betriebsnummer bis 1967:	**99** 261
DB-Betriebsnummer am 1.1.1960:	**99** 261
Ausmusterung:	19.1.1961 **99** 261 Bw Regensburg

Technische Daten:

Achsanordnung:	D
Höchstgeschwindigkeit:	30 km/h
Dienstlast:	29 Mp
Länge über Kupplung:	7 390 mm
Indizierte Leistung:	400 PS
Kesselüberdruck:	13 kp/cm^2
Treib-/Kuppelraddurchmesser:	800 mm
Lieferer:	Maffei

Baureihe 99^{63}

Streckenverlängerungen und vor allem die Neueröffnung der Strecke Warthausen – Ochsenhausen im Jahre 1899 führten in Württemberg zu einem Mangel an Schmalspurloks der Spurweite 750 mm. Die Kompliziertheit des Klose-Triebwerks der Gattung Tss 4 (DRG-Reihe 99^{62}) verhinderte einen Nachbau dieser Bauart. Es wurde somit eine Neuentwicklung nötig, wobei man sich wegen der geforderten Kurvengängigkeit für eine Mallet-Lok entschied.
1899 und 1901 baute die MF Esslingen je drei Loks sowie 1904, 1908 und 1913 noch je eine weitere. Die Württembergische Staatsbahn gab den Loks die Nummern 41 bis 49 und die Gattungsbezeichnung Tssd. Angetrieben wurde die Tssd von einem Vierzylinder-Verbund-Naßdampftriebwerk. Die beiden hinteren Achsen lagen in einem Außenrahmen, der den Vorteil hatte, daß er genügend Platz für einen großen Aschkasten ließ. Die beiden vorderen Antriebsachsen waren in einem beweglichen Innenrahmen-Drehgestell gelagert. Ungewöhnlich wirkte die Tssd nicht nur durch ihr Triebwerk, sondern auch durch die langen seitlichen Wasserkästen, den auf der linken Seite auf dem Wassertank liegenden Kohlenkasten, das große, teilweise offene Führerhaus und die an der Führerhausrückseite angebrachten Holzrolläden (Wagenübergang).
Die DRG übernahm die neun komplizierten, aber sehr zuverlässigen Tssd als 99 631 bis 639. Bis 1940 waren bereits fünf Loks ausgemustert worden, weil man durch den Einsatz von Loks der Reihe $99^{64}/99^{67}$ in Württemberg auf sie verzichten konnte. Die vier verbliebenen Loks (99 633 und 637 bis 639) kamen noch zur DB. Im Sommer 1954 stellte sie 99 638 und 639 ab (Ausmusterung am 26. 10. 1954 bzw. 27. 11. 1956). Somit verblieben nur noch 99 633 und 637 im aktiven Dienst. 1964 wurde 99 637 durch Lieferung der neuen Dieselloks der Reihe V 51 (vgl. Bd. »Stand 1. 1. 1980«, S. 84 f) und Einstellung des Personenverkehrs auf den Linien Schussenried – Buchau und Biberach – Ochsenhausen überflüssig und am 10. 3. 1965 ausgemustert. Seit 1971 steht sie als Denkmal in Bad Buchau. Als Diesellokreserve blieb aber die 99 633 im Bestand des Bw Aulendorf, nach dessen Auflösung beim Bw Friedrichshafen. Mehrfach wechselte sie zwischen den Strecken Schussenried – Buchau und Warthausen – Ochsenhausen. Am 31. 10. 1968 wurde sie Z-gestellt und durch 99 651 ersetzt. Ihre hohe Gesamtlaufleistung von rund 3 Millionen Kilometern ist ebenso erstaunlich wie ihre lange Betriebszeit von fast 70 Jahren. Bereits seit April 1961 (Ausmusterung der 1899 gebauten 89 7296) gebührte ihr das Prädikat der ältesten Bundesbahnlok. Nach ihrer Ausmusterung kam sie im März 1970 ins DGEG-Museum Bochum-Dahlhausen, im Februar 1973 dann nach Heilbronn, wo die betriebsfähige Aufarbeitung begann. Seit Ende 1982 steht sie wieder für Sonderzüge auf der Jagsttalbahn zur Verfügung.

99 633: Bf Warthausen, 22. 4. 1968 (O. Blaschke)

Gebaute Stückzahl:	9									
Stückzahl am 1. 1.:	60	61	62	63	64	65	66	67	68	69
	2	2	2	2	2	2	1	1	1	1

DR-/DB-Betriebsnummern bis 1967: **99** 631-639
DB-Betriebsnummern am 1. 1. 1960: **99** 633, 637
DB-Betriebsnummer am 1. 1. 1968: **099** 633
Letzte Ausmusterung: 3. 3. 1969 **099** 633 Bw Friedrichshafen

Technische Daten:

Achsanordnung:	B'B
Höchstgeschwindigkeit:	30 km/h
Dienstlast:	29 Mp
Länge über Kupplung:	8 226 mm
Indizierte Leistung:	320 PS
Kesselüberdruck:	12 kp/cm^2
Treib-/ Kuppelraddurchmesser:	900 mm
Lieferer:	Esslingen

Baureihe 99^{64}, 99^{67}

Die Heeresfeldbahn hatte im Ersten Weltkrieg 15 große Schmalspur-Tenderloks mit der Achsfolge E und der Spurweite 750 mm bei Henschel bestellt. Als die Loks fertiggestellt waren, ergab sich durch die veränderte militärische Lage kein Bedarf mehr für die Maschinen. Daraufhin erwarb die Sächsische Staatsbahn die Lokomotiven für ihr umfangreiches Schmalspurnetz und führte sie als Reihe VI K (später DRG 99 641 bis 655). Diese Bauart erwies sich als so erfolgreich, daß die DRG bis 1927 noch 47 Loks nachbauen ließ (99 671 bis 717).
Um die engen Kurvenradien vieler Schmalspurbahnen durchfahren zu können, rüstete man die Loks mit einem Laufwerk der Bauart Gölsdorf aus. Nur die zweite und die vierte Achse waren fest im Rahmen gelagert, die anderen drei seitenverschieblich. Durch den hoch gelegenen Kessel, die langen seitlichen Wasserkästen und die kleinen Treibräder wirkten die Loks gedrungen und kräftig. Die nachgebauten Maschinen wurden geringfügig verstärkt. Äußerlich ließen sich die 99^{64} durch den halbkugelförmigen Dampfdom von den Nachbauten unterscheiden.
Die Heimat dieser Bauart war Sachsen. Allerdings hatte die DRG 1923/24 fünf Loks (99 679–683) fabrikneu der RBD Stuttgart zugeteilt. Ab Ende der zwanziger Jahre kamen insgesamt acht weitere Loks dorthin. Der Zweite Weltkrieg brachte abermals einige Verschiebungen, u. a. Abgaben an die Ostfront. So konnte die DR 26 Loks in ihren Bestand übernehmen, die DB zehn Stück. Bereits 1938 waren zwei Maschinen nach Österreich gelangt, wo sie auf 760 mm umgespurt wurden.
Die DR rekonstruierte 14 ihrer Loks ab 1963. Da neben dem Einbau neuer Kessel und Führerhäuser auch Veränderungen an Rahmen und Laufwerk vorgenommen wurden, handelte es sich praktisch um Neubauten. So verlegte man u. a. den Antrieb von der vierten auf die dritte Achse. Durch Stillegungen und damit verminderten Lokbedarf konnten die Maschinen Anfang der 70er Jahre aus dem Dienst ausscheiden. Zwei ihrer rekonstruierten Loks erhält die DR: 99 713 als Traditionslok auf der Strecke Radebeul Ost – Radeburg und 99 715 als Denkmal in Radebeul Ost.
Die zehn Loks der DB – zwei sächsische VI K und acht Nachbauten – waren lange Zeit auf den württembergischen Schmalspurstrecken unentbehrlich. 99 679 schied 1956 aus, die anderen Loks konnte man erst durch Streckenstillegungen und Neubaudieselloks ab 1964 ausrangieren. Einige Loks mußten dennoch mehrfach reaktiviert werden. Am längsten im Betrieb hielt sich die sächsische VI K 99 651. Zuletzt war sie mit dem Spitznamen »Entenmörder« auf der Bottwartalbahn bis August 1969 im Einsatz. Auch in der Bundesrepublik konnten zwei dieser Maschinen erhalten werden: die genannte 99 651 in Steinheim/Murr und die 99 716 in Güglingen.

99 651: Beilstein, 3. 9. 1968 (Dr. W. Fiegenbaum)

Gebaute Stückzahl: 99^{64}: 15; 99^{67}: 47

Stückzahl am 1. 1.:

	60	61	62	63	64	65	66	67	68	69
99^{64}	2	2	2	2	2	2	2	2	1	1
99^{67}	7	7	7	7	7	6	1	1	–	–

DR-/DB-Betriebsnummern bis 1967: **99** 641-655, 671–717

DB-Betriebsnummern am 1. 1. 1960: **99** 650, 651, 671, 672, 680, 682, 701, 704, 716

DB-Betriebsnummer am 1. 1. 1968: **099** 651

Letzte Ausmusterungen: 22. 5. 1967 **99** 704 Bw Heilbronn
19. 9. 1969 **099** 651 Bw Heilbronn

Technische Daten:

Achsanordnung: E

Höchstgeschwindigkeit: 30 km/h

Dienstlast: 40 Mp (99^{67}: 42 Mp)

Länge über Kupplung: 8 660 mm (99^{67}: 8 990 mm)

Indizierte Leistung: 500 PS

Kesselüberdruck: 14 kp/cm²

Treib-/Kuppelraddurchmesser: 800 mm

Lieferer: Hartmann (nur 99^{67}), Henschel, Karlsruhe (nur 99^{67})

Baureihe 99^{720}

60 Jahre lang bewältigten die vier kleinen Dreikuppler der Reihe 99^{720} alleine den Gesamtverkehr auf der Schmalspurstrecke von Mosbach nach Mudau. Diese Strecke wurde von 1902 bis 1904 gebaut und führte 28 Kilometer lang von Mosbach (bei Neckarelz am Necktal) in überwiegend nördlicher Richtung hinauf in den Odenwaldort Mudau. Die Bahnlinie mit 1000 mm Spurweite wurde von der Deutschen Eisenbahn-Bau- und Betriebsgesellschaft (DEBG) zunächst für die Badische Staatseisenbahn und später für die Deutsche Reichsbahn betrieben. Erst 1931 nahm die DRG den Betrieb unter eigene Regie.
Borsig hatte 1904 unter den Fabriknummern 5324 bis 5327 die vier kleinen Loks gebaut. Die Maschinen lehnten sich äußerlich an die bewährte preußische T 3 (Baureihe 89^{70}, siehe S. 70 ff) an. Der Kessel unterschied sich allerdings wesentlich von der T 3. Nachdem die Loks auf Westinghouse-Luftbremse umgestellt worden waren, hatten sie ein etwas ungewöhnliches Aussehen, denn man hatte für den Hauptluftbehälter keinen besseren Platz als liegend auf dem Kessel gefunden. Ungewöhlich war auch das auf dem Schornstein angebrachte engmaschige Drahtnetz, das Funkenflug auf der waldreichen Strecke verhindern sollte.
Ursprünglich hatten die Loks die Betriebsnummern 1 bis 4 getragen. Als die DRG sie 1931 übernahm, teilte sie ihnen die neuen Nummern 99 7201 bis 7204 zu. Dabei ist zu bedenken, daß Ordnungsnummern über 7000 an Maschinen vergeben wurden, die zur baldigen Ausmusterung vorgesehen waren – im Falle der 99^{720} eine Fehleinschätzung.
Heimat-Bw war zunächst Neckarelz, nach dessen Auflösung dann Heidelberg. Eingesetzt waren die Maschinen aber immer von der Außenstelle Mudau aus. Obwohl sich die kleinen Lokomotiven gut bewährten und dem nie sonderlich bedeutenden Verkehr stets gewachsen waren, suchte die DB zu Anfang der 60er Jahre nach einem Ersatz der inzwischen überalterten 99^{720}.
Im Sommer 1964 trafen in Mudau die beiden neuen Loks der Reihe V 52 ein (vgl. Bd. »Ausgemusterte Fahrzeuge 1970–1979«, S. 88 f). Die vier 99^{720} waren jetzt überflüssig. Als erste schied 99 7203 am 26.10.1964 aus, sie tat aber dennoch am längsten Dienst: Nach ihrer Ausmusterung kam sie noch bei der Albtalbahn-Verkehrsgesellschaft bis August 1965 bei der Umspurung der Strecke Busenbach – Langensteinbach bzw. dem Abbau des Abschnittes Langensteinbach – Ittersbach zum Einsatz. Die anderen drei 99^{720} strich die DB mit Verfügung vom 10. 3. 1965 aus dem Bestand.
Erfreulicherweise blieben alle vier Loks erhalten: 99 7201 in Angl bei Passau, 99 7202 in Mudau, 99 7203 in Viernheim und 99 7204 in Unterbernbach. 99 7203 soll wieder betriebsfähig gemacht werden und als Museumslok zwischen Amstetten und Laichingen zum Einsatz kommen.

99 7201: Mosbach-Mudau, September 1964 (W. Doh)

Gebaute Stückzahl:	4
Stückzahl am 1.1.:	60 61 62 63 64 65 66 67 68 69
	4 4 4 4 4 3 – – – –
DR-/DB-Betriebsnummern bis 1967:	**99** 7201–7204
DB-Betriebsnummern am 1.1.1960:	**99** 7201–7204
Letzte Ausmusterungen:	10.3.1965 **99** 7201, 7202, 7204 Bw Heidelberg

Technische Daten:

Achsanordnung:	C
Höchstgeschwindigkeit:	30 km/h
Dienstlast:	23 Mp
Länge über Kupplung:	7 060 mm
Indizierte Leistung:	160 PS
Kesselüberduck:	12 kp/cm^2
Treib-/ Kuppelraddurchmesser:	760 mm
Lieferer:	Borsig

Elektrolokomotiven

Baureihe E 80

Elektrische Rangierlokomotiven beschaffte die DRG an 1927. Den Anfang machte die Reihe E 60, deren beide letzten Exemplaren die DB erst 1983 aus dem Verkehr zog (vgl. Bd. »Stand 1.1.1980«, S. 46). Diese Maschinen hatten aber den Nachteil, daß sie auf nicht elektrifizierten Bahnhofsgleisen keine Einsatzmöglichkeiten boten. Daher bestellte die DRG schon 1928 Zweikraftloks für Oberleitungs- und Akkubetrieb.
Nur fünf solcher Loks gingen 1930 als E 80 01 bis 05 in Betrieb. Es handelte sich um schwere Rangierloks für den Dienst in München. Der Fahrzeugeil von Maffei war durch den großen Mittelführerstand und die beiden langen Batterievorbauten gekennzeichnet. Um den Achsdruck der schweren Lok nicht zu hoch werden lassen, lief die Maschine auf zwei dreiachsigen Drehgestellen, von denen jeweils die mittlere Achse als Laufachse ausgeführt wurde. Man verwendete eine doppelte Achsfederung (Blatt- und Wickelfedern) wegen der empfindlichen elektrischen Ausrüstung.
Die elektrische Ausrüstung stammte von SSW. Die vier Gleichstrommotoren konnten ihren Strom entweder über einen Quecksilberdampf-Gleichrichter aus der Fahrleitung oder direkt aus der Batterie beziehen. Die Bleibatterie mit 169 Zellen konnte sowohl durch die Fahrleitung während des Betriebes als auch stationär aufgeladen werden. Ansonsten war die elektrische Ausrüstung der E 80 nicht ungewöhnlich – man wählte den bewährten Tatzantrieb und ein 15stufiges Nockenschaltwerk zur Steuerung.
Die fünf Rangierloks waren stets auf den Rangierbahnhöfen München Hbf und Süd eingesetzt. Im Betrieb befriedigten sie, auch die Batteriekapazität reichte völlig aus. Die E 80 04 wurde bei einem Bombenangriff so schwer beschädigt, daß ihre Ausmusterung bereits im Februar 1944 verfügt werden mußte. Die anderen vier Loks übernahm die DB und beließ sie in ihren alten Heimat-Bw München Hbf. 1956/57 rüstete man die E 80 01 mit einem Sizilium-Gleichrichter, zusätzlicher Belüftung der Fahrmotoren und einem stäkeren Transformator aus. Mit dem völlig neu entwickelten Silizium-Gleichrichter sammelte man wertvolle Erfahrungen, die später bei den Mehrsystemloks der DB ihren Niederschlag fanden.
Als Splittergattung war die Baureihe E 80 nicht wirtschaftlich einsetzbar, zumal die neuen Dieselloks der Reihe V 60 die Aufgaben übernehmen konnten. Die DB musterte deshalb am 9. 3. 1959 die E 80 02, am 13. 1. 1960 die E 80 03 und 05 sowie am 3. 6. 1961 als letzte die Versuchslok E 80 01 aus. Sie wurde im Sommer 1963 in München-Feldkirchen verschrottet.

E 80 03: Bw München Hbf, November 1954 (Dr. G. Scheingraber)

Gebaute Stückzahl:	5									
Stückzahl am 1.1.:	60	61	62	63	64	65	66	67	68	69
	3	1	–	–	–	–	–	–	–	–

DR-/DB-Betriebsnummern bis 1967: **E 80** 01–05
DB-Betriebsnummern am 1.1.1960: **E 80** 01, 03, 05
Letzte Ausmusterung: 3.6.1961 **E 80** 01 Bw München Hbf

Technische Daten:

Achsanordnung:	(A1A) (A1A)
Höchstgeschwindigkeit:	40 km/h
Dienstlast:	91 Mp
Länge über Puffer:	15 400 mm
Dauerleistung:	210 kW bei 34 km/h
Anzahl der Motoren:	4
Antrieb:	Tatzantrieb
Lieferer mechan. Teil:	Maffei
Lieferer elektr. Teil:	SSW

Baureihe E 244

Die 35 Kilometer lange Höllentalbahn Freiburg – Neustadt/Schwarzwald und die 19 Kilometer lange Dreiseenbahn Titisee – Seebrugg hatten wegen ihrer extremen schwierigen Bedingungen bei starken Steigungen schon immer besondere Anforderungen an die Triebfahrzeuge gestellt. Bis 1933 war auf der Höllentalbahn zwischen Hirschsprung und Hinterzarten noch Zahnradbetrieb vorhanden, dann konnte die Strecke vollständig auf Reibungsbetrieb umgestellt werden, weil inzwischen die leistungsfähigen schweren Henschel-Tenderloks der Baureihe 85 (siehe S. 66 f) zur Verfügung standen.

Doch schon Mitte der 30er Jahre entschloß sich die DRG, diese beiden schwierigen Strecken zu elektrifizierten. Um Versuchsergebnisse mit anderen Stromsystemen als dem üblichen Wechselstrom mit 15 kV und 16 ⅔ Hz zu gewinnen, wählte man Einphasenwechselstrom mit 20 kV und 50 Hz. Dieser Entschluß machte neue Lokomotiven notwendig. Am 18. 6. 1936 konnte der elektrische Zugbetrieb auf der Höllental- und der Dreiseenbahn aufgenommen werden. Dafür hatte die DRG vier, in der elektrischen Ausrüstung recht unterschiedliche Elloks beschafft, die als E 244 01, 11, 21 und 31 in Betrieb genommen wurden. Der Betrieb mit Dampflokomotiven konnte aber nicht völlig aufgegeben werden, da die vier E 244 für den Verkehr der beiden Bahnen nicht ausreichten.

Nach dem Zweiten Weltkrieg, den alle vier E 244 überstanden, zählten die Bahnen zum Bereich der französichen Besatzungszone. Da die Franzosen an den Ergebnissen mit den 50-Hertz-Elloks der Höllentalbahn interessiert waren, entschloß man sich zum Umbau zweier weiterer Elektro-Triebfahrzeuge für Wechselstrom mit 20 kV und 50 Hz. Aus Überresten der kriegsbeschädigten E 44 005 entstand 1950 die E 244 22, aus dem Gerippe des ET 25 026 a/b im selben Jahr der ET 255 01 a/b (vgl. Bd. »Ausgemustere Fahrzeuge 1970–1979«, S. 106 f).

Für die ersten vier Loks aus dem Jahre 1936 forderte die DRG, daß der Fahrzeugaufbau sich an die Baureihen E 44 und E 44^5 anlehnen sollte. So ähnelte die E 244 01 der Reihe E 44^5, die anderen drei Loks und auch die E 244 22 von 1950 glichen der E 44. Allerdings hatten die unterschiedlichen elektrischen Anlagen andere Lüftergitteranordnungen, höhere Dachaufbauten und z. T. leicht abweichende Gesamtlängen gegenüber der E 44 zur Folge.

Bei der elektrischen Anlage war den Herstellern weitgehend freie Hand gelassen worden. Gefordert wurde lediglich ein Leistungsprogramm, das u. a. die Beförderung von 180 Tonnen schweren Zügen auf 55,5 ‰ Steigung mit 60 km/h (zum Vergleich Baureihe 85: 24 km/h) vorsah. Weiterhin wurde der Tatzantrieb vorgeschrieben. Hinsichtlich der Fahrmotoren, Transformatoren, der Schaltung, Steuerung und elektrischen Bremse wichen die Loks voneinander ab. Die nachfolgende Aufstellung gibt Auskunft über die Motoren und die Steuerung:

E 244 Motoren:
01 4 Gleichstrom-Reihenschlußmotoren
11 4 Gleichstrom-Reihenschlußmotoren
21 2 x 4 Wechselstrom-Reihenschlußmotoren
22 4 modifizierte Wechselstrom-Reihenschlußmotoren (Tandemmotoren)
31 je 4 Einphasen- und Drehstrom-Asynchronmotoren
E 244 Steuerung:
01 Gittersteuerung mit Drehregler (7 Dauerfahrstufen)
11 Stufenschalter mit Überlastschutz (28 Dauerfahrstufen)
21 Nockenschaltwerk mit Feinsteller (14 Dauerfahrstufen)
22 Wander-Nockenschaltwerk mit Feinsteller (15 Dauerfahrstufen)
31 Nockenschaltwerk (3 Dauerfahrstufen)

Da die beiden Maschinen E 244 01 und 11 mit Gleichstrommotoren ausgestattet waren, besaßen sie Quecksilberdampf-Gleichrichter, wie sie auch schon von der Baureihe E 80 (vgl. S. 114 f) her bekannt waren. Alle fünf E 244 waren mit elektrischer Bremse versehen worden. Bis auf E 244 31 erhielten sie eine Gleichstrom-Widerstandsbremse. Die E 244 31 aber, die ohnehin von der elektrischen Ausrüstung her die interessanteste Maschine war, besaß eine elektrische Nutzbremse, die beim Abbremsen Strom wieder in die Fahrleitung zurückspeiste.
Nach anfänglichen Kinderkrankheiten bewährten sich alle fünf Loks ganz gut, wenngleich sie durch Anfälligkeit bestimmter Bauteile und durch oft schwierige Ersatzteilbeschaffung doch häufig für den Betrieb nicht zur Verfügung standen. Als die Elektrifizierung mit normalen Stromsystem Freiburg erreichte, beschloß die DB, die Höllental- und die Dreiseenbahn auf die in Deutschland übliche Fahrdrahtspannung von 15 kV, 16 ⅔ Hz umzustellen.
Die Umstellung der beiden Bahnen erfolgte am 20. 5. 1960. Die fünf E 244 und der ET 255 waren jetzt überflüssig und wurden abgestellt. Den Betrieb übernahmen E 40[11] und E 44[11], beide mit elektrischer Bremse. Da nun genügend Elloks vorhanden waren, konnte man auch auf die Dampflokomotiven der Baureihe 85 verzichten.
Für die elektrischen Fahrzeuge der beiden Bahnen war aber noch nicht aller Tage Abend. Nur E 244 01 wurde verschrottet. Den ET 255 baute die DB für das bei ihr übliche Stromsystem um und nahm ihn im November 1962 als ET 45 01 a/b wieder in Dienst. Ähnlich erging es E 244 11, die 1963 als E 44 188 in Betrieb kam, und E 244 22, die 1965 zur E 44 189 wurde. Ihre Fahrmotoren fanden zudem weitere Verwendung in der E 344 01 (siehe S. 120 f), deren Rahmen und Drehgestelle von E 244 21 stammten. Während der E 344 und dem ET 45 nach ihrem Umbau jedoch kein langes Leben mehr beschert war, leisteten die beiden in E 44 umgebauten Loks der DB noch treue Dienste. Ihre Ausmusterung erfolgte erst 1982 (144 188 ex E 244 11) bzw. 1983 (144 189 ex E 244 22).
Auch der E 244 31 war das Schicksal gnädig. Eine Achse mitsamt Antrieb baute man aus, um sie dem Verkehrsmuseum Nürnberg zur Verfügung zu stellen, und ersetzte sie durch eine Laufachse. Die Lok selber fand

zunächst im Deutschem Museum München eine Bleibe. 1969 wurde sie gegen V 140 001 mit der Technischen Universität Karlsruhe getauscht, wo sie bis Februar 1973 stand. Danach gelangte sie als Leihgabe zur DGEG und steht heute, vorbildlich aufgearbeitet, in Neustadt an der Weinstraße.

Gebaute Stückzahl:	5									
Stückzahl am 1.1.:	60	61	62	63	64	65	66	67	68	69
	5	1	–	–	–	–	–	–	–	–

DR-/DB-Betriebsnummern
bis 1967: **E 244** 01, 11, 21, 22, 31
DB-Betriebsnummern
am 1.1.1960: **E 244** 01, 11, 21, 22, 31
Letzte Ausmusterung: 11.1.1961 **E 244** 31 Bw Freiburg
Letzter Umbau: 17.8.1965 **E 244** 22 in **E 44** 189 Bw Freiburg

Technische Daten:		*E 244 01*	*E 244 11*	*E 244 21*	*E 244 22*	*E 244 31*
Achsanordnung:		Bo'Bo'	Bo'Bo'	Bo'Bo'	Bo'Bo'	Bo'Bo'
Höchstgeschwindigkeit:	(km/h)	85	85	85	80	83,5
Dienstlast:	(Mp)	85	85	85	84	83
Länge über Puffer:	(mm)	14 320	15 290	16 440	15 290	15 080
Dauerleistung:	(kW	1720	2340	1940	2460	1920
	bei km/h)	58,5	72	73,5	78,5	80
Anzahl der Motoren:		4	4	4 x 2	4	4 + 4
Antrieb:		Tatz	Tatz	Tatz	Tatz	Tatz
Lieferer mechan. Teil:		AEG	Krauss	Krauss	Bw Basel	Krupp
Lieferer elektr. Teil:		AEG	BBC	SSW	AEG	Krupp/Lahmeyer

E 244 01: Bärental, ca. 1936 (Werkfoto AEG-Telefunken)

E 244 22: ca. 1951 (Werkfoto AEG-Telefunken)

Baureihe E 344

Wie auf S. 117 ff dargelegt, machte die Umstellung der Fahrdrahtspannung der Höllental- und Dreiseenbahn am 20. 5. 1960 die fünf Loks der Reihe E 244 arbeitslos. Da andererseits im Saarbrückener Raum mit den drei 1959/60 in Dienst gestellten E 320 der Bedarf an Zweifrequenzloks im Dienst nach Frankreich nocht nicht gedeckt war, baute das AW München-Freimann nach Konstruktionsplänen von Krauss-Maffei eine vierte Zweisystemlok.
Der Rahmen, die Drehgestelle und andere mechanische Teile der neuen Lok wurden von E 244 21 verwendet. Die Fahrmotoren, sogenannte Tandemmotoren, lieferte E 244 22, und auch E 244 31 steuerte einige Teile bei. Der gesamte Fahrzeugaufbau, die Schaltung und Steuerung schließlich waren Neubauten, die sich eng an die Serien-Ellok E 41 anlehnten. Weitere Teile der elektrischen Ausrüstung (z. B. Umformer) konnten in ähnlicher Bauart wie bei der E 320 beschafft werden. Schon äußerlich war die als E 344 01 bezeichnete Lok eine Einzelgängerin. Zwar entsprach der Aufbau dem der E 41, doch war sie sofort von dieser zu unterscheiden, weil die Pufferbohle nicht am Lokkasten angeschweißt war, sondern (wie bei der E 44) an den Drehgestellten. Außerdem kam die E 344 als einzige Mehrsystemlok ohne Gleichrichter aus, eine Eigenschaft, die auf die Tandemmotoren zurückzuführen war. Einen besonderen Vorteil bot die E 344 beim Systemwechsel selber: Anders als bei den E 320 wechselten die beiden Stromabnehmer automatisch und mußten nicht vom Lokführer bedient werden.
Am 31. 10. 1962 wurde die E 344, die die neuen Fabriknummern 19093 von Krauss-Maffei für den Lokkasten und 8250 von AEG für die elektrische Ausrüstung bekam, abgenommen und dem Bw Saarbrücken Hbf zugeteilt. Zunächst kam die Lok viel zum Einsatz, weil die drei E 320 teilweise noch an Kinderkrankheiten litten. Beim Personal war sie aber stets unbeliebt, weil Verzögerungen beim Anfahren und Rangieren auftraten, die der Lok bald den Ruf einer »lahmen Ente« eintrugen. Zudem war sie für Schnellzüge zu langsam und für Güterzüge zu schwach, so daß man sie nur im grenznahen Bereich einsetzen konnte, nicht aber in Langläufen. Zuletzt lief sie kaum noch nach Frankreich, sondern wurde im Personenzugdienst im Großraum von Saarbrücken abgefahren.
1967/68 war Ersatz in Form von vier neuen E 310 (ab 1968 Baureihe 181) und fünf Viersystemloks der Reihe E 410 (184) erschienen, so daß man auf die E 344 01, die noch in 183 001 umgezeichnet wurde, verzichten konnte. Man stellte sie deshalb am 1. 5. 1969 auf „Z", musterte sie mit HVB-Verfügung vom 24. 6. 1969 aus und verschrottete sie Anfang der 70er Jahre im AW München-Freimann.

E 344 01: Bw Saarbrücken Hbf, 28. 7. 1967 (Dr. W. Fiegenbaum)

Gebaute Stückzahl:	1 (aus Umbau)
Stückzahl am 1. 1.:	60 61 62 63 64 65 66 67 68 69
	– – – 1 1 1 1 1 1 1
DB-Betriebsnummer bis 1967:	**E 344** 01
DB-Betriebsnummer am 1. 1. 1968:	**183** 001
Ausmusterung:	24. 6. 1969 **183** 001 Bw Saarbrücken

Technische Daten:

Achsanordnung:	Bo' Bo'
Höchstgeschwindigkeit:	100 km/h
Dienstlast:	81 Mp
Länge über Puffer:	16 440 mm
Dauerleistung:	2150 kW bei 70 km/h
Anzahl der Motoren:	4
Antrieb:	Tatzantrieb
Lieferer mechan. Teil:	Krauss-Maffei / AW München-Freimann
Lieferer elektr. Teil:	AEG / SSW

Diesellokomotiven

Baureihe V 29

Vor allem als Ersatz für die noch auf der Strecke Mundenheim – Meckenheim eingesetzten Kastendampfloks der Reihe 99^{08} aus dem Jahre 1889 benötigte man dringend neue Loks. Da die Meterspurstrecke schwierige Betriebsbedingungen aufwies – sie begann in Mundenheim an der Peripherie von Ludwigshafen und hatte teilweise straßenbahnähnlichen Charakter –, schien eine dreiachsige Stangendiesellok (vgl. Baureihe 329, Bd. »Stand 1.1.1980«, S. 96 f) nicht geeignet. Man benötigte eine Lok mit guter Streckensicht wegen der Ortsdurchfahrten (hochgelegter Mittelführerstand), geringem Achsdruck wegen des schlechten Oberbaus und guter Kurvenläufigkeit (Drehgestelle). So kam es 1952 zum Bau von drei Loks mit den Betriebsnummern V 29 951 bis 953 durch die Lokfabrik Jung.
Die beiden je 145 PS starken Deutz-Motoren trieben jeweils ein Drehgestell an. Man wählte die hydraulische Kraftübertragung in Form eines Voith-Getriebes vom Typ L 33 y, wie es auch bei der V 20 zu finden war. Dem Mittelführerstand schloß sich zu jeder Seite ein relativ niedriger, vorne etwas abgeflachter Vorbau an. Mit ihrer Leistung von 290 PS und einer Höchstgeschwindigkeit von 42 km/h genügte die Baureihe V 29 den an sie gestellten Aufgaben.
Alle drei Maschinen wurden dem Bw Ludwigshafen zugeteilt. Dort ersetzten sie die auf der Strecke Mundenheim – Meckenheim noch vorhandenen Dampflokomotiven. Aber schon am 2.10.1955 erfolgte die Gesamtstillegung dieser Bahn. Die drei freigesetzten V 29 kamen daraufhin zu den Bahnen Regensburg – Wörth (V 29 951 und 953) bzw. Nagold – Altensteig (V 29 952), wo sie wiederum verschiedene Dampfloktypen ablösten. Auf der Linie Nagold – Altensteig endete der Personenverkehr bereits zum Winterfahrplan 1962/63, die dem Bw Freudenstadt zugeteilte V 29 952 blieb aber weiterhin hier im Güterzugdienst und zuletzt beim Streckenabbau eingesetzt. Ihre Ausmusterung erfolgte am 20.9.1967. Anschließend kam die Lok zur Mittelbadischen Eisenbahn. Dort setzte man sie auf der Meterspurstrecke Schwarzbach – Scherzheim als V 29-01 ein. Nach Stillegung dieser südwestlich von Karlsruhe an der französischen Grenze gelegenen Schmalspurbahn zum Jahresende 1980 gelangte die Lok 1981 in das Schmalspurmuseum der DGEG in Viernheim. Nicht so gut trafen es die beiden auf der Walhallabahn Regensburg – Wörth eingesetzten Loks. Sie erlebten dort zwar noch ihre Umzeichnung in 299 951 und 953, doch wurde diese Bahn am 31.12.1968 stillgelegt. Am 3.1.1969 stellte man beide Loks auf „Z“, die Ausmusterung erfolgte im März.

V 29 952: Nagold – Altensteig, März 1964 (W. Doh)

Gebaute Stückzahl:	3
Stückzahl am 1.1.:	60 61 62 63 64 65 66 67 68 69 3 3 3 3 3 3 3 3 2 2
DB-Betriebsnummern bis 1967:	**V 29** 951–953
DB-Betriebsnummern am 1.1.1960:	**V 29** 951–953
DB-Betriebsnummern am 1.1.1968:	**299** 951, 953
Letzte Ausmusterungen:	15.3.1969 **299** 951, 953 Bw Regensburg

Technische Daten:

Achsanordnung:	B' B'
Höchstgeschwindigkeit:	42 km/h
Dienstlast:	28 Mp
Länge über Kupplung:	9140 mm
Motorleistung:	2 x 145 PS
Kraftübertragung:	hydraulisch
Lieferer:	Jung

Baureihe V 50

Über keine andere Diesellok-Baureihe der DB ist so wenig bekannt wie über die V 50. Gleichzeitig darf diese Reihe auch für sich beanspruchen, von allen in diesem Buch erwähnten Fahrzeugen am kürzesten bei der DB im Einsatz gestanden zu haben.
Die Firma Krauss-Maffei baute 1957 unter den Fabriknummern 18356 und 18357 zwei Dieselloks für die Wilhelmburger Industriebahnen GmbH, wo sie die Loknummern 30 und 31 erhielten. Zum 1.7.1962 verlor die Wilhelmsburger Industriebahnen GmbH nach 69jährigem Bestehen ihre Selbständigkeit. Die beiden Dieselloks gingen damit in den Eigentumsbestand der DB über, die sie entsprechend ihrem Prinzip für Diesellok-nummern (Motorleistung in PS geteilt durch 10) als V 50 einreihte und dem Bw Hamburg-Wilhelmsburg zuteilte.
Die DB hatte mit den beiden Einzelgängern Probleme, sie sinnvoll einzusetzen. mit ihren 500 PS waren sie der V 60 (die damals in großer Stückzahl beschafft wurde) nicht nur leistungsmäßig unterlegen, sondern bereiteten auch erhebliche Schwierigkeiten in der Ersatzteilhaltung: außer der Achsfolge hatten sie mit der V 60 nicht viel gemeinsam. Daher ereilte die beiden Loks das gleiche Schicksal, das später auch andere übernommene Dieselloks bei der DB hatten (vgl. Baureihe 279, Bd. »Ausgemusterte Fahrzeuge 1970–1979«, S. 90 f, oder Baureihe 339^9, Bd. »Stand 1.1.1980«, S. 100 f): Sie wurden so schnell wie möglich ausgemustert und verkauft.
Die V 50 002 kam zur Firma VTG, wo sie im Kesselwagenverschub in München-Pfaffenhofen verwendet wurde. Heute gehört sie der Hoechst AG und ist im Werk Gendorf zu finden. Am 16.9.1964 konnte auch die V 50 001 verkauft werden. Sie fand eine neue Heimat bei der Verden-Walsroder Eisenbahn GmbH (VWE), wo sie zunächst ihre DB-Nummer behielt und erst in den 70er Jahren in V 3 umgezeichnet wurde. Häufig war sie noch für die DB im Rangierdienst in Nienburg im Einsatz, denn dies war der Ausgleich für die Triebfahrzeug-Gestellung durch die DB auf der VWE-Strecke Böhme – Walsrode. Mit Wirkung zum 30.6.1978 kündigte die DB dann aber den Rangiervertrag für den Bahnhof Nienburg mit der VWE. Seitdem ist die V 3 Reservelok mit nur noch sporadischen Einsätzen und wartet auf einen Käufer.
Neben den beiden noch vorhandenen ehemaligen DB-V 50 sind gleichartige Loks bei verschiedenen Werk- und Industriebahnen zu finden. Die Firma Krauss-Maffei baute zudem noch in den 70er Jahren aus der ML 500 entwickelte Typen, so z. B. die Bauarten M 500 C und ML 500 C (vgl. dazu auch »Lokomotiv- und Triebwagenlexikon Deutsche Privatbahnen. Stand 1.1.1984«).

V 50 001: Verden Süd, 2.4.1971 (H. O. Kindermann)

Gebaute Stückzahl:	2 (nur von der DB übernommene)									
Stückzahl am 1.1.:	60	61	62	63	64	65	66	67	68	69
	–	–	–	2	1	–	–	–	–	–

DB-Betriebsnummern
bis 1967: **V 50** 001, 002
Letzte Ausmusterung: 16.9.1964, **V 50** 001
Bw Hamburg-Wilhelmsburg

Technische Daten:

Achsanordnung:	C
Höchstgeschwindigkeit:	55 km/h
Dienstlast:	54 Mp
Länge über Puffer:	8 395 mm
Motorleistung:	500 PS
Kraftübertragung:	hydraulisch
Lieferer:	Krauss-Maffei

Kleinlokomotiven

Baureihe Kö I (Bauart Gmeinder)

Die DRG beschloß Ende der 20er Jahre den Bau verschiedener sogenannter Kleinloks, die dann auf kleineren Bahnhöfen den Rangierdienst übernahmen. Damit konnte man vielfach das zeitraubende Rangieren der Zugloks von Nahgüterzügen auf den Unterwegsbahnhöfen vermeiden. 1931 führte die DRG für ihre Kleinloks ein eigenes Nummernsytem ein (vgl. »Einführung« in diesem Band), das die Maschinchen in zwei Leistungsgruppen einteilte.
Für die Leistungsgruppe I (Loks bis 39 PS Motorleistung) wählte man die Nummerngruppe 0001 bis 3999. Bis 1932 beschaffte die DRG in dieser Leistungsgruppe 28 Loks unterschiedlichster Bauart. Neben bekannten Lokfabriken wie Gmeinder, Jung, Orenstein & Koppel und Windhoff bauten auch drei weniger bedeutende Firmen solche Loks: Breuer (Kö 0016), Ilsenburg (Kö 0001 und 0002) und Smoschewer (Kb 0027). Diese Vorserienloks, bei denen man als Kraftübertragung nicht nur Ketten, sondern auch Stangen, Zahnräder und Blindwellen ausprobierte, schieden schon bald wieder aus dem Bestand aus.
1933 begann die Serienproduktion der Kleinloks. Gmeinder und Jung lieferten je 34 Maschinen, Windhoff sieben. Die Loks waren nocht nicht vereinheitlicht, jede der drei Firmen entwickelte ein eigenes Modell. Zur DB kamen nur Maschinen von Gmeinder und Windhoff. Die 25 PS starken Windhoff-Loks schieden bei der DB bis Mitte der 50er Jahre fast vollständig aus, das Jahr 1960 erlebte keine mehr im aktiven Dienst.
Länger dagegen konnten sich die fünf PS stärkeren Gmeinder-Kö halten. Erst im März und Juli 1963 erfolgte die Ausmusterung der letzten drei Loks. Diese Maschinen fanden aber zum Teil noch eine weitere Verwendung als Verschubfahrzeuge in Bahnbetriebswerken. Sie erhielten dann Gerätenummern. Am längsten verdiente sich so die am 20. 9. 1962 ausgemusterte Kö 0059 als Gerät mit der Nummer 806 000 0 beim Bw Dillingen ihr Gnadenbrot. Noch zehn Jahre nach ihrer Ausmusterung war dieses Lokomotivchen vorhanden.
Gmeinder baute 1933/34 die erste Probelokomotive der neuen Einheitsbauart (Kö 0080). Ab der Nummer Kö 0105 beschaffte die DRG nur noch diese Einheitsbauart, ab Kö 0185 baute man die verstärkte Einheitsbauart. Letztere unterschied sich durch eine etwas höhere Leistung, eine um zehn cm größere Gesamtlänge und ein um zwei Tonnen höheres Gewicht von der ersten Einheitstype. Während die verstärkte Einheitsbauart bei der DB unter der neuen Baureihe 311 bis 1979 im Einsatz war (Bd. »Ausgemusterte Fahrzeuge 1970–1979«, S. 96 f), schieden die letzten Exemplare der unverstärkten Einheitsbauart ebenfalls bis 1963 aus dem DB-Bestand vollständig aus.

Kö 0059: Bw Dillingen, 28. 7. 1967 (Dr. W. Fiegenbaum)

Gebaute Stückzahl:	34
Stückzahl am 1. 1.:	60 61 62 63 64 65 66 67 68 69 12 7 6 3 – – – – – –
DR-/DB-Betriebsnummern bis 1967:	**Kö** 0028–0034, 0050–0064, 0093–0104
DB-Betriebsnummern am 1. 1. 1960:	**Kö** 0052, 0056, 0057, 0059–0061, 0063, 0064, 0094, 0097, 0099, 0100
Letzte Ausmusterung:	16. 7. 1963 **Kö** 0056 BD Mainz

Technische Daten:

Achsanordnung:	B
Höchstgeschwindigkeit:	18 km/h
Dienstlast:	9 Mp
Länge über Puffer:	5 300 mm
Motorleistung:	30 PS
Kraftübertragung:	mechanisch
Lieferer:	Gmeinder

Baureihe Kö II (Bauart DWK)

Die Deutschen Werke Kiel (DWK, heute MaK) entwickelten in den 30er Jahren ein Kleinlok-Typenprogramm, das Maschinen mit 55, 80 und 110 PS Motorleistung vorsah. Die drei Bauarten unterschieden sich außer in der Art ihres Motors auch im Getriebe, im Gewicht, in der Höchstgeschwindigkeit und der Länge (die Type 55 B war kürzer als die anderen beiden). Rahmen, Aufbau (mit dem für DWK typischen großen Führerhaus), Radgröße (850 mm) und Achsstand (2,5 Meter) der drei Typen waren aber ungefähr gleich. Fast einhundert solcher Loks lieferten die DWK, davon aber auch viele Schmalspurloks und Maschinen fürs Ausland. Ein Großabnehmer war die Deutsche Wehrmacht, speziell die Luftwaffe.
Nach 1945 konnte die DB vor allem von der Wehrmacht eine Anzahl an Dieselloks übernehmen. Neben den größeren Maschinen, die als Baureihen V 15, V 16, V 20, V 22, V 36 und V 188 eingereiht wurden, waren auch etwa 50 Maschinen dabei, die wegen ihrer niedrigen Motorleistung als Kleinloks geführt wurden. Die DB gab ihnen Ordnungsnummern ab 1000 (Leistungsgruppe I) und 6000 (Lg II). Man numerierte, wie schon früher bei den Kleinloks üblich, fortlaufend, ohne Bauarten zu unterscheiden. Während die meisten der übernommenen Kleinloks den Einheitsloks der DRG entsprachen, waren doch auch verschiedene Sonderbauarten darunter, z. B. Kleinloks mit Stangen- statt Kettenantrieb.
Zu diesen Sondertypen zählten die sieben DWK-Kleinloks: eine vom Typ 55 B, vier der Bauart 80 B und zwei Maschinen mit 110 PS. Wenngleich die DB noch großen Bedarf an Kleinloks der Leistungsgruppe II hatte und deshalb bis 1965 die Einheitstype in 836 Exemplaren nachbauen ließ (Köf 6100 bis 6835), war sie doch bestrebt, Einzelgänger zügig auszumustern oder zu verkaufen.
Die 60er Jahre erlebten noch zwei DWK-Kleinloks bei der DB. In der BD Essen schied die einzige Lok der DB vom Typ DWK-55 B (Kö 6032) im April 1960 aus, die BD Münster trennte sich von ihrer 80 PS starken Kö 6041 sogar erst im Jahre 1962. Die Lok wurde angeblich in die Niederlande verkauft, ihre weitere Spur verliert sich dann aber.
Der Vollständigkeit halber seien noch einige weitere Kö II erwähnt, die ebenfalls zu Beginn der 60er Jahre ausgemustert worden sind. Da sind zum einen die Loks Kö 4016 bis 4018 und Kö 4040 bis 4044 von BMAG aus den Jahren 1931/32, die eine Vorserie mit abweichenden technischen Daten darstellten. Die DB verfügte 1960 bis 1962 ihre Ausmusterung, lediglich Kö 4043 schied erst am 14. 9. 1965 aus dem Bestand aus. Zum zweiten sei auf die ebenfalls etwas abweichende Kö 5185 von Jung verwiesen, die am 15. 7. 1961 ausgemustert wurde.

DWK Typ 80 B (Werkfoto DWK)

Gebaute Stückzahl:	Typ 55 B: 3; Typ 80 B: 26; Typ 110 B: 32										
Stückzahl am 1.1.:		60	61	62	63	64	65	66	67	68	69
	Typ 55 B	1	–	–	–	–	–	–	–	–	–
	Typ 80 B	1	1	1	–	–	–	–	–	–	–

DB-Betriebsnummern bis 1967:	Typ 55 B: **Kö** 6032 Typ 80 B: **Kö** 6001, 6015, 6033, 6041 Typ 110 B: **Kö** 6002, 6008
DB-Betriebsnummern am 1.1.1960:	**Kö** 6032 (Typ 55 B), **Kö** 6041 (Typ 80 B)
Letzte Ausmusterungen:	20.4.1960 **Kö** 6032 BD Essen (Typ 55 B) 7.11.1962 **Kö** 6041 BD Münster (Typ 80 B)

Technische Daten:	Typ 55 B	Typ 80 B	Typ 110 B	
Achsanordung:	B	B	B	
Höchstgeschwindigkeit:	20,6	19,5	26,3	km/h
Dienstlast:	11	18	24	Mp
Länge über Puffer:	5 850	6 600	6 600	mm
Motorleistung:	55	80	110	PS
Kraftübertragung:	mechan.	mechan.	mechan.	
Lieferer:	DWK	DWK	DWK	

Elektrotriebwagen

Baureihe ET 11

Nach der Beschaffung des ersten Diesel-Schnelltriebwagens der Bauart »Fliegender Hamburger« im Jahre 1932 und den guten Betriebserfahrungen entschloß sich die DRG, auch elektrische Schnelltriebwagen zu beschaffen. 1934 gab sie den Auftrag zum Bau dreier solcher Züge. Je eine Einheit wurde in den Jahren 1935, 1936 und 1937 in Betrieb genommen. Im wagenbaulichen Teil unterschieden sich die Triebwagen nicht, im elektrischen Teil ließ man den Herstellern dagegen weitgehend freie Hand, um die erfolgreichste Variante herauszufinden. Die drei Züge wurden von Esslingen/BBC, MAN/SSW und MAN/AEG gebaut und als elT 1900 bis 1902 eingereiht. Später erhielten sie die Nummern ET 11 01 bis 03 a/b.
Die drei kurzgekuppelten Doppeleinheiten genügten den an sie gestellten Forderungen. Die Höchstgeschwindigkeit von 160 km/h wurde in nur 2 ½ Minuten erreicht. Dennoch kam es nicht zu einem Nachbau, während die dieselelektrischen Schnelltriebwagen in verschiedenen Ausführungen weiterbeschafft wurden (vgl. S. 154 f).
Die DRG setzte die Wagen ab Sommer 1936 auf der Strecke Stuttgart – München – Berchtesgaden im FDt-Dienst ein, schon ein Jahr später fiel der Abschnitt zwischen München und Berchtesgaden wieder weg. Eine Zeitlang liefen sie noch im Schnellzugdienst, bevor im Verlauf des Zweiten Weltkrieges ihr Einsatz dann erstmal beendet wurde.
Die DB übernahm alle drei Triebwagen. 1950 unterzog sie die Wagen einem Umbau, wobei die elektrische Ausrüstung vereinheitlicht wurde. Danach liefen sie bis 1957 fast ausschließlich im Gelegenheits- und Sonderverkehr. Am bekanntesten wurde ab 1957 die Leistung als »Münchner Kindl« von München über Stuttgart nach Frankfurt. Heimat-Bw war München Hbf, von einer kurzen Stationierung in Frankfurt abgesehen. Bei der DB war ein Zug im typischen Triebwagen-Rot mit teilweise schwarzer Stirnfront im Einsatz, während sie bei der DRG cremegelb (Dach: hellgrau, Schürze: zinnoberrot) lackiert waren.
Dem ständig steigenden Verkehrsaufkommen genügten die zweiteiligen ET 11 bald nicht mehr. Da sie zudem Einzelgänger waren, musterte die DB sie 1961 aus. Die Einheiten ET 11 02 a/b und 03 a/b standen in den AW's Stuttgart-Bad Cannstatt und München-Freimann, bis sie Anfang 1967 in München-Feldkirchen zerlegt wurden.
Besser traf es der ET 11 01 a/b, der ab dem 14. 5. 1964 als Bahndienstfahrzeug »München 5015« (Meßwagen A der elektrotechnischen Abteilung des Versuchsamtes München) wieder im Bestand geführt wurde. 1968

ET 11: 25.1.1956 (DB-Bildarchiv)

zeichnete die DB ihn in 723 001 um. Nach wie vor beim Bw München Hbf beheimatet wurde er am 5.8.1970 auf »Z« gestellt und am 25.2.1971 ausgemustert. Die Verschrottung blieb ihm erspart: Er zählt zum Bestand der DGEG-Fahrzeugsammlung in Neustadt an der Weinstraße.

Gebaute Stückzahl:	3 Einheiten									
Stückzahl am 1.1.:	60	61	62	63	64	65	66	67	68	69
Einheiten	3	3	–	–	–	–	–	–	–	–

DR-/DB-Betriebsnummern
bis 1967: **ET 11** 01–03 a/b
DB-Betriebsnummern
am 1.1.1960: **ET 11** 01– 03 a/b
Letzte Ausmusterung: 25.9.1961 **ET 11** 01 a/b Bw München Hbf

Technische Daten:
Achsanordnung: Bo'2' + 2'Bo'
Höchstgeschwindigkeit: 160 km/h
Dienstlast: **ET 11** 01: 104 Mp; **ET 11** 02: 108 Mp; **ET 11** 03: 114 Mp
Länge über Puffer: 43 585 mm
Dauerleistung: **ET 11** 01: 1250 kW bei 159 km/h; **ET 11** 02: 920 kW bei 143 km/h; **ET 11** 03: 920 kW bei 146 km/h
Anzahl der Motoren: 2 x 2
Sitzplätze: 77
Lieferer mechan. Teil: Esslingen, MAN
Lieferer elektr. Teil: AEG, BBC, SSW

Baureihe ET 51

Die guten Erfahrungen mit den 1933 für den Stuttgarter Vorortverkehr beschafften Elektrotriebwagen (vgl. Baureihe ET 65; Bd. »Stand 1.1.1980«, S. 119 ff) veranlaßten die DRG, ähnliche Fahrzeuge für das oberschlesische Netz zu bestellen, vor allem für die Strecke Hirschberg – Polaun. 1934 kamen vier dreiteilige Einheiten (später in ET 51 01–04, EB 51 01–04 und ES 51 11–14 umgenummert) zur Auslieferung. 1939 folgten vier weitere Einheiten (ET 51 11–14 und ES 51 01–04), die sich aber von den 1934 gebauten Zügen unterschieden: Sie waren nur zweiteilig, die Einzelwagen waren je rund zwei Meter länger, aber leichter. Zudem verfügten die Motorwagen der zweiten Lieferung (Reihe ET 51^{1}) über eine größere Zugkraft als die der ersten Bauserie (ET 51^{0}). Die Reihe ET 51^{0} war den Stuttgarter ET 65 recht ähnlich.
In den Bestand der BD Stuttgart gelangten vier Wagen des schlesischen Netzes, nämlich die in Stuttgart als »Iwan« bezeichnete Einheit ET 51 01 – EB 51 01 – ES 51 11 und zusätzlich der Beiwagen EB 51 04. Auch im Raum Leipzig kamen ET 51 zum Einsatz. Nach 1945 liefen fort noch kurzzeitig zwei Motorwagen (ET 51 03 und 14) mit einigen Bei- und Steuerwagen.
Die vier Wagen der DB waren beim Bw Esslingen beheimatet und liefen im Stuttgarter Vorortverkehr. Im Jahre 1960 entschloß sich die DB zu einer grundlegenden Modernisierung ihrer Nahverkehrs-Elektrotriebwagen. Vor allem Änderungen an der Stirnfront und der elektrischen Anlage waren nötig. Aber auch die Zusammenstellung der Einheiten überarbeitete man gründlich. Für die Reihen ET 25, ET 32^{2} und ET 55 baute man Steuer- zu Mittelwagen um, so daß jetzt dreiteilige Einheiten entstanden. Bei den ET 65 ersetzte man jeweils zwei kurzgekuppelte Beiwagen durch einen umgebauten B 4 yg-Reisezugwagen, womit auch die ET 65 zu dreiteiligen Einheiten wurden.
Im Rahmen dieser Umbauaktion glich man die vier schlesischen Wagen der Reihe ET 65 an, soweit das möglich war. So wurden 1961–1963 die Wagen EB 51 04, EB 51 01, ES 51 11 zu ES 65 031 bis ES 65 033 und 1962 der ET 51 01 zum ET 65 031. Zusammen mit den normalen ET 65 blieben sie weiterhin im Großraum Stuttgart eingesetzt.
465 031 wurde am 4. 7. 1977 Z-gestellt und am 25. 8. 1977 ausgemustert. Seine Zerlegung fand im Oktober 1978 im AW Karlsruhe statt. Als zum Winterfahrplan 1978/79 in Stuttgart der S-Bahn-Verkehr aufgenommen wurde, stellte die DB alle verbliebenen 465/865 – also auch die drei aus EB und ES 51 umgebauten Steuerwagen 865 631 bis 633 – am 2. 10. 1978 auf »Z« und löste die Bw-Außenstelle Esslingen auf.

ET 51 01: Esslingen (DB-Bildarchiv)

Gebaute Stückzahl: 8 Einheiten

Stückzahl am 1.1.:

	60	61	62	63	64	65	66	67	68	69
ET 51	1	1	1	–	–	–	–	–	–	–
EB 51	2	2	2	2	–	–	–	–	–	–
ES 51	1	1	–	–	–	–	–	–	–	–

DR-/DB-Betriebsnummern bis 1967:	**ET 51** 01–04, 11–14; **EB 51** 01–04; **ES 51** 01–04, 11–14
DB-Betriebsnummern am 1.1.1960:	**ET 51** 01; **EB 51** 01, 04; **ES 51** 11
Letzter Umbau:	16.3.1962 **ET 51** 01 in **ET 65** 031 Bw Esslingen 1963 **EB 51** 04, 01 in **ES 65** 031, 032 Bw Esslingen 1961 **ES 51** 11 in **ES 65** 033 Bw Esslingen

Technische Daten (nur Triebwagen Baureihe **ET 51**^{0}):

Achsanordnung:	Bo' Bo'
Höchstgeschwindigkeit:	90 km/h
Dienstlast:	60 Mp
Länge über Puffer:	20 300 mm
Dauerleistung:	664 kW bei 73 km/h
Anzahl der Motoren:	4
Sitzplätze:	63
Lieferer mechan. Teil:	Linke-Hofmann
Lieferer elektr. Teil:	BBC, Wasseg

Baureihe ET 174

Angeregt durch die guten Erfahrungen mit Einphasen-Wechselstrom (25 Hz 6 kV) auf der Berliner Vorortstrecke Niederschöneweide – Spindlersfeld, entschloß man sich 1904, auch in Hamburg Vorortstrecken mit dieser Stromspannung zu elektrifizieren, um den Betrieb schneller und wirtschaftlicher als mit Dampfzügen abwickeln zu können. 1907 wurde der elektrische Betrieb aufgenommen; bis 1910 standen bereits 88 Viertelzüge mit Holzaufbau im Einsatz, jeweils zwei kurzgekuppelte Abteilwagen (mit Führerständen), von denen einer mit Stromabnehmern für den Oberleitungsbetrieb versehen war.
Um dem gestiegenen Verkehr gerecht zu werden, beschaffte die Deutsche Reichsbahn von 1924 bis 1933 in drei Serien weitere 57 Viertelzüge. Auffälligster Unterschied dieser »Stahlwagen« war zu den ersten 88 Einheiten das Jakobs-Drehgestell, das beide Wagenteile miteinander verband.
Bereits 1940 begann in Hamburg der noch heute vorhandene Gleichstrombetrieb mit Stromschiene, und bis 1955 existierten Oberleitungs- und Stromschienenbetrieb noch nebeneinander. Während die »Holzwagen« zwischen 1942 und 1952 ausgemustert wurden, blieben die »Stahlwagen« bis 1955 im Einsatz. Diese Züge mit den Nummerm elT 1589 bis 1645 a/b führte die DB intern in ihren Bestandslisten als Baureihe ET 99. Nach Einstellung des Wechselstrombetriebes am 22. 5. 1955 baute man einen Teil dieser Züge in Steuer- bzw. Bauzugwagen um – einige existieren noch heute.
Bereits 1946 richtete man den elT 1520 a/b als Gepäcktriebwagen für die S-Bahn her, seine Ausmusterung erfolgte schon 1952. Da für den Gepäckdienst, den die Hamburger S-Bahn auch durchzuführen hatte, jedoch weiterhin speziell dafür geeignete Fahrzeuge benötigt wurden, baute die Nebenwerkstätte Hamburg-Ohlsdorf 1954 den elT 1643 a/b ebenfalls in einen Gepäcktriebwagen um und änderte die elektrische Anlage von Wechsel- auf Gleichstrom. Auffälligste Merkmale dieses Umbaus waren der Wegfall der beiden Dachstromabnehmer, der Ausbau sämtlicher Sitzbänke und Trennwände im Wageninneren und die neuen, mit fast 2,7 Metern sehr breiten Doppelschiebetüren. Trotz dieser Veränderungen blieb das charakteristische Aussehen der Abteilwagen mit Tonnendach erhalten.
Diesem als ET/ES 174 001 eingereihten Gepäckzug folgte 1957 ein zweiter: ET/ES 174 002 ex elT 1642 a/b. Bis 1966 waren die beiden Züge im Einsatz, dann wurde der Gepäckverkehr auf die Straße verlegt. Die HVB-Verfügung 25.252 Fau 801 vom 15. 3. 1967 brachte die Ausmusterung, und beide Züge wurden daraufhin im AW Hamburg-Harburg verschrottet. Lediglich die beiden Trieb- und ein Laufdrehgestell übernahm man in den Tauschbestand der Baureihe ET 171.

ET/ES 174 001: Bergedorf, März 1963 (H. Müller)

Gebaute Stückzahl:	2 Einheiten (aus Umbau)
Stückzahl am 1.1.:	60 61 62 63 64 65 66 67 68 69
Einheiten	2 2 2 2 2 2 2 2 – –
DB-Betriebsnummern bis 1967:	**ET/ES 174** 001, 002
DB-Betriebsnummern am 1.1.1960:	**ET/ES 174** 001, 002
Ausmusterungen:	15.3.1967 **ET/ES 174** 001, 002 Bw Hamburg-Ohlsdorf

Technische Daten:	
Achsanordnung:	Bo'2'2' mit Jakobs-Drehgestell
Höchstgeschwindigkeit:	60 km/h
Dienstlast:	ca. 65 Mp
Länge über Kupplung:	30 000 mm
Nennleistung:	290 kW bei 27 km/h
Anzahl der Motoren:	2
Sitzplätze:	–
Lieferer mechan. Teil:	Wismar, Umbau: Nebenwerkstätte Hamburg-Ohlsdorf
Lieferer elektr. Teil:	BBC

Baureihe ET 183

Durch Verstaatlichung der Lokalbahn AG in München am 1. 8. 1938 übernahm die DRG gleich fünf mit Gleichstrom elektrifizierte Nebenbahnen: Meckenbeuren – Tettnang, Türkheim – Bad Wörishofen, Bad Aibling – Feilnbach, München Isartalbahnhof – Höllriegelskreuth-Grünwald und die schmalspurige Strecke Ravensburg – Baienfurt. Mit den Strecken kamen auch die entsprechenden Fahrzeuge in den Bestand. Es waren insgesamt 21 Trieb- und 18 Beiwagen, denen die neuen Baureihenbezeichnungen ET 183 bis 186 und ET 194, 196, 197 sowie ES 183, 184, 186, 196 und 197 zugeteilt wurden.
Zu den übernommenen elf vierachsigen Triebwagen gehörten auch die Wagen ET 183 01 bis 05 (ex LAG 501 bis 505). Sie waren anläßlich der Aufnahme des elektrischen Betriebes auf der Isartalbahn zwischen München Isartalbahnhof und Höllriegelskreuth-Grünwald (15. 12. 1899) beschafft worden. Als EB 183 01 bis 03 reihte die DRG drei ebenfalls von MAN gebaute zweiachsige Beiwagen ein, von denen der letzte länger war und anders aussah.
Das Äußere der Triebwagen war recht ungewöhnlich. Für ihren Einsatz auf der Isartalbahn war die Möglichkeit eines schnellen Fahrgastwechsels nötig gewesen. Deshalb erhielten die Triebwagen außer den Endeinstiegen in der Fahrzeugmitte drei nebeneinander liegende, etwas zurückgesetzte Türen. Beim ET 183 05 entfernte man diese Mitteltüren später und ersetzte sie durch Schiebetüren bzw. ein weiteres Fenster, so daß man Fahrgastraum gewann. Auch die anderen vier Wagen mußten einige Umbauten über sich ergehen lassen, so z. B. Änderungen an der Stirnfront und neue Scherenstromabnehmer.
Die fünf ET 183 hatten folgende Schicksale: ET 183 01 wurde zum Beiwagen EB 183 01" umgebaut. Den ET 183 02 musterte die DB am 12. 11. 1953 aus. ET 183 03 und 04 waren bis Ende der 50er Jahre auf der südöstlich von München gelegenen Nebenbahn Bad Aibling – Feilnbach im Einsatz. Nach Einstellung des Gleichstrombetriebes wurden sie zusammen mit dem dreiachsigen ET 186 02 am 12. 7. 1959 ausgemustert. Diese beiden ET 183 fielen 1964 in München dem Schneidbrenner zum Opfer. Der nach seinem Umbau von den anderen Wagen äußerlich abweichende ET 183 05 schließlich kam nach Einsatz auf der Feilnbacher Strecke um 1949 zur Linie Meckenbeuren – Tettnang, wo er sich mit ET 185 01 (siehe S. 138 f) bis zur Aufgabe des elektrischen Betriebes am 31. 12. 1962 den Plandienst teilte. Nach jahrelanger Abstellzeit in seinem früheren Heimat-Bw Friedrichshafen steht er heute zusammen mit 97 504 im Bw Kornwestheim, wo er für eine geplante museale Erhaltung verwahrt wird.

ET 183 05: Bf Meckenbeuren, 1.2.1962 (W. Doh)

Gebaute Stückzahl:	5
Stückzahl am 1.1.:	60 61 62 63 64 65 66 67 68 69
	1 1 1 – – – – – – –
DR-/DB-Betriebsnummern bis 1967:	**ET 183** 01–05
DB-Betriebsnummer am 1.1.1960:	**ET 183** 05
Letzte Ausmusterung:	28.3.1962 **ET 183** 05 Bw Friedrichshafen

Technische Daten:

Achsanordnung:	(1A)(A1)
Höchstgeschwindigkeit:	50 km/h
Dienstlast:	29 Mp
Länge über Puffer:	17 374 mm
Dauerleistung:	64 kW bei 44 km/h
Anzahl der Motoren:	2
Sitzplätze:	82
Lieferer mechan. Teil:	MAN
Lieferer elektr. Teil:	BBC, SSW

Baureihe ET 185

Die Lokalbahn von Meckenbeuren nach Tettnang gilt als die erste vollspurige Bahn des öffentlichen Verkehrs mit elektrischem Betrieb. Seit der Streckeneröffnung am 4. Dezember 1895 wurde mit 650 Volt Gleichstrom gefahren. Zum Bau der Bahnlinie kam es, weil die Stadt Tettnang beim Bau der Hauptbahn Ulm – Friedrichshafen nicht berücksichtigt werden konnte. Um dennoch Anschluß an das Schienennetz zu erhalten, wandte man sich an die Lokalbahn AG München, die eine gut vier Kilometer lange Verbindungsbahn nach Meckenbeuren an der Strecke Ulm – Friedrichshafen baute. Obwohl diese Lokalbahn recht sparsam ausgeführt war, entschloß man sich gleich zum elektrischen Betrieb, da ein Wasserkraftwerk bereits vorhanden war.
Zur Betriebseröffnung 1895 stellte die LAG zwei kleine Triebwagen mit den Nummern 360 und 361 sowie einen Beiwagen mit der Nummer 362 in Dienst. Zu diesen drei zweiachsigen Fahrzeugen gesellte sich später noch ein weiterer Beiwagen mit der Nummer 30. Die DRG übernahm 1938 die Fahrzeuge als ET 184 41, 42 und EB 184 41, 42. Obwohl diese Wagen nach dem Zweiten Weltkrieg keine Rolle mehr für die Bahn spielten, schied der zuletzt noch als Arbeitswagen eingesetzte ET 184 41 erst am 9. 2. 1959 aus dem Bestand.
Ende der 30er Jahre kam der vierachsige, 1906 von MAN und SSW gebaute Triebwagen 772 auf die Lokalbahn und wurde von der DRG als ET 185 01 eingereiht. Der Wagen war mit knapp 15 Metern für einen Vierachser relativ kurz und verfügte neben drei Fahrgasträumen auch über einen in der Mitte liegenden Gepäckraum mit seitlichen Schiebetüren. Zwei Tatzlagermotoren trieben zwei der vier Achsen (je Drehgestell eine) an. Der ET 185 01 verfügte ursprünglich über einen Stromabnehmer in der Mitte, später erhielt er aber zwei Scherenstromabnehmer.
Nach dem Zweiten Weltkrieg ruhte der elektrische Betrieb. Als er etwa 1949 wieder aufgenommen wurde, stand mit dem ET 183 05 ein zweiter vierachsiger Triebwagen zur Verfügung. Wochenweise wechselten sich die beiden Triebwagen ab, die unzutreffend als ET 18 305 und ET 18 501 beschriftet waren, und waren sowohl als Personenzüge als auch vor Güterzugwagen zu sehen. Für den Personenverkehr stand noch der EB 184 51 zur Verfügung, ein zweiachsiger Beiwagen, der aus einem Dieseltriebwagen der Kreis Oldenburger Eisenbahn umgebaut worden war.
Am 1. 2. 1962 übernahmen Schienenbusse den Verkehr auf der Strecke. Umfangreiche Renovierungsarbeiten an der Oberleitung lohnten sich ebensowenig wie die Umstellung dieses Inselbetriebes auf Wechselstrom. Daher schieden die drei noch vorhandenen Fahrzeuge am 28. 3. 1962 aus dem Bestand aus und wurden bis auf ET 183 05 verschrottet.

ET 185 01: Tettnang, 15. 5. 1959 (Dr. G. Scheingraber)

Gebaute Stückzahl:	1										
Stückzahl am 1. 1.:		60	61	62	63	64	65	66	67	68	69
	ET 185	1	1	1	–	–	–	–	–	–	–
	EB 184	1	1	1	–	–	–	–	–	–	–

DR-/DB-Betriebsnummern bis 1967: **ET 185** 01; **EB 184** 51

DB-Betriebsnummern am 1. 1. 1960: **ET 185** 01; **EB 184** 51

Ausmusterungen: 28. 3. 1962 **ET 185** 01, **EB 184** 51 Bw Friedrichshafen

Technische Daten (nur Triebwagen):

Achsanordnung:	(1A)(A1)
Höchstgeschwindigkeit:	40 km/h
Dienstlast:	25 Mp
Länge über Puffer:	14 750 mm
Dauerleistung:	64 kW bei 35 km/h
Anzahl der Motoren:	2
Sitzplätze:	44
Lieferer mechan. Teil:	MAN
Lieferer elektr. Teil:	SSW

Baureihe ET 195

So ungewöhnlich wie die Straßenbahnwagen der Baureihe ET 195 selbst ist auch ihre Geschichte. Gebaut für die schmalspurige DB-Strecke Ravensburg - Weingarten - Baienfurt Ort mit Straßenbahncharakter, gelangten diese beiden Triebwagen zuerst in die Niederlande und laufen heute in Österreich.
Die Düsseldorfer Waggonfabrik AG hatte 1952 für die Vestischen Straßenbahnen vierachsige Zweirichtungs-Großraumwagen entwickelt. Zwei ähnliche Elektrotriebwagen baute DÜWAG 1954 für die elektrische Meterspurstrecke Ravensburg - Baienfurt, weil die hier eingesetzten alten Triebwagen der Reihen ET 196 und 197 (siehe dort) dem Verkehr nicht mehr genügten. Ähnliche Fahrzeuge, allerdings mit zusätzlichem Mitteleinsteig, lieferte DÜWAG u. a. auch an Straßenbahnen in Düsseldorf, Hannover, Mönchengladbach und Neuß sowie an die Herforder Kleinbahn.
Die beiden von der DB beschafften Wagen verfügten nur über je einen Gleichstrom-Reihenschlußmotor, der eines der beiden Drehgestelle antrieb. Die Wagen hatten zwar zwei Führerstände, die beiden Türen befanden sich aber nur auf einer Seite. Der Betrieb in Doppeltraktion war üblich.
Am 1. 7. 1959 stellte die DB den Betrieb auf Bahnbusse um. Zwei Jahre später erfolgte offiziell die Ausmusterung der beiden grünen ET 195. Da sie damals noch relativ neu waren, suchte die DB einen Käufer. Im Dezember 1962 erwarb die Rotterdamsche Tramweg Maatschappij (RTM) die Triebwagen für ihre beiden Strecken nach Hellevoetsluis und Oostvoorne. Dafür mußte sie die Wagen aber erheblich umbauen. Zum einen fuhr die RTM auf der Kapspur von 1067 mm, so daß eine Umspurung nötig wurde; zum anderen waren die RTM-Strecken nicht elektrifiziert. Um die elektrische Anlage der bei der DB mit 750 Volt Gleichstrom betriebenen Fahrzeuge nutzen zu können, gab die RTM einen äußerlich ähnlichen dritten Wagen bei der Maschinenfabrik Hoogeveen in Auftrag. Dieses Fahrzeug war ein nichtangetriebener Dieselgeneratorwagen und wurde als M 17.00 bezeichnet. Die beiden ET 195 erhielten nach dem Umbau (Umspurung, Entfernen der Dachstromabnehmer) die Nummern M 17.01 und 17.02. Es war sowohl der Betrieb des Generatorwagens mit einem wie auch mit zwei ehemaligen ET 195 möglich.
Der Einsatz des Gespanns dauerte in den Niederlanden nur von Ende 1963 bis 1966. Dann waren die Wagen wegen Streckenschließung schon wieder arbeitslos. Noch 1966 erwarb die Zillertalbahn in Österreich alle drei Wagen. Die Umspurung auf 760 mm Spurweite bereitete allerdings große Schwierigkeiten und machte größere Umbauten erforderlich. Seit 1972 läuft der Zug nun als VT 1 zwischen Jenbach und Mayrhofen, wobei der Generatorwagen stets in der Mitte eingestellt ist.

ET 195: Ravensburg, 1954 (W. Doh)

Gebaute Stückzahl:	2 (nur DB-Fahrzeuge)
Stückzahl am 1.1.:	60 61 62 63 64 65 66 67 68 69
	2 2 – – – – – – – –
DB-Betriebsnummern bis 1967:	**ET 195** 001, 002
DB-Betriebsnummern am 1.1.1960:	**ET 195** 001, 002
Ausmusterungen:	30.6.1961 **ET 195** 001, 002 Bw Friedrichshafen

Technische Daten:

Achsanordnung:	B'2'
Höchstgeschwindigkeit:	60 km/h
Dienstlast:	16 Mp
Länge über Kupplung:	15 040 mm
Stundenleistung:	100 kW bei 42 km/h
Anzahl der Motoren:	1
Sitzplätze:	34
Lieferer mechan. Teil:	DÜWAG
Lieferer elektr. Teil:	Kiepe

Baureihe ET 196

1938 übernahm die DRG die Strecken und Fahrzeuge der verstaatlichten Münchener Lokalbahn-AG (LAG). Neben verschiedenen anderen elektrifizierten Strecken handelte es sich dabei auch um die meterspurige Linie von Ravensburg über Weingarten nach Baienfurt Ort. Diese Bahn war schon 1888 in Betrieb genommen worden, der elektrische Verkehr wurde aber erst am 1. 9. 1910 eröffnet. Die Strecke hatte zunächst den Charakter einer Überlandstraßenbahn, durch die starke Ausdehnung der Gemeinden nach dem Zweiten Weltkrieg bekam sie aber immer mehr das Aussehen einer innerstädtischen Straßenbahn. Damit wurde auch der Betrieb in den engen Straßen immer schwieriger, was schließlich zur Einstellung des Schienenverkehrs am 1. 7. 1959 führte.
Für diese Strecke hatte die LAG 1908 bis 1910 fünf vierachsige Triebwagen beschafft, denen sie die Nummern 800 bis 804 gab. Die von der Maschinenfabrik Esslingen im mechanischen und SSW im elektrischen Teil gelieferten Triebwagen besaßen außer den Endeinstiegen einen weiteren in der Mitte, um einen schnellen Fahrgastwechsel zu ermöglichen. Die zwei reihenparallel geschalteten Fahrmotoren gaben ihre Leistung mittels Tatzantrieb auf die jeweils außen liegende Achse der beiden Drehgestelle ab. Mit der SSW-Fahrschaltersteuerung standen neun Anfahr- und zwei Dauerfahrstufen zur Verfügung. Die Triebwagen waren ursprünglich in der Wagenmitte mit einem Scherenstromabnehmer für die 750 Volt-Gleichstrom-Oberleitung ausgestattet, später installierte man aber zwei Stromabnehmer an den Enden.
Ein Jahr vor der Verstaatlichung beschaffte die LAG unter den Nummern 921 und 922 noch zwei vierachsige, zu den Triebwagen passende Beiwagen bei der Maschinenfabrik Esslingen. Alle sieben Vierachser (fünf Trieb- und zwei Beiwagen) wurden, wie auch die zweiachsigen Fahrzeuge, von der DRG übernommen und als ET 196 01 bis 05 sowie EB 196 01 und 02 eingereiht. Sie verblieben auf ihrer Stammstrecke.
Einen Monat vor Einstellung des Zugverkehrs auf der Strecke Ravensburg – Baienfurt, also am 1. 6. 1959, stellte die DB ihre Fahrzeuge dieser Linie bis auf die beiden ET 195 auf »Z«. Vorhanden waren zu diesem Zeitpunkt an Vierachsern noch alle fünf ET 196 und einer der beiden EB 196 sowie natürlich die zwei ET 195. Es dauerte dann aber noch zwei Jahre, bis die DB ihre ET 196 und den EB 196 ausmusterte. Die Fahrzeuge, die buchmäßig dem Bw Friedrichshafen zugeteilt waren, wurden alle verschrottet. Ihre früheren Dienste übernahmen Bahnbusse.

ET 196 01: Ravensburg, 7. 6. 1954 (Dr. G. Scheingraber)

Gebaute Stückzahl:		5									
Stückzahl am 1. 1.:		60	61	62	63	64	65	66	67	68	69
	ET 196	5	5	–	–	–	–	–	–	–	–
	EB 196	1	1	–	–	–	–	–	–	–	–

DR-/DB-Betriebsnummern bis 1967: **ET 196** 01–05; **EB 196** 01, 02
DB-Betriebsnummern am 1. 1. 1960: **ET 196** 01–05; **EB 196** 02
Letzte Ausmusterungen: 23. 5. 1961 **ET 196** 01–05; **EB 196** 02 Bw Friedrichshafen

Technische Daten (nur Triebwagen):

Achsanordnung:	(A 1)(1 A)
Höchstgeschwindigkeit:	30 km/h
Dienstlast:	18 Mp
Länge über Kupplung:	13 160 mm
Dauerleistung:	46 kW bei 30 km/h
Anzahl der Motoren:	2
Sitzplätze:	48
Lieferer mechan. Teil:	Esslingen
Lieferer elektr. Teil:	SSW

Baureihe ET 197⁰

Als dritte Fahrzeugbaureihe der Meterspurstrecke Ravensburg – Weingarten – Baienfurt Ort ist der ET 197 01 zu nennen. Genaugenommen stellt dieser Wagen die Baureihe ET 197^0 dar, denn es gab bei der DRG noch zwei weitere Gleichstrom-Triebwagen mit 1000 mm Spurweite, die die Baureihe ET 197^2 bildeten. Diese beiden Wagen (ET 197 21 und 22) waren in Sachsen auf der mit 650 Volt Gleichstrom elektrifizierten Strecke von Klingenthal nach Sachsenberg-Georgenthal eingesetzt. Damit kamen sie nach dem Zweiten Weltkrieg zur DR und wurden 1957 ausgemustert.
Nach der Beschaffung von vierachsigen Triebwagen (vgl. Baureihe ET 196) erwarb die Lokalbahn-AG in München 1914 noch einen zweiachsigen Wagen für ihre Linie von Ravensburg nach Baienfurt. Dieses Fahrzeug war dem straßenbahnähnlichen Betrieb angepaßt. Geliefert wurde das kleine Fahrzeug mit der Betriebsnummer 875 im wagenbaulichen Teil wiederum von der Maschinenfabrik Esslingen, die elektrische Ausrüstung dagegen stammte von der Maschinenfabrik Oerlikon in der Schweiz.
Wie auch die vierachsigen Triebwagen dieser Linie verfügte dieses Fahrzeug über zwei reihenparallel geschaltete Gleichstrommotoren, die mittels Tatzantrieb ihre Leistung auf die beiden Achsen abgaben. Identisch war der Wagen mit den Vierachsern auch in der Steuerung: eine einfache SSW-Fahrschaltersteuerung mit neun Anfahr- und zwei Dauerfahrstufen. Führerstände und Endausstiege waren eingezogen, dazwischen lag der dreifach unterteilte Fahrgastraum.
Wegen seiner geringen Kapazität (30 Sitzplätze) lief der Wagen häufig als Vorzug oder diente als Reserve. Passend zu dem Triebwagen hatte die LAG noch drei Beiwagen mit den Nummern 832 bis 834 im Bestand, die ebenfalls von Esslingen gebaut wurden. Ihr Baujahr wird allerdings schon mit 1910 angegeben. Sechs weitere Beiwagen standen für die Strecke außerdem noch zur Verfügung – sie waren wesentlich älter (1888 von MAN gebaut) und wiesen keinerlei Ähnlichkeit zu den anderen Fahrzeugen dieser Bahnlinie auf.
Mit Verstaatlichung der LAG ging der Triebwagen 875 als ET 197 01 in den Bestand der Deutschen Reichsbahn über. Die drei passenden Beiwagen erhielten die Nummern EB 197 05 bis 07, während die sechs älteren als EB 197 01 bis 04 sowie 11 und 12 (diese letzten beiden Wagen verfügten über ein Postabteil) eingereiht wurden.
Erst mit Umstellung der Strecke auf Omnibusbetrieb schied der ET 197 aus dem Betriebsdienst aus. Er wurde, genau wie auch die fünf ET 196 und sämtliche noch vorhandenen Beiwagen, am 1.6.1959 Z-gestellt, zwei Jahre später ausgemustert und schließlich verschrottet.

ET 197 01: Weingarten, 29. 5. 1959 (Dr. G. Scheingraber)

Gebaute Stückzahl: 1

Stückzahl am 1. 1.:

	60	61	62	63	64	65	66	67	68	69
ET 197	1	1	–	–	–	–	–	–	–	–
EB 197	7	7	–	–	–	–	–	–	–	–

DR-/DB-Betriebsnummern bis 1967: **ET 197** 01; **EB 197** 01–07, 11, 12

DB-Betriebsnummern am 1. 1. 1960: **ET 197** 01 und sieben **EB 197**

Letzte Ausmusterungen: 23. 5. 1961 **ET 197** 01 und sieben **EB 197** Bw Friedrichshafen

Technische Daten (nur Triebwagen):

Achsanordnung:	Bo
Höchstgeschwindigkeit:	30 km/h
Dienstlast:	13 Mp
Länge über Kupplung:	9 360 mm
Dauerleistung:	36 kW bei 30 km/h
Anzahl der Motoren:	2
Sitzplätze:	30
Lieferer mechan. Teil:	Esslingen
Lieferer elektr. Teil:	Oerlikon

Akkumulatortriebwagen

Baureihe ETA 177, ETA 178, ETA 180

Bereits in den 80er Jahren des 19. Jahrhunderts unternahmen Straßenbahngesellschaften Versuche mit Akkumulatortriebwagen. Ab 1894 wurden solche Wagen auch im Eisenbahnbetrieb erprobt. Anfangs baute man normale Personenwagen in Akkumulatortriebwagen um, die jedoch Einzelstücke blieben. Erst die KPEV begann 1907, Akkutriebwagen in größerer Stückzahl für ihre wenig befahrenen Nebenstrecken zu bauen: die zweiteiligen Wittfeld-Triebwagen. Zwischen 1908 und 1914 wurden insgesamt 170 Doppelwagen dieser Bauart beschafft, 7 davon für Elsaß-Lothringen.
Die ersten Wittfeld-Doppelwagen hatten die Achsfolge 1 A + A 1, die späteren erhielten dann jedoch eine zusätzliche Laufachse unter dem Batterievorbau, um den Achsdruck zu verringern; die Achsfolge hieß demzufolge 2 A + A 2. Die Wagen waren in der Regel mit zwei Gleichstromreihenschlußmotoren (Hauptstrommotoren) ausgerüstet, deren Leistung mittels Tatzlagerantrieb umgesetzt wurde. Für die Steuerung fand eine Fahrschalter-Steuerung Verwendung. Von einigen Versuchen mit Stahlbatterien abgesehen, blieb man bei den schweren Bleibatterien, die aber laufend verbessert und verstärkt wurden, so daß der anfängliche Fahrbereich von 100 km bald auf bis zu 300 km erhöht werden konnte.
Die zweiteiligen Wittfeld-Triebwagen wurden bei der KPEV mit den Doppelnummern AT 223/224 ... AT 579/580 versehen. Die Deutsche Reichsbahn kehrte nach einem Umnummerungsversuch bald zu diesen Nummern zurück. Erst die DB führte 1948 ein neues Nummernsystem für die jetzt als ETA (Elektrische Triebwagen mit Akkumulator) bezeichneten Wittfeld-Doppelwagen ein.
Von den 170 gebauten Einheiten verblieben nach dem Zweiten Weltkrieg bei der DR in der DDR knapp 40 Wittfeld-Doppelwagen, die bis Ende 1950 abgestellt und verschrottet oder in kurzgekuppelte Reisezugwagen umgebaut wurden. Auch in Polen verblieben einige Wittfeld-Doppelwagen. Ein Teil davon wurde in Turmtriebwagen umgebaut, der letzte erst 1972 ausgemustert. Von einigen Wagen ist die Weiterverwendung als Bauzugwagen bis mindestens 1976 bekannt.
Bei der DB waren nach Ausmusterung der völlig zerstörten Wagen 62 Wittfeld-Doppeltriebwagen übrig. Nur ein Bruchteil davon war betriebsfähig. Ab 1949 wurden fast alle Wagen im AW Limburg (Lahn) generalüberholt. Die Untergestelle und Wagenkästen wurden aufgearbeitet und z. T. erneuert. Die alten Batterien tauschte man gegen leistungsfähigere und kleinere, so daß auch der Vorbau etwas niedriger gehalten werden

konnte, um die Streckensicht zu verbessern. Außerdem modernisierte man die Führerstände. Die elektrische Ausrüstung und die Verkabelung wurden vollständig erneuert. Auch an Beleuchtung, Kurzkupplung, Bremse, der Inneneinrichtung und vor allem am Laufwerk wurden viele Arbeiten durchgeführt, um den Fahrkomfort dieser als »Heulbojen« apostrophierten Züge zu verbessern.
Die Triebwagen mit SSW-Schützensteuerung erhielten z. T. neue Motoren und wurden 1949/50 (1952 und 1954 folgte je ein weiterer) als ETA 178 eingereiht, während man die übrigen Wagen mit alten Motoren und Fahrschalter-Steuerung als ETA 180 bezeichnete. Von September 1950 bis Februar 1952 wurden 26 ETA 180 ebenfalls modernisiert und mit Schaltwalzensteuerung, Anfahrautomatik und neuen Motoren ausgerüstet, sie wurden dann als ETA 177 bezeichnet. Somit hatte die DB drei Baureihen von Wittfeld-Doppelwagen im Bestand:

ETA 177 (001–026), Umbau 1950–52 (ex ETA 180): Schaltwalzensteuerung, Anfahrautomatik und Vielfachtraktion, 2 Fahrmotoren GBM 700

ETA 178 (001–016), Umbau 1949/50 und 1952/54: Schützensteuerung, Vielfachtraktion, 2 Fahrmotoren GBM 700 y oder DX 1001 a

ETA 180 (001–021), Fahrschaltersteuerung, 2 Fahrmotoren STR IV

Schon vor dem Krieg liefen die Wittfeld-Doppelwagen bei Bedarf mit Anhängern. Hierzu setzte man normale Reisezugwagen ein, vor allem aber VB 140. Ab 1949 wurden die Beiwagen für die ETA als EBA 177 eingereiht. Nach ihrem Umbau waren die ETA 177 und 178 auch für Vielfachtraktion und Betrieb mit Steuerwagen eingerichtet. 1952–54 erfolgte daher bei einigen Beiwagen der Umbau zu Steuerwagen (als ESA 177 001, 002, 011–025 und ESA 178 001–006 bezeichnet).
Im April 1955 und im Mai 1958 wurde bei 15 ETA 177, neun EBA 177, neun ETA 178 und allen ETA 180 das 2. Klasse-Abteil (ab 1956 1. Klasse) aufgehoben. Außer bei den ETA 180 änderte man bei diesen Wagen die Hunderterstelle der Betriebsnummer von 0 in 1. Insgesamt wurden die Wittfeld-Doppelwagen im Laufe ihrer Dienstzeit bis zu sechsmal umgezeichnet.
Die Wittfeld-Doppelwagen waren stets auf viele verschiedene Stützpunkte verteilt. Nachdem bei der DB 1952 die ersten Neubau-ETA der Reihe 176 und zwei Jahre später die der Reihe 150 erschienen, verdrängten diese die Altbau-ETA mehr und mehr. Ab 1958 begannen die Ausmusterungen in größerem Rahmen. Am 1. 1. 1960 waren noch 23 ETA 177, drei ETA 178 und fünf ETA 180 im Bestand. In diesem Jahr endete für die Wittfeld-Doppelwagen auch der Einsatz im Reisezugdienst bei den letzten Stützpunkten Recklinghausen, Essen Hbf, Uelzen, Hildesheim, Kassel, Worms, Kaiserslautern und München Ost. Die noch vorhandenen Wagen wurden, soweit man sie nicht ausmusterte, im Arbeitszugdienst eingesetzt, um die Batterien abzufahren. In diesen Diensten waren sie ab 1960 noch für einige Jahre in Hagen, Düsseldorf, Duisburg, Oberlahnstein, Worms und Kaiserslautern stationiert. Alle wurden nach ihrer Ausmusterung verschrottet, als letzter ETA 178 102 etwa 1967 in Mülheim-Speldorf.

Gebaute Stückzahl:		170 Einheiten (Wittfeld-Doppelwagen)									
Stückzahl am 1.1.:		60	61	62	63	64	65	66	67	68	69
Einheiten	ETA 177	24	14	10	6	1	–	–	–	–	–
	ETA 178	3	1	1	–	–	–	–	–	–	–
	ETA 180	5	3	2	–	–	–	–	–	–	–

DB-Betriebsnummern bis 1967: **ETA 177** 001–026 a/b (ab 1956/58 z. T. 101 a/b ff)
ETA 178 001–016 a/b (ab 1956/58 z. T. 102 a/b ff)
ETA 180 001–021 a/b (bis 1952: **ETA 180** 001–040, 101–108 a/b)

DB-Betriebsnummern am 1. 1. 1960: **ETA 177** 003, 005, 006, 008, 013, 014, 016, 018, 020, 023, 025, 101, 102, 104, 109–112, 115, 117, 119, 121, 122, 124 a/b
ETA 178 011, 102, 112 a/b
ETA 180 004, 009, 013, 014, 016 a/b

Letzte Ausmusterungen: 12. 11. 1962 **ETA 178** 102 a/b Bw Oberlahnstein
ETA 180 009, 013 a/b Bw Kaiserslautern
21. 2. 1964 **ETA 177** 112 a/b Bw Düsseldorf Hbf

Technische Daten :

Achsanordnung: 2 A + A 2
Höchstgeschwindigkeit: 75 km/h (**ETA 178, ETA 180:** 70 km/h)[1]
Dienstlast: 64–69 Mp
Länge über Puffer: 26 020/26 032 mm
Stundenleistung: **ETA 177:** 192 kW bei 35 km/h
ETA 178: 172 kW bei 27 km/h[1]
ETA 180: 140 kW bei 34 km/h
Anzahl der Motoren: 2
Sitzplätze: 80
Lieferer mechan. Teil: Gastell, Linke-Hofmann, VdZ & C, Wumag
Lieferer elektr. Teil: AEG, BBC, Bergmann, Lahmeyer, Maffei-Schw., SSW

[1] Daten für **ETA 178** 003, 005, 015, 016 wie für **ETA 177**

Stückzahl am 1.1.:		60	61	62	63	64	65	66	67	68	69
	EBA 177	30	6	2	1	1	1	–	–	–	–
	ESA 177	15	3	2	2	–	–	–	–	–	–
	ESA 178	3	2	1	–	–	–	–	–	–	–

ETA 177 019: München Ost, Winter 1954 (Dr. G. Scheingraber)

ETA 178 006: Bad Schwalbach, 17. 9. 1958 (H. Hillebrand)

ETA 180 013: Bf Niederhausen, 23. 5. 1963 (O. Blaschke)

DB-Betriebsnummern bis 1967:	**EBA 177** 001–012, 021–028, 031–044; **EBA 177** 061–074, 077, 091, 092 (1952–54 Umbau in **ESA 177** 011–021, **ESA 178** 001–006)
	ESA 177 001, 002, 011–025 (ab 1956 z. T. 101 ff)
	ESA 178 001–006 (**ESA 178** 003 1958 Umbau in **ESA 177** 103)
DB-Betriebsnummern am 1. 1. 1960:	**EBA 177** 001–012, 021–028, 031, 033–036, 038, 039, 041–043
	ESA 177 011, 012, 015, 016, 018, 019, 101–103, 117, 120–122, 124, 125
	ESA 178 001, 002, 005
Letzte Ausmusterungen:	12. 1965 **EBA 177** 009
	7. 1963 **ESA 177** 124, 125
	3. 1962 **ESA 178** 005

Baureihe ETA 178 051

Die guten Erfahrungen der KPEV mir den Wittfeld-Doppelwagen weckten den Wunsch nach einer Ausdehnung des Einsatzes von Akkumulatortriebwagen. Dabei gab es jedoch zwei Hauptprobleme zu lösen. Zum einen war die Kapazität der Batterien begrenzt, was zu einem beschränkten Aktionsradius und häufigen Betriebspausen zum Nachladen der Züge führte, zum anderen war das Platzangebot der Wittfeld-Doppelwagen mitunter zu gering. Zur Lösung des Batterie-Problems entwickelte man Akkumulator-Tender, die auf Unterwegsbahnhöfen getauscht werden konnten. Es kam aber nur zum Bau eines solchen vierachsigen Tenders, der mit einem dreiteiligen Akkumulator-Triebwagen beim Bw Güsten lief. Auch geplante Fernverbindungen wie etwa Bremen – Basel mit Akku-Triebwagen und -Tendern wurden nie realisiert.
Das Problem des zu geringen Platzangebotes war leichter zu lösen, indem man Wittfeld-Doppelwagen mit Einschaltwagen (Mittelwagen) baute. Hierbei gab es zwei unterschiedliche Bauarten: Die ersten beiden Züge hatten einen kurzen Mittelwagen (9,5 m Länge), die übrigen sechs einen etwas längeren (12,65 m Länge). Alle acht Einheiten wurden 1913/14 geliefert. 1916 folgten noch fünf Züge mit Edison-Batterien und 1921 der Speichertenderzug; diese sechs dreiteiligen Einheiten gehörten jedoch nicht zur Bauart Wittfeld.
Die dreiteiligen Wittfeldwagen unterschieden sich im wesentlichen nur durch den Mittelwagen, in dem die beiden Motoren untergebracht waren. Die Akkumulatoren blieben jedoch wie bei den Doppelwagen in den beiden langen Vorbauten. Motoren, Batterien und Steuerung (Fahrschalter- bzw. Schützensteuerung) waren mit den Doppelwagen identisch.
Von den acht dreiteiligen Wittfeldwagen gingen vier durch Kriegseinwirkungen bis 1945 verloren, drei kamen zur DR (wo zwei in Reisezugwagen umgebaut wurden) und einer (AT 535/0535/536) zur DB. Er wurde als ETA 178 051 eingereiht, da er wie die zweiteiligen ETA 178 über Schützen-Steuerung verfügte.
1953 wurde der Zug umgebaut und aufgearbeitet. Die ausgeführten Arbeiten entsprachen denen bei den übrigen Altbau-ETA, lediglich auf die Einrichtung für Vielfachtraktion verzichtete man bei dem Einzelstück. Der Zug war seit 1927 bei der Direktion Essen eingesetzt. Nach dem Zweiten Weltkrieg war er bis 1949 in Kettwig, danach in Duisburg Hbf stationiert und fuhr zunächst auf der Strecke Duisburg Hbf – Kettwig-Stausee, später zwischen Duisburg Hbf und Duisburg-Wedau, bis er im Oktober 1960 ausgemustert wurde.

ETA 178 051: Essen-Baldeney, 1954 (M. van Kampen)

Gebaute Stückzahl:	8 Einheiten (dreiteilige Wittfeld-Wagen)
Stückzahl am 1. 1.:	60 61 62 63 64 65 66 67 68 69
Einheiten	1 – – – – – – – – –
DB-Betriebsnummern bis 1967:	**ESA 178** 051 a + **ETA 178** 051 + **ESA 178** 051 b
DB-Betriebsnummern am 1. 1. 1960:	**ESA 178** 051 a + **ETA 178** 051 + **ESA 178** 051 b
Letzte Ausmusterung:	28. 10. 1960 **ESA** a + **ETA** + **ESA** b **178** 051 Bw Duisburg Hbf

Technische Daten:

Achsanordnung:	3 + Bo + 3
Höchstgeschwindigkeit:	75 km/h
Dienstlast:	78 Mp
Länge über Puffer:	36 340 mm
Stundenleistung:	192 kW bei 35 km/h
Anzahl der Motoren:	2
Sitzplätze:	124
Lieferer mechan. Teil:	VdZ & C, Wumag
Lieferer elektr. Teil:	Bergmann, SSW

Baureihe ETA 179

Dank des zuverlässigen Einsatzes von Wittfeld-Triebwagen entschloß sich die Deutsche Reichsbahn, Akkumulatortriebwagen nachzubauen. 1926 bis 1928 wurden 18 Doppelwagen der Bauart Reichsbahn beschafft, die die Nummern AT 581/582 bis AT 615/616 trugen. Die Reichsbahn-Triebwagen wiesen gegenüber den Wittfeld-Wagen einige konstruktive Verbesserungen auf, deren auffälligste die Plazierung der Batterien war. Sie wurden nur noch zu einem kleinen Teil im Vorbau eingesetzt, wodurch dieser erheblich verkürzt werden konnte. Die meisten Batteriezellen konnten seitlich an den Längsträgern des Rahmens untergebracht werden. Durch die gleichmäßigere Gewichtsverteilung war es nun auch möglich, die drei Achsen jedes Wagenteils in gleichem Abstand anzuordnen. Von den Batterien, den Motoren und der Steuerung her unterschieden sich die Akkumulatortriebwagen der Bauart Reichsbahn nicht von den Wittfeld-Doppelwagen. Es wurden drei verschiedene Motoren verwendet, am häufigsten der Motor Dx 1001 a von SSW. Die ersten beiden Reichsbahnwagen erhielten Schützensteuerung, die übrigen die normale Fahrschaltersteuerung.

Die beiden ersten Wagen (mit Schützensteuerung) mußten im Oktober 1943 als Kriegsverluste ausgemustert werden. Von den übrigen 16 Einheiten kamen fünf zur DR und elf zur DB. Bei der DR wurden vier Doppelwagen 1953 wieder aufgearbeitet und erst 1965 (AT 591/592) und Ende 1968 (AT 587/588, 589/590, 613/614) ausgemustert. Bei der DB reihte man alle elf Einheiten als Reihe ETA 179 ein; größere Umbauten wie bei den Wittfeld-Wagen waren hier nicht nötig. Lediglich der 1944 schwer unfallbeschädigte ETA 179 005 machte umfassende Arbeiten notwendig. Führerstände und Vorbauten wurden verbessert und erhielten eine modernere Form, außerdem baute die DB sechs zusätzliche Batteriezellen ein, wodurch die Leistung etwas gesteigert werden konnte.

Da es bereits bei der Umzeichnung 1948 vier Einheiten ohne 2. Klasse-Abteil (ab 1956 1. Klasse) gab, erhielten sie die Nummern ETA 179 101–104, die übrigen reihte man als ETA 179 001–007 ein. Bis 1958 büßten die ETA 179 004, 001 und 002 ebenfalls ihr 1. Klasse-Abteil ein und wurden zu ETA 179 105–107.

In den 50er Jahren waren die ETA 179 vor allem in Süddeutschland zu finden und in Basel (später Haltingen), Kempten, Nördlingen, Buchloe, München Ost, Rosenheim und Kassel stationiert. Alle elf Doppelwagen wurden 1959/60 ausgemustert, nachdem sie, wie auch die Wittfeld-Doppelwagen, durch die neuen ETA 150 überflüssig waren.

ETA 179 101 (DB-Bildarchiv)

Gebaute Stückzahl:	18 Einheiten
Stückzahl am 1. 1.:	60 61 62 63 64 65 66 67 68 69
Einheiten	7 – – – – – – – – –
DB-Betriebsnummern bis 1967:	**ETA 179** 001–007, 101–104 a/b (ab 1953/57 **ETA 179** 004, 001, 002 a/b zu **ETA 179** 105–107 a/b)
DB-Betriebsnummern am 1. 1. 1960:	**ETA 179** 003, 005, 006, 102, 105–107 a/b
Letzte Ausmusterung:	27. 10. 1960 **ETA 179** 106 a/b Bw Haltingen

Technische Daten:

Achsanordnung:	2 A + A 2
Höchstgeschwindigkeit:	60 km/h (**ETA 179** 005: 70 km/h)
Dienstlast:	70 Mp
Länge über Puffer:	29 220 mm
Stundenleistung:	172 kW bei 27 km/h
Anzahl der Motoren:	2
Sitzplätze:	88–110
Lieferer mechan. Teil:	Gastell, Wegmann, Wumag
Lieferer elektr. Teil:	Bergmann, SSW

Dieseltriebwagen

Baureihe VT 06^{1}

Die hervorragenden Ergebnisse mit den »Fliegenden Hamburgern« bewogen die DRG zum Ausbau ihres Fernschnelltriebwagennetzes, wozu auch dreiteilige Züge benötigt wurden. Nach vier Dreiwagenzügen mit Jakobs-Drehgestellen der Bauart Leipzig beschaffte sie 1938 die ähnliche Bauart Köln in 14 Einheiten. Diese dieselelektrischen Triebwagen ohne Jakobs-Drehgestelle mußten wegen des Krieges schon 1939 aus dem Plandienst gezogen werden, um Dieselkraftstoff einzusparen.
Mehrere Züge fanden nach ihrer Abstellung wieder Verwendung als Lazarettzüge oder Befehlshaber- und Salonwagen. Alle vierzehn Triebzüge überstanden den Krieg, davon je einer in der Tschechoslowakei (1956 an die DR abgegeben) und der UdSSR, zwei in der russischen Besatzungszone sowie zehn in der Bi-Zone.Von diesen zehn Bi-Zonen-Wagen wurde 1946 einer in die USA verschifft, zwei weitere baute man auf dieselhydraulische Kraftübertragung um (Baureihe SVT 06^{5}), so daß die DB sieben Triebzüge der Reihe SVT 06^{1} führte.
Von diesen sieben Zügen waren die vier SVT 06 106 bis 109 für die Hohen Kommissare eingesetzt. Sie alle hatten eine Sonderausstattung als Salonzüge. SVT 06 106 lief zeitweise als vierteilige Einheit, bis der zweite Mittelwagen zum Wiederaufbau des 1951 ausgebrannten SVT 06 108 benötigt wurde. Die übrigen drei SVT 06 sowie die beiden dieselhydraulischen SVT 06^{5} setzte die DB im Fernverkehr ein; im Sommer 1953 kam der wiederaufgearbeitete SVT 06 108 hinzu.
Nachdem 1956/57 für die US-Army sechs zweiteilige VT 08^{8} (davon vier Lazarettzüge) und drei einteilige VT 33^{8} geliefert worden waren, gab sie bis 1957 alle Triebwagen an die DB zurück, lediglich den VT 06 106 (die Bezeichnung SVT war inzwischen aufgegeben worden) behielt sie. Aber auch die DB hatte für die Züge keine Verwendung mehr, sie musterte 1957 bis 1959 ihre VT 06^{1} und 06^{5} aus. Lediglich VT 06 106 wurde erst 1963 von der US-Army zurückgegeben, wenig später ausgemustert und Eisenbahn-Sportvereinen in Lübeck-Travemünde (ein Teil) und Konstanz (zwei Teile) als Unterkünfte zur Verfügung gestellt.
VT 06 107 und 109 sowie die beiden VT 06^{5} gingen, zusammen mit drei VT 04^{1} und einem VT 04^{5}, im Früjahr 1959 in die DDR, wo sie z. T. noch heute vorhanden sind. Den VT 06 104 erwarb die Firma Linke-Hofmann-Busch für ihr Werksmuseum in Salzgitter.
Hingewiesen sei letztlich noch auf die Vielzahl von Lackierungsvarianten der VT 06. Die DRG hielt sie in beige/violett, als Salonwagen liefen sie in verschiedenen Varianten u. a. in grün, grau, beige/graugrün und zuletzt blau, bei der DB schließlich in rot.

VT 06107: Heidelberg, September 1954 (M. van Kampen)

Gebaute Stückzahl:	14 Einheiten
Stückzahl am 1. 1.:	60 61 62 63 64 65 66 67 68 69
Einheiten	1 1 1 1 – – – – – –
DB-Betriebsnummern bis 1967:	**SVT** a/b/c (später **VT** a/**VM**/**VT** b)**06** 102–104, 106–111
DB-Betriebsnummern am 1. 1. 1960:	**VT** a/**VM**/**VT** b **06** 106
Letzte Ausmusterung:	16. 8. 1963 **VT** a/**VM**/**VT** b **06** 106 Bw Köln-Nippes

Technische Daten:

Achsanordnung:	2'Bo' + 2'2' + Bo'2'
Höchstgeschwindigkeit:	160 km/h
Dienstlast:	167 Mp
Länge über Kupplung:	70205 mm
Motorleistung:	2 × 600 PS
Kraftübertragung:	elektrisch
Sitzplätze:	126
Lieferer:	Linke-Hofmann

Baureihe VT 07^5

Nach den ausgezeichneten Betriebserfahrungen mit den Schnelltriebwagen der Bauarten Hamburg (zweiteilig) und Leipzig (dreiteilig) nahm die DRG 1938 drei neue Schnelltriebwagentypen der Bauarten Köln, Berlin und Kruckenberg in Betrieb, von denen es aber nur die Bauart Köln (vgl. Baureihe VT 06^1) auf eine größere Stückzahl brachte.
Die Bauart Berlin stellte einen vierteiligen, sehr komfortablen Schnelltriebwagen für lange Fernfahrten dar. Während drei der Wagen ungefähr gleichlang waren, führte man den vierten ca. fünf Meter kürzer und als reinen Motorwagen aus. Die Kraft des 1360 PS starken Motors wurde auf je ein Drehgestell der beiden Endwagen elektrisch übertragen, womit eine Höchstgeschwindigkeit von 160 km/h erreichbar war.
MAN baute nur zwei dieser mit über 725.000,– Reichsmark sehr teuren Züge, die die DRG im Februar 1938 als SVT 137 901 und 902 a/b/c/d in Betrieb nahm. Um bei Schäden nicht den ganzen Zug aus dem Plan nehmen zu müssen, wurde zusätzlich ein dritter Motorwagen als SVT 137 903 a abgeliefert. Nach ausgiebigen Versuchen kamen beide Züge nicht mehr in den Plandienst, denn schon 1939 stellte die DRG ihren Fernverkehr mit Dieseltriebwagen ein.
Die drei Motorwagen fanden ab 1940 weitere Verwendung im militärischen Bereich. Der SVT 137 902 a überlebte als einziger Motorwagen den Krieg und gelangte zur späteren DR. Erst 1956 baute sie diesen Zug neu auf, indem die fehlenden drei Wagen durch niederländische Triebwagenteile aus dem Schadpark ergänzt wurden. Dieser neue SVT 137 902 war in Berlin-Karlshorst beheimatet und befuhr die Strecke nach Erfurt.
Bei der DB verblieben von beiden Triebzügen jeweils nur ein Mittel- und der motorlose Endwagen. Man entschloß sich daher zum Bau von zwei neuen Triebköpfen, so daß man zwei dreiteilige Züge zur Verfügung hatte. Nachdem die WMD in Donauwörth die beiden neuen Motorwagen mit hydraulischer Kraftübertragung gebaut und die restlichen Wagen instandgesetzt hatte, nahm die DB ihre beiden neuen Schnelltriebwagen der Reihe VT 07^5 im Herbst 1951 in Dienst. Sie waren abwechselnd in Dortmund Bbf, Frankfurt-Griesheim und Hamburg-Altona beheimatet. Außer im Fernschnellzugdienst liefen sie zeitweise auch als Verstärkungseinheit des Zugpaares TEE 77/78.
Beide Züge, die wahlweise mit 800 und (später) 1000 PS starken Motoren ausgestattet werden konnten und in verschiedenen Bauteilen mit den Dieseltriebwagen der Baureihen VT 08^5 und VT 92^5 übereinstimmten, wurden Ende 1959 abgestellt, nachdem die neuen VT 11^5 in ausreichender Anzahl zur Verfügung standen. Nach ihrer Ausmusterung am 4. 7. 1960 standen sie noch lange abgestellt, erst 1965 erfolgte in München die Zerlegung der letzten Wagenteile.

VT 07 501: München, 24. 4. 1960 (Dr. G. Scheingraber)

Gebaute Stückzahl:	2 Einheiten (aus Umbau)
Stückzahl am 1. 1.:	60 61 62 63 64 65 66 67 68 69
Einheiten	2 – – – – – – – – –
DB-Betriebsnummern bis 1967:	**VT/VM/VS 07** 501, 502
DB-Betriebsnummern am 1. 1. 1960:	**VT/VM/VS 07** 501, 502
Ausmusterungen:	4. 7. 1960 **VT/VM/VS 07** 501, 502 Bw Dortmund Bbf

Technische Daten:

Achsanordnung:	B'2' + 2'2' + 2'2'
Höchstgeschwindigkeit:	120 km/h
Dienstlast:	146 Mp
Länge über Kupplung:	69 750 mm
Motorleistung:	1000 PS
Kraftübertragung:	hydraulisch
Sitzplätze:	121
Lieferer:	MAN; Motorwagen: WMD

Baureihe $VT\ 10^5$

Im Juni 1953 erschienen zwei völlig neue Schnelltriebwagen auf Bundesbahngleisen und wurden auf der Verkehrsausstellung in München gezeigt. Die beiden Züge stützten sich auf die guten Erfahrungen mit den spanischen Talgo-Zügen und wurden unter der Leitung von Kruckenberg entwickelt. Während der VT 10 501 als Tageszug mit Großraumabteilen und Restaurant gebaut wurde, war der VT 10 551 ein Nachtzug der DSG (die DB übernahm ihn erst 1955) mit Betten, Liegesitzen und Küche.

Eine Neuheit war die extreme Leichtbauweise aus Aluminium mit einem Leergewicht von etwas über 120 Tonnen bei 96,7 Metern Länge ($VT\ 06^1$ zum Vergleich: 167 Tonnen bei 70 Metern Gesamtlänge). Beide Züge führten die Hersteller Linke-Hofmann-Busch (VT 10 501) und Wegmann (VT 10 551) als Gleidertriebzüge mit zwei Kopf- und fünf Mittelgliedern mit je 12,2 Metern Wagenkastenlänge aus. Durch die Kürze der Einzelwagen konnten diese breiter und damit komfortabler ausgestaltet werden, da sie in den Kurven nicht so weit wie die doppelt so langen Schnellzugwagen überstanden. Die einzelnen Wagenglieder waren durch speziell entwikkelte Einachslaufgestelle beim VT 10 501 bzw. Jakobs-Drehgestelle beim VT 10 551 miteinander verbunden. Die Laufruhe befriedigte jedoch nicht, speziell die Einachslaufwerke des VT 10 501 neigten zum Schlingern.

Jedes Kopfglied mit seinem ausgeprägten Vorbau erhielt zwei 160 PS-Lastwagenmotoren und einen Hilfsdiesel mit 125 PS. Die Antriebsmotoren tauschte man später gegen stärkere (210 PS) und erhöhte die Höchstgeschwindigkeit von 120 auf 160 km/h. Auch das hydro-mechanische Vierganggetriebe stellte unter den DB-Triebwagen eine Besonderheit dar.

Der VT 10 501 war während seiner gesamten Einsatzzeit beim Bw Frankfurt-Griesheim beheimatet und lief bis Dezember 1956 als Ft 41/42 zwischen Hamburg und Frankfurt. Nach einigen Jahren Abstellzeit musterte man ihn am 12. 6. 1959 aus.

Nur wenig besser erging es dem in Hamburg-Altona stationierten Nachtzug VT 10 551, der bis zum Sommerfahrplan 1958 als Ft 49/50 von Hamburg nach Basel (später bis Zürich) fuhr. Danach stand er noch einige Jahre für Sondereinsätze zur Verfügung. Speziell zu diesem Zweck war noch 1956 für den VT 10 551 ein siebter Mittelwagen (Salonwagen) gebaut worden, nachdem bereits 1953 nach den ersten Probefahrten ein sechster Mittelwagen (Speisewagen) eingefügt worden war. Dennoch wurde auch dieser Gliederzug nach nur kurzer Einsatzzeit am 20. 12. 1960 ausgemustert – die Wartung und Ersatzteilhaltung für diesen Einzelgänger war zu kostspielig, ein Einsatz im planmäßigen Verkehr wegen des zu geringen Platzangebotes und einen extra bereitzuhaltenden Ersatzzug zu unrentabel. Beide Züge sollen 1963 verschrottet worden sein. Lediglich der Salonwagen VM 10 551 i wurde von den »Nürnberger Eisenbahnfreunden« für die Nachwelt erhalten.

VT 10 551: 1953 (DB-Bildarchiv)

Gebaute Stückzahl:	1 Einheit (Nachtzug)
Stückzahl am 1. 1.:	60 61 62 63 64 65 66 67 68 69
Einheiten	1 – – – – – – – – –
DB-Betriebsnummern bis 1967:	**VT** a–i **10** 551
DB-Betriebsnummern am 1. 1. 1960:	**VT** a–i **10** 551
Ausmusterung:	20. 12. 1960 **VT** a–i **10** 551 Bw Hamburg-Altona

Technische Daten (ohne Salonwagen VT 10 551 i):

Achsanordnung:	B'2'2'2'2'2'2'2'B' mit Jakobs-Drehgestellen
Höchstgeschwindigkeit:	120 km/h
Dienstlast:	128 Mp
Länge über Kupplung:	108 900 mm
Motorleistung:	4 × 210 PS
Kraftübertragung:	hydromechanisch
Sitzplätze:	32/40 Bettplätze, 12 Liegesitze, 29 Sitzplätze in Bar und Speiseraum
Lieferer:	Wegmann

Baureihe VT 30^0, VT 32^0, VT 33^1, VT 33^2, VT 38^0

Die 30er Jahre brachten in Deutschland den großen Durchbruch der Dieseltriebwagen. Schon bald war eine Vielzahl unterschiedlichster Bauarten vorhanden, was sich im Betrieb natürlich als unwirtschaftlich erwies. Deshalb beschloß die Deutsche Reichsbahn Mitte der 30er Jahre ein einheitliches Typenprogramm für Dieseltriebwagen.
Zwar gab es ständig Ausnahmen von dem beschlossenen Typenprogramm durch immer neue Sonder- und Versuchsbauarten, doch gelang zumindest die Standardisierung der Einheitstriebwagen für Hauptbahnen. Diese Drehgestellwagen glichen sich in ihrer Konstruktion und wurden in größerer Stückzahl gebaut. Die größte Anzahl der Fahrzeuge war mit einem 420 PS starken Motor und elektrischer Kraftübertragung ausgestattet.
Man wählte drei Grundrisse, die den jeweiligen Betriebsanforderungen entsprachen. Der »Einheitsgrundriß« war dem Vorortverkehr mit schnellem Fahrgastwechsel angepaßt. Neben den beiden Endausstiegen gab es noch einen breiten Mittelausstieg. Recht ähnlich war der »Essener Grundriß«, der ebenfalls für schnellen Fahrgastwechsel im Nahverkehr gedacht war, speziell für den Ruhrschnellverkehr. Auch dieser Grundriß wies neben den Endausstiegen Türen in der Wagenmitte auf, die Innenaufteilung unterschied sich aber vom »Einheitsgrundriß«. Die dritte Variante schließlich stellte der »Eilzugwagengrundriß« dar. Hier kam es nicht so sehr auf einen schnellen Fahrgastwechsel an, so daß man auf den Mitteleinstieg verzichten und so mehr Fahrgastraum schaffen konnte. Ansonsten glichen sich die Wagen weitgehend.
Der Wagenkasten wurde als Stahlkonstruktion in geschweißter Leichtbauweise ausgeführt. Der schnellaufende Dieselmotor, den man im Triebdrehgestell federnd aufhängte, gab seine Leistung mittels elektrischer Kraftübertragung auf die beiden Achsen ab. Vier Triebwagen allerdings stattete man mit hydraulischer Kraftübertragung aus.
Geliefert wurden ab 1934 von verschiedenen Waggonbaufirmen insgesamt 129 solcher Einheitstriebwagen, davon vier (s. o.) mit hydraulischer Kraftübertragung. Im Fahrzeugaufbau recht ähnlich waren zudem die 16 leistungsschwächeren Nebenbahntriebwagen, die die DB als Reihe VT 63^9 führte (siehe dort). Auch später gelieferte Bauarten, bei der DB u. a. als VT 20^5 (Güterschlepptriebwagen), VT 36^5, VT 45^5 (zweiteilig) und VT 60^5 geführt, konnten ihre Verwandtschaft zu den Einheitstriebwagen äußerlich nicht verleugnen.
Passend zu den Einheitstriebwagen beschaffte die DRG auch eine große Anzahl von Steuerwagen, die sie als VS 145 einreihte, während die Triebwagen selber die Baureihenbezeichnung VT 137 (wie auch die meisten anderen Drehgestell-Dieseltriebwagen) trugen.
Der größte Teil der Wagen verblieb nach 1945 in den vier Besatzungszonen Deutschlands; aber auch in einigen anderen Ländern fand man

solche Wagen vor, u. a. in Österreich (Rückgabe an die spätere DB) und Norwegen (Ausmusterung bis 1956). Für die in Deutschland und Österreich vorhandenen Dieseltriebwagen der ehemaligen DRG stellte das RZA München im September 1947 einen Umnummerungsplan auf (siehe auch »Einführung«). Alle Dieseltriebwagen sollten, in Anlehnung an das Nummernsystem der Elektrotriebwagen, neue Nummern erhalten; für die 73 Einheitstriebwagen mit elektrischer Kraftübertragung waren folgende Nummern vorgesehen:

VT 30 000–001: Wagen mit 450 PS-Daimler-Motor
VT 32 000–020: Wagen mit 420 PS-MAN-Motor
VT 33 000–004: Wagen mit 410 PS-Maybach-Motor und BBC-Schaltung
VT 33 100–107: Wagen mit 410 PS-Maybach-Motor und RZM-Schaltung einfach
VT 33 200–231: Wagen mit 410 PS-Maybach-Motor und RZM-Schaltung mehrfach
VT 38 000–003: Wagen mit 560 PS-MAN-Motor
VT 39 000 : Wagen mit 360 PS-Deutz-Motor

Die vier dieselhydraulischen Wagen waren als Baureihen VT 32^5 und VT 46^5 enthalten. Der Umzeichnungsplan enthielt auch die Wagen der damaligen russischen Besatzungszone, umgezeichnet wurden allerdings nur die VT der drei westlichen Besatzungszonen (später DB), so daß hier Lücken zwischen den Betriebsnummern entstanden. Weitere Lücken traten durch Umnummerungen zu Beginn der 50er Jahre auf: sechs VT 32^0 erhielten nach Einbau eines 600 PS-Motors und hydraulischer Kraftübertragung die neuen Nummern VT 25 501 bis 506 (siehe dort), VT 32 014 wurde zu VT 33 232 und der VT 39 000 zu VT 32 002.
Die so geschaffenen neuen Baureihen der DB unterschieden sich also nicht durch ihren Grundriß, sondern durch den Motor und (bei der Reihe VT 33) durch ihre Schaltung. Der »Einheitsgrundriß« fand sich bei den Reihen VT 30^0, VT 32^0 und VT 38^0 sowie bei allen dieselhydraulischen Wagen. VT 32 002 (ex VT 39 000) wies den »Essener Grundriß« auf, VT 33 106 den »Eilzugwagengrundriß«. In der Reihe VT 33^2 schließlich waren alle drei Grundrisse vertreten.
Weitere Umbauten erfolgten in den 50er Jahren, ohne daß jedoch eine Umnumerierung vorgenommen wurde. Der VT 30 001 erhielt z. B. einen 410 PS-Motor ohne korrekterweise nun zur Baureihe VT 33^2 gezählt zu werden. Auch alle VT 32^0 erhielten neue Motoren mit 400 PS Leistung. Die dieselelektrischen Einheitstriebwagen waren in verschiedenen Bw's über die gesamte Bundesrepublik verstreut. Ihre Ausmusterung erfolgte erst in den 60er Jahren in größerem Umfang, als letzte schieden 1967 die beiden Bielefelder VT 33 215 und 225 aus. Nach und nach zerlegte man alle Wagen bis auf VT 38 002 (ausgemustert am 27. 10. 1960), der nach einem gründlichen Umbau 1965 als Tunnelmeßwagen »Karlsruhe 6210« wieder in Dienst gestellt wurde und noch heute als 712 001 im Einsatz ist. In der DDR sind noch zwei dieser Triebwagen als Salonwagen vorhanden.

Gebaute Stückzahl: 125

Stückzahl am 1. 1.:

	60	61	62	63	64	65	66	67	68	69
VT 30^0	1	1	1	1	1	1	–	–	–	–
VT 32^0	7	7	7	5	5	–	–	–	–	–
VT 33^1	1	1	1	1	1	–	–	–	–	–
VT 33^2	13	13	13	13	12	10	6	4	–	–
VT 38^0	2	1	1	–	–	–	–	–	–	–

DB-Betriebsnummern bis 1967: **VT 30** 001; **VT 32** 000 ... 020; **VT 33** 106, 202 ... 232; **VT 38** 000–003; **VT 39** 000

DB-Betriebsnummern am 1. 1. 1960:
VT 30 001
VT 32 002, 005, 010–012, 015, 016
VT 33 106, 202–205, 207, 208, 213, 215, 218, 224, 225, 227, 231
VT 38 002, 003

Letzte Ausmusterungen:
26. 4. 1965 **VT 30** 001 Bw Darmstadt
7. 9. 1964 **VT 32** 002, 005, 011, 012, 016 Bw Kempten
14. 4. 1964 **VT 33** 106 Bw Braunschweig
2. 8. 1967 **VT 33** 215, 225 Bw Bielefeld
20. 9. 1962 **VT 38** 003 Bw Konstanz

Technische Daten:
Achsanordnung: 2'Bo'
Höchstgeschwindigkeit: 110 km/h (VT 33^2, 38^0: 100 km/h)
Dienstlast: 43–49 Mp
Länge über Puffer: 21 873 mm (VT 38^0: 21 880 mm)
Motorleistung: 410 PS (VT 32^0: 400 PS; VT 38^0: 600 PS)
Kraftübertragung: elektrisch
Sitzplätze: 56–75
Lieferer: Düwag, MAN, Talbot, Westwaggon, Wismar

VT 30 001: Darmstadt, 21.11.1963 (P. Lösel)

VT 32 002: Lindau, 19. 7. 1960 (K. Klein)

VT 33 218: Bw Bielefeld Ost, 16. 10. 1965 (O. Blaschke)

VT 38 003: Immendingen, 18. 8. 1963 (O. Blaschke)

Baureihe VT 25^5, VT 33^5

Von den 129 ab 1934 gebauten Einheitstriebwagen hatten nur vier (VT 137 160, 161, 271, 272) eine hydraulische Kraftübertragung erhalten. Man war zunächst davon ausgegangen, daß zur Übertragung einer derart hohen Motorleistung (die meisten Wagen waren mit 410 PS-Maybach- oder 420 PS-MAN-Motoren ausgestattet) nur die elektrische Kraftübertragung ein zufriedenstellendes Ergebnis bringen würde. Abgesehen von der Art des Antriebs unterschieden sich die vier dieselhydraulischen Wagen von ihren dieselelektrischen Artgenossen nicht (siehe S. 160 ff). Alle vier Triebwagen wiesen den »Einheitsgrundriß« auf.
Die Deutsche Bundesbahn übernahm die vier Triebwagen in ihren Bestand. Die ehemaligen VT 137 160 und 161 sollten als VT 32 500 und 501 eingereiht werden. Nach Einbau eines 410 PS-Maybach-Motors (ursprünglich 420 PS-MAN-Motor) erhielten sie aber die Nummern VT 33 501 und 502. Die vormaligen VT 137 271 und 272 konnte man wegen ihrer niedrigen Höchstgeschwindigkeit von nur 90 km/h nicht als VT 32^5 einreihen, ihnen teilte man die Nummern VT 46 500 und VT 46 501 zu. Letzterer schied allerdings bereits 1950 aus.
Etwa 1950 wählte die DB sechs Wagen (VT 32 000, 001, 009, 018 bis 020) zum Umbau aus. Diese Fahrzeuge erhielten nicht nur einen 600 PS starken Motor, sondern auch eine hydraulische Kraftübertragung und wurden fortan als VT 25 501 bis 506 geführt. Aufgrund ihrer hohen Motorleistung verkehrten sie, im Gegensatz zu den übrigen Einheitstriebwagen, in der Regel mit zwei Steuerwagen der Reihe VS 145.
Seit Anfang der 50er Jahre waren die VT 25^5 in Köln, die beiden VT 33^5 in Landau/Pfalz und der VT 46 500 in Frankfurt-Griesheim beheimatet. Letzterer wechselte 1955 zum Bw Darmstadt, wo man ihn 1959 ausmusterte. Aber noch in den 60er Jahren fand der VT 46 500 weitere Verwendung als Belastungswagen im AW Opladen. Die nächsten Veränderungen gab es Anfang der 60er Jahre, als am 24. 9. 1960 beim Bw Landau/Pfalz der VT 33 501 ausgemustert wurde. Im Dezember 1963 schied dort auch sein Bruder VT 33 502 aus.
Nicht so schnell entbehren konnte die DB ihre sechs leistungsstarken VT 25^5. Im Winter 1961/62 gingen sie an die BD Münster. Nach Einsätzen beim Bw Oldenburg Hbf und kurzfristig beim Bw Rheine versahen sie ab dem Sommerfahrplan 1963 ihren Dienst beim Bw Münster. Erst durch die Lieferung der neuen dreiteiligen Nahverkehrstriebwagen der Reihe VT 24^6 (vgl. Bd. »Stand 1. 1. 1980«, S. 141 ff) wurden sie entbehrlich. Als erster Wagen wurde VT 25 502 am 9. 3. 1964 Z-gestellt, als letzter VT 25 505 zwei Jahre später am 1. 3. 1966.

VT 25 505: Münster Hbf, 28. 4. 1965 (Dr. W. Fiegenbaum)

Gebaute Stückzahl: 10, davon 6 aus Umbau

Stückzahl am 1. 1.:

	60	61	62	63	64	65	66	67	68	69
VT 25⁵	6	6	6	6	6	6	5	–	–	–
VT 33⁵	2	1	1	1	–	–	–	–	–	–

DB-Betriebsnummern bis 1967: **VT 25** 501–506; **VT 33** 501, 502; **VT 46** 500, 501

DB-Betriebsnummern am 1. 1. 1960: **VT 25** 501–506, **VT 33** 501, 502

Letzte Ausmusterungen: 25. 8. 1966 **VT 25** 505 Bw Münster
2. 12. 1963 **VT 33** 502 Bw Landau (Pfalz)

Technische Daten:

Achsanordnung: B'2'
Höchstgeschwindigkeit: 110 km/h
Dienstlast: 46 Mp
Länge über Puffer: 21 873 mm
Motorleistung: 600 PS (VT 33⁵: 410 PS)
Kraftübertragung: hydraulisch
Sitzplätze: 59
Lieferer: Düwag, MAN, Westwaggon

Baureihe VT 36^5

Für den Nebenbahnbetrieb entwickelte die DRG neben den vierachsigen Dieseltriebwagen mit mechanischer Kraftübertragung (vgl. Baureihe VT 63^9) noch eine zweite Drehgestellbauart. Diese Wagen, von denen bis 1940 in zwei Serien 50 Einheiten gebaut wurden, unterschieden sich sowohl äußerlich (u. a. stärker abgerundete Stirn und Auspuffanlage auf dem Dach) als auch technisch von den Einheitstriebwagen. Im Gegensatz zu diesen verwendete man nun einen langsamlaufenden MAN-Dieselmotor mit 360 PS Leistung, von dem man sich gegenüber dem schnellaufenden 410 PS-Motor einen geringeren Wartungsaufwand versprach. Als Antrieb wurde ein hydraulisches Getriebe mit drei Gängen gewählt. Durch Mehrfachsteuerung und Wagenübergänge war der Betrieb mit Steuerwagen möglich, die passend zu den Motorwagen beschafft wurden. Außerdem konnte man die Triebwagen wegen ihrer Höchstgeschwindigkeit von 100 km/h problemlos auch auf Hauptbahnen einsetzen.
Von den 50 gebauten VT's mit den Betriebsnummern VT 137 241–270 und 442–461 gingen viele im Krieg verloren. Die DR setzte noch fünf Wagen im Raum Dresden ein, die DB nahm 16 Stück in ihren Bestand als Baureihe VT 36^5 auf. Insgesamt sieben davon taten ab 1945 bei den Hohen Kommissaren der britischen und amerikanischen Besatzungsmacht Dienst und erhielten größtenteils eine Sonderausstattung als Salonwagen. (Neben den VT 36^5 standen übrigens nachweislich Triebwagen der Baureihen VT 04^0, VT 04^1, VT 06^1, VT 32^0, VT 33^2, VT 46^5, VT 51^1, VT 60^5 und VT 70^9 für die Hohen Kommissionen der drei westlichen Besatzungsmächte zur Verfügung.) Als letzter britischer Wagen wurde erst 1957 der VT 36 506 zurückgegeben.
In den 50er Jahren blieb die Beheimatung der VT 36^5 bei der DB ziemlich konstant. In Köln waren acht bis neun, in Wuppertal-Steinbeck durchschnittlich vier und in Bielefeld ein bis zwei Wagen beheimatet. Die Ausmusterung erfolgte zwischen 1963 und 1966. Während die anderen Wagen verschrottet wurden, erwarb die Georgsmarienhütten-Eisenbahn die VT 36 509 und 519, die sie als VT 1 und 2 einreihte. Dazu erwarb sie auch passende Steuerwagen der Reihe VS 145, die die neuen Nummern VS 1 und 2 erhielten. Nachdem bei den beiden 1966 erworbenen Triebwagen die Motoren defekt waren, liefen sie zusammen mit einer Diesellok im Wendezugbetrieb weiter. Dieser Betrieb zwischen Hasbergen und Georgsmarienhütte fand erst 1978 sein Ende, als die GME ihren Personenverkehr einstellte.

VT 36 508: Wuppertal-Steinbeck 9. 4. 1966 (O. Blaschke)

Gebaute Stückzahl:	50									
Stückzahl am 1. 1.:	60	61	62	63	64	65	66	67	68	69
	14	14	14	14	9	5	3	–	–	–

DB-Betriebsnummern bis 1967: **VT 36** 500, 501, 503, 505–509, 511, 513–515, 517–520

DB-Betriebsnummern am 1. 1. 1960: **VT 36** 500, 501, 503, 505–509, 511, 513–515, 518, 519

Letzte Ausmusterungen: 26. 4. 1966 **VT 36** 508, 509 Bw Wuppertal-Steinbeck
VT 36 519 Bw Köln-Nippes

Technische Daten:

Achsanordnung:	B'2'
Höchstgeschwindigkeit:	100 km/h
Dienstlast:	38 Mp (ab **VT 36** 513: 41 Mp; **VT 36** 506: 42 Mp)
Länge über Puffer:	22 350 mm
Motorleistung:	360 PS
Kraftübertragung:	hydraulisch
Sitzplätze:	58–65
Lieferer:	Dessau, Düwag

Baureihe VT 45^5

Beim Vereinheitlichungsprogramm für Dieseltriebwagen, das die DRG Mitte der 30er Jahre beschlossen hatte, gab es nicht wenige Ausnahmen. Zu diesen zählten auch die 16 zwischen 1938 und 1940 in zwei Serien (VT 137 326–331 und 367–376) gebauten Doppeltriebwagen. Im Vorort- und Städteschnellverkehr hatten sich der Betrieb mit Steuerwagen als unpraktisch und das Platzangebot bei einzeln fahrenden Triebwagen als zu gering erwiesen. Daher kam es zum Bau dieser zweiteiligen dieselhydraulischen Fahrzeuge, die auch in einigen anderen Konstruktionsmerkmalen von den Einheitstriebwagen (vgl. S. 160 ff) abwichen.
Der Wagenkasten wurde zwar in Anlehnung an den der Einheitstriebwagen entworfen, die Innenraumgestaltung fiel aber erheblich anders aus. Zudem baute man in jeden Wagen einen 275 PS starken Motor ein und wählte die hydraulische Kraftübertragung mittels eines Zweiganggetriebes. Durch die Ausführung der Antriebsmaschinen als Unterflurmotoren gewann man gegenüber den Einheitstriebwagen Platz und konnte die Geräuschbelästigung des Triebwagenführers herabsetzen.
Die Züge bewährten sich gut, ihr Beschleunigungsvermögen war ausreichend. Das Leistungsprogramm der Doppelzüge sah auch den Betrieb mit einem und sogar zwei Steuerwagen vor; praktisch kam diese Betriebsform allerdings selten zur Anwendung. Die meisten der Doppelwagen kamen nach dem Zweiten Weltkrieg nicht mehr zum Einsatz. Von ihren acht (nach anderen Quellen zehn) Zügen nahm die DR nur vier wieder in Betrieb. Bereits 1963 stellte sie den letzten dieser Triebwagen ab, doch fanden die Doppelzüge teilweise noch eine Weiterverwendung als Beiwagen.
Bei der DB verblieben die drei Züge VT 137 369, 370 und 326 a/b. Sie wurden in dieser Reihenfolge als VT 45 502 bis 504 a/b eingenummert. Das Heimat-Bw für die VT 45 war Bielefeld, 1967 wies die DB sie dem Bw Braunschweig zu. Dort liefen sie zuletzt im Pendelverkehr zwischen Elze und Gronau, zusätzlich sah der Plan morgens und abends Leistungen von und nach Hildesheim vor. Die Umstellung auf computergerechte Betriebsnummern zum 1. 1. 1968 bescherte den VT 45^5 die neue Baureihenbezeichnung 645 und die Ordnungsnummern 102 bis 104 (für die bisherigen a-Wagen) bzw. 402 bis 404 (bisher b-Teil).
Erst 1969 strich die DB ihre drei Triebzüge aus dem Bestand. 645 103/403 und 104/404 wurden am 15. 3. 1969 ausgemustert. 645 102/402 ereilte die Z-Stellung zum Sommerfahrplan am 4. 6. 1969. Danach besaß die DB von ihrer einst stattlichen Anzahl an Vorkriegs-Dieseltriebwagen nur noch einige Wagen der Baureihe 660 (vgl. Bd. »Ausgemusterte Fahrzeuge 1970–1979«, S. 117 ff).

VT 45 502: Bw Bielefeld Ost, 16. 10. 1965 (O. Blaschke)

Gebaute Stückzahl:	16 Einheiten

Stückzahl am 1. 1.:	60	61	62	63	64	65	66	67	68	69
Einheiten	3	3	3	3	3	3	3	3	3	3

DB-Betriebsnummern bis 1967:	**VT 45** 502–504 a/b
DB-Betriebsnummern am 1. 1. 1960:	**VT 45** 502–504 a/b
DB-Betriebsnummern am 1. 1. 1968:	**645** 102/402–104/404
Letzte Ausmusterung:	26. 11. 1969 **645** 102/402 Bw Braunschweig

Technische Daten:

Achsanordnung:	(A 1) 2' + 2' (1 A)
Höchstgeschwindigkeit:	90 km/h
Dienstlast:	80 Mp
Länge über Puffer:	40 690 mm
Motorleistung:	2 × 275 PS
Kraftübertragung:	hydraulisch
Sitzplätze:	128
Lieferer:	Wumag

Baureihe VT 63^9

Nach den Einheitstriebwagen für Hauptbahnen (siehe S. 160 ff) beschaffte die Deutsche Reichsbahn auch ähnliche Fahrzeuge für den Nebenbahndienst. 1935 lieferte die Waggonfabrik Dessau 13 dieselmechanische Wagen mit 210 PS starken Motoren (VT 137 136–148), 1937 folgten noch drei Versuchsfahrzeuge von Talbot (VT 137 162 und 163, 280 PS, dieselhydraulisch) und Dessau (VT 137 235, 250 PS, dieselmechanisch). Die Wagen glichen sowohl äußerlich als auch konstruktiv sehr stark den Einheitstriebwagen. Bei allen 16 Fahrzeugen wählte man den »Eilzugwagengrundriß«, allerdings mit vergrößertem Gepäckraum.
Die DR übernahm nach dem Krieg zwei Fahrzeuge. Der VT 137 136 war bis 1958 beim Bw Zittau in Betrieb, der VT 137 163 (einer der beiden dieselhydraulischen Wagen) lief vom Bw Aschersleben aus und wurde 1965 in einen Beiwagen umgebaut.
Bei der DB waren noch zehn Fahrzeuge als Baureihe VT 63^9 im Einsatz, darunter auch der stärkere Versuchswagen VT 137 235, der die neue Nummer VT 63 910 trug. Ab 1952 ersetzte die DB bei einigen Wagen die alten 210 PS-Motoren von MAN durch stärkere 225 PS-Maybach-Motoren, wie sie auch bei der Reihe VT 60^5 verwendet wurden. Am mechanischen Viergang-Rädergetriebe (Gelenkwellenantrieb) änderte man jedoch nichts.
Zu Beginn der 50er jahre zog die DB ihre VT 63^9 in Nürnberg und Karlsruhe zusammen. Ein Wagen (VT 63 901) befand sich im Saargebiet und gelangte deshalb erst am 1. 1. 1957 zur DB. Inzwischen hatte aber bereits die Ausmusterung dieser Baureihe begonnen. 1956 schied ein Wagen aus, 1957/58 folgten drei weitere. Die verbliebenen sechs VT 63^9 (905 bis 910) musterte die DB zwischen 1960 und 1962 aus.
Vielen Wagen blieb die Zerlegung zunächst erspart. VT 63 902 kam 1958 als VT 171 zur Bremervörde-Osterholzer Eisenbahn, wo er 1970 ausgemustert wurde. Den VT 63 910 erwarb 1961 die Kahlgrundbahn, die ihn 1967 verschrottete. Am weitaus interessantesten ist aber das Schicksal der VT 63 905 bis 907. Sie wurden 1961/62 von der Montafonerbahn Bludenz-Schrunz in Österreich erworben. VT 63 905 und 907 erlebten eine Metamorphose in Zweisystem-Elektrotriebwagen. Diese beiden laufen noch heute unter den neuen Nummern ET 10.103 und ET 10.104 und können sowohl mit 1500 Volt Wechselstrom als auch 750 Gleichstrom betrieben werden. Der dritte Wagen (VT 63 906) diente als Ersatzteilspender beim Umbau und wurde bald darauf verschrottet.
Auch bei der DB konnte sich ein VT 63^9 als Bauzug- oder Aufenthaltswagen bis Ende der 70er Jahre halten.

VT 63 909: Nürnberg Hbf, 2.8.1960 (K. Klein)

Gebaute Stückzahl:	14
Stückzahl am 1.1.:	60 61 62 63 64 65 66 67 68 69
	6 3 1 – – – – – – –
DB-Betriebsnummern bis 1967:	**VT 63** 901–910
DB-Betriebsnummern am 1.1.1960:	**VT 63** 905–910
Letzte Ausmusterung:	30.3.1962 **VT 63** 907 Bw Nürnberg Hbf

Technische Daten:

Achsanordnung:	B'2'
Höchstgeschwindigkeit:	80 km/h
Dienstlast:	35 Mp (**VT 63** 905–907, 910: 37 Mp)
Länge über Puffer:	21 873 mm
Motorleistung:	210 PS (**VT 63** 905–907: 225 PS; **VT 63** 910: 250 PS)
Kraftübertragung:	mechanisch
Sitzplätze:	60–67
Lieferer:	Dessau, Lindner, Talbot

Baureihe VT 69^9

Zu den Besonderheiten des Triebwagenparks gehörten seit jeher Wagen zur Gepäck- und Güterbeförderung. Im Dieseltriebwagenbestand der DB fanden sich bei ihrer Gründung nur fünf solcher Fahrzeuge: Die ehemaligen VT 10001 bis 10003 (VT 69 900–902) sowie 10004 und 10005 (VT 20 500, 501). Die drei als VT 69 eingereihten Triebwagen lieferte die Waggonfabrik Wismar im Jahre 1930. Sie waren für den Stückgut-Schnellverkehr vorgesehen und auch so beschriftet. Konstruktiv lehnten sich diese drei Wagen, die als indirekte Vorläufer der später gebauten Leig-Einheiten angesehen werden können, stark an die Wagen der Serien VT 851–861 und 866–871 an. Von diesen übernahm die DB noch den VT 859 und reihte ihn als VT 62 904 ein; die Ausmusterung erfolgte 1957/58.
Die drei Gütertriebwagen besaßen einen kastenförmigen Aufbau mit Endführerständen. Der 40 m^2 große Laderaum war auf jeder Fahrzeugseite durch zwei breite Schiebetüren zugänglich. Ein 175 PS starker Maybach-Motor übertrug seine Kraft mittels eines mechanischen Viergang-Rädergetriebes auf eines der beiden Drehgestelle. Als Besonderheit wies dieses Drehgestell Blindwelle und Kuppelstangen auf. Die drei Wagen waren, nachdem Ende der 50er Jahre die ET 87 und der VT 62 904 ausschieden, die letzten DB-Triebwagen mit Kuppelstangen.
1942 lieferte die Waggonfabrik Niesky die beiden Güterschlepptriebwagen VT 10004 und 10005 (bei der DB als VT 20 500 und 501 eingereiht) mit 600 PS Motorleistung. Obwohl diese Wagen wesentlich moderner und leistungsfähiger waren als die VT 69^9, musterte die DB die in Frankfurt beheimateten VT 20^5 schon 1956 aus. Die VT 69^9 indes blieben weiterhin bei ihrem Heimat-Bw Osnabrück Vbf im Einsatz. Sie befuhren u. a. die Strecke Osnabrück – Münster – Bockum-Hövel. 1953/54 erhielten sie sogar noch stärkere Motoren mit 210 PS Leistung.
Die Abstellung begann Anfang der 60er Jahre. VT 69 900 wurde am 27. 12. 1960 ausgemustert, VT 69 901 folgte am 25. 5. 1961. Als letzter der drei Triebwagen wurde VT 69 902 am 28. 5. 1961 Z-gestellt und mit HVB-Verfügung vom 18. 7. 1962 ausgemustert. Einer der drei Wagen blieb noch bis in die zweite Hälfte der 60er Jahre in seinem Heimat-Bw Osnabrück Rbf abgestellt.
Nach der Außerdienststellung der drei VT 69 blieben nur noch die beiden Gepäcktriebwagen der Hamburger S-Bahn (siehe S. 134 f) bis 1967 im Bestand. Den VT 92 501, der ebenfalls keinen Fahrgastraum besaß, kann man in diesem Zusammenhang nicht als Gepäck- oder Gütertriebwagen zählen, da er als Schleppfahrzeug eingesetzt wurde.

VT 10 003 (VT 69 902) (Sammlung Dr. G. Scheingraber)

Gebaute Stückzahl:	3									
Stückzahl am 1. 1.:	60	61	62	63	64	65	66	67	68	69
	3	2	1	–	–	–	–	–	–	–

DB-Betriebsnummern
bis 1967: **VT 69** 900–902
DB-Betriebsnummern
am 1. 1. 1960: **VT 69** 900–902
Letzte Ausmusterung: 18. 7. 1962 **VT 69** 902 Bw Osnabrück Vbf

Technische Daten:
Achsanordnung: B'2'
Höchstgeschwindigkeit: 80 km/h
Dienstlast: 40 Mp
Länge über Puffer: 21 040 mm
Motorleistung: 210 PS
Kraftübertragung: mechanisch
Sitzplätze: –
Lieferer: Wismar

Baureihe VT 70^9

Neben Dieseltriebwagen für Hauptbahnen und für den schnellen Fernverkehr war man in den frühen 30er Jahren auch sehr an Nebenbahntriebwagen interessiert. Aber genau wie bei den Hauptbahntriebwagen mit Drehgestellen gab es bei den zweiachsigen Nebenbahntriebwagen bald eine kaum mehr überschaubare Fülle an Versuchs- und Sonderbauarten. So richtete die DRG Mitte der 30er Jahre ihr Augenmerk auf eine Vereinheitlichung. Ab 1936 entstand ein zweiachsiger Dieseltriebwagen in größerer Anzahl.
Gegenüber den Vorgängertypen wählte die DRG einen etwas verlängerten Wagenkasten (11,5 Meter) aus Leichtstahl. Die beiden Endeinstiege setzte man nicht mehr wie bisher zurück, und die Stirnfronten wurden leicht abgerundet. Der 150 PS starke MAN-Motor gab seine Leistung über ein mechanisches Viergang-Rädergetriebe auf eine der beiden Lenkachsen ab. Die DRG reihte die Fahrzeuge wie fast alle zweiachsigen Dieseltriebwagen als VT 135 ein und beschaffte dazu passende Beiwagen als VB 140.
Im Jahre 1937 lieferte MAN die beiden Probewagen VT 135 065 und 066. Um Gewicht zu sparen, wurden diese beiden als »Hydrolanium-Triebwagen« bezeichneten Fahrzeuge weitgehend aus einer Aluminium-Magnesium-Leichtmetallegierung gefertigt. Das Leergewicht konnte so von 18 auf 12,5 Mp gesenkt werden, die spezifische Sitzplatzmasse sank um fast 100 kp. Die Form und Innenaufteilung übernahm man wie auch den Motor und das Getriebe praktisch unverändert von den Serienwagen.
Auf dem Gebiet der heutigen DDR verblieben 1945 neun Wagen. Noch Mitte der 70er Jahre waren davon einige in Betrieb, darunter auch der VT 135 110 (seit 1970: 186 258) als Dienstfahrzeug. Die DB übernahm 29 Fahrzeuge sowie die beiden Hydrolanium-Wagen. Bereits Anfang der 50er Jahre zog sie alle nun als VT 70^9 eingereihten Fahrzeuge in den süddeutschen Direktionsbezirken Augsburg, München, Nürnberg und Regensburg zusammen. Die Verteilung blieb dann bis zum Beginn der Ausmusterung ziemlich konstant. Die meisten VT 70^9 schieden 1960/61 aus und wurden durch Schienenbusse ersetzt. Mehrere Wagen konnten an Privatbahnen verkauft werden, allein die Lokalbahn Lam – Kötzting erwarb vier solcher Fahrzeuge (vgl. »Lokomotiv- und Triebwagen-Lexikon Deutsche Privatbahnen. Stand 1.1.1984«). Diesem Umstand ist es zu verdanken, daß die Dampfbahn Fränkische Schweiz einen VT 70^9 museal erhalten kann.
Der Vollständigkeit halber sei darauf hingewiesen, daß die DB auch einige andere Triebwagen mit 150 PS Leistung als VT 70 einreihte – besetzt wurden von ihnen die Nummern VT 70 000–004, 501, 900, 901, 911 und 981. Alle diese Fahrzeuge wichen von der hier beschriebenen Bauart der VT 70^9 äußerlich und technisch stark ab und schieden bis 1959 vollständig aus.

VT 70 939: Erlangen, März 1957 (K. Klein)

Gebaute Stückzahl: 64 (+ 2 Hydrolanium-Wagen)

Stückzahl am 1. 1.:

	60	61	62	63	64	65	66	67	68	69
VT 70^{9}	29	8	1	–	–	–	–	–	–	–
VB 140	74	62	46	21	14	12	2	–	–	–
VS 144	2	–	–	–	–	–	–	–	–	–

DB-Betriebsnummern bis 1967:
VT 70 918–932, 937–949, 951, 990
VT 70 970, 971 (Hydrolanium-Wagen)
VB 140 001–406
VS 144 001–006

DB-Betriebsnummern am 1. 1. 1960:
VT 70 918–921, 923, 924, 927–932, 937–949, 951, 990
VT 70 970, 971
VB 140 007 ... 406
VS 144 001, 002

Letzte Ausmusterungen:
30. 3. 1962 **VT 70** 951 BD München
21. 10. 1960 **VT 70** 970 BD Nürnberg
1966 **VB 140** 099, 323 Bw Schwandorf
13. 4. 1960 **VS 144** 001, 002 Bw Schwandorf

Technische Daten (nur Triebwagen):

Achsanordnung:	A 1
Höchstgeschwindigkeit:	75 km/h
Dienstlast:	18 Mp (**VT 70** 970, 971: 13 Mp)
Länge über Puffer:	12 280 mm (**VT 70** 970, 971: 12 475 mm)
Motorleistung:	150 PS
Kraftübertragung:	mechanisch
Sitzplätze:	46
Lieferer:	Bautzen, Esslingen, MAN, Rathgeber

Baureihe VT 75^9

Wie auf S. 174 erwähnt, lieferten vor der Einführung eines vereinheitlichten zweiachsigen Nebenbahn-VT viele Firmen zweiachsige Fahrzeuge unterschiedlicher Bauart und Leistung an die DRG. Eine solche Firma war die Waggonfabrik Bautzen, die drei Baureihen entwickelte. 1932/33 kam die Baureihe 1 (bei der DRG als VT 135 002 bis 011 bezeichnet) in Dienst, 1934 die Baureihe 2 (DRG VT 135 022 bis 031) und 1935/36 die Baureihe 3 (VT 135 051 bis 060). Von jeder dieser Baureihen wurden 10 Exemplare gefertigt.

Äußerlich waren sich die drei Baureihen recht ähnlich. Die Baureihe 1 war ursprünglich mit einem 120 PS-Daimler-Dieselmotor ausgestattet, erhielt später aber den gleichen Motortyp wie die beiden anderen Baureihen: einen Daimler-Motor mit 135 PS. Der VT 135 060 war bereits ab Werk mit einem stärkeren Motor (180 PS) von DWK ausgestattet. Bei allen drei Baureihen verwendete man die bewährte mechanische Kraftübertragung mittels eines Viergang-Rädergetriebes.

Der 11,14 Meter lange Wagenkasten, der bei der Baureihe 3 bereits weitgehend geschweißt und nicht mehr genietet war, kam auch bei verschiedenen anderen Triebwagentypen in leicht modifizierter Bauart zur Anwendung. Bei der DB kamen solche Fahrzeuge noch als Baureihe VT 70^0, VT 70^5, VT 70^9 (nur VT 70 911 und 981), VT 75^0, VT 78^9 und VT 79^9 zum Einsatz, während die Bautzen-Typen als Reihe VT 75^9 eingereiht wurden. Die DB übernahm Wagen aller drei Baureihen und beließ sie recht lange im Einsatz. Während die obengenannten verwandten Baureihen ausnahmslos bis Ende der 50er Jahre ausschieden, gelang es den VT 75^9, sich ebensolange im Einsatz zu halten wie die moderneren Einheitswagen der Reihe VT 70^9. Von den ursprünglich 16 bei der DB vorhandenen Wagen zählten Anfang 1960 noch elf zum Bestand. Neun von ihnen strich die Bundesbahn im April und Mai 1960 aus ihren Listen, zwei VT 75^9 wurden jedoch erst mit HVB-Verfügung vom 30. 3. 1962 (genau wie auch der letzte VT 70^9) ausgemustert.

In den frühen 50er Jahren zog die DB ihre VT 75^9 in der BD Regensburg zusammen. Zuvor hatten sie u. a. auch beim Bw Oldenburg und im Raum Stuttgart Dienst getan, später lautete ihr Haupteinsatz-Bw Schwandorf. Zeitweise teilte man einige Wagen aber auch den Bw's Passau und Straubing zu. Einige VT 75^9 versah die DB sogar noch mit neuen 130 PS-Motoren vom Deutz-Typ A 6 M 617, wie sie auch bei Kleinloks der Leistungsgruppe II Verwendung finden.

Die DR hat einige wenige Wagen in ihrem Bestand gehabt. Am längsten hielt sich der zum Dienstfahrzeug umgebaute VT 135 054 (neue Nummer 187 257), der noch Mitte der 70er Jahre zum Bw Stendal gehörte.

VT 135 022 (VT 75 913) (Maey/Sammlung Dr. G. Scheingraber)

Gebaute Stückzahl:	29
Stückzahl am 1. 1.:	60 61 62 63 64 65 66 67 68 69
	11 2 2 – – – – – – –
DB-Betriebsnummern bis 1967:	**VT 75** 900–915
DB-Betriebsnummern am 1. 1. 1960:	**VT 75** 900–903, 906, 909–912, 914, 915
Letzte Ausmusterungen:	30. 3. 1962 **VT 75** 906, 912 Bw Schwandorf

Technische Daten:

Achsanordnung:	A 1
Höchstgeschwindigkeit:	70 km/h
Dienstlast:	18 Mp
Länge über Puffer:	12 200 mm
Motorleistung:	135 PS (**VT 75** 906, 909–912: 130 PS)
Kraftübertragung:	mechanisch
Sitzplätze:	45
Lieferer:	Bautzen

Baureihe VT 90^5

Die Waggonbaufirma Fuchs lieferte 1935 zwei elektrische Aussichtstriebwagen für den Ausflugsverkehr, die als »Gläserne Züge« bekannt und beliebt waren (vgl. Baureihe 491, Bd. »Stand 1. 1. 1980«, S. 128 f). Die DRG hatte sich zum Bau und Einsatz solcher Fahrzeuge entschlossen, weil in den 30er Jahren der Touristikverkehr sprunghaft angestiegen war, aber Konkurrenz durch Omnibusse drohte. Daher entwickelte man diese »Gläsernen Züge«, deren Dachpartie teilweise verglast war und mit denen man Ausflugsfahrten in landschaftlich besonders reizvolle Gebiete durchführte. 1936 folgte ebenfalls von Fuchs ein dritter »Gläserner Zug«, diesmal aber wegen der freizügigeren Einsetzbarkeit als Dieseltriebwagen ausgeführt und als VT 137 240 eingereiht. Drei Jahre später baute Fuchs zwei weitere Wagen dieser Art (VT 137 462 und 463).
Diese Sondertriebwagen wiesen einige Spezialitäten auf, die ihrem besonderen Verwendungszweck entsprachen. Der Dachrand war weitgehend verglast, das Dach selber besaß (im Gegensatz zu den beiden elektrischen »Gläsernen Zügen«) ein Rollverdeck – es handelte sich also quasi um einen »Cabrio-Triebwagen«. Die Seitenfenster waren sehr breit gehalten, der Innenraum bildete mit den Einstiegen und den beiden Führerständen einen einzigen Großraum. Die Toiletten ordnete man an den Fahrzeugenden sehr niedrig an. Zwei 180 PS starke Unterflur-Dieselmotoren wirkten mittels hydraulischer Kraftübertragung auf je eine Achse der beiden Drehgestelle.
Während der VT 137 462 im Krieg verlorenging, konnte die DB die beiden übrigen Wagen als VT 90 500 und 501 in ihren Bestand übernehmen und im sich langsam wieder entwickelnden Ausflugsverkehr verwenden. Dabei wurde VT 90 500 vom Bw Köln Bbf aus eingesetzt, VT 90 501 war beim Bw Stuttgart beheimatet. Der Kölner Wagen schied schon 1958 aus dem Betriebseinsatz aus und wurde am 13. 4. 1960 ausgemustert, der Stuttgarter Wagen hielt sich dagegen bis 1962. Leider konnte keiner dieser interessanten Triebwagen vor der Verschrottung bewahrt werden, während ein elektrischer »Gläserner Zug« als 491 001 noch heute seinen Dienst von München aus versieht und sich großer Beliebtheit beim Publikum erfreut.
1952 baute die WMD (Donauwörth) für die drei bei der DB vorhandenen Aussichtstriebwagen (ET 91 01 und die beiden VT 90^5) drei einachsige (!) Gepäckanhänger, die als VB 141 120 bis 122 eingereiht wurden. Sie konnten mittels Abschlepphaken (die »Gläsernen Züge« verfügten weder über eine normale Schrauben- noch über eine Scharfenbergkupplung) angehängt werden. Ähnliche Einachsanhänger (VB 141 200 bis 256) baute man auch für die Schienenbusse der Baureihe VT 95.

VT 90 501: bei Stadtprozelten, 1951 (W. Doh)

Gebaute Stückzahl:	3									
Stückzahl am 1. 1.:	60	61	62	63	64	65	66	67	68	69
VT 90[5]	2	1	1	–	–	–	–	–	–	–
VB 141	59	40	6	4	4	3	3	3	2	2

DB-Betriebsnummern bis 1967: **VT 90** 500, 501
VB 141 120–122 (für ET 91/VT 90[5]), 200–256 (für VT 95)

DB-Betriebsnummern am 1. 1. 1960: **VT 90** 500, 501
VB 141 120–122, 201–256

DB-Betriebsnummern am 1. 1. 1968: **941** 210, 247

Letzte Ausmusterungen: 22. 3. 1962 **VT 90** 501 Bw Stuttgart
1. 1. 1969 **941** 210, 247 Bw Passau

Technische Daten (nur Triebwagen):

Achsanordnung:	(A 1) (1 A)
Höchstgeschwindigkeit:	120 km/h
Dienstlast:	44 Mp
Länge über Puffer:	22 390 mm
Motorleistung:	2 × 180 PS
Kraftübertragung:	hydraulisch
Sitzplätze:	68
Lieferer:	Fuchs

Baureihe VT 95⁹

1931 kam in Deutschland der erste Schienenbus zum Einsatz, eine Entwicklung von Henschel. Größere Auflagen erreichten dagegen erst die von der Waggonfabrik Wismar entwickelten Schienenbusse mit fast 70 Exemplaren. Schienenbusse waren preiswert in Anschaffung, Unterhaltung und Verbrauch und fuhren deshalb auf wenig benutzten Nebenstrecken oder in verkehrsschwachen Zeiten wesentlich rationeller als Dampfzüge. Bereits frühzeitig erkannte die DB, daß nur durch die Entwicklung solcher Schienenbusse der Betrieb auf vielen bisher unwirtschaftlichen Nebenstrecken gegen die wachsende Konkurrenz auf der Straße aufrechtzuerhalten war.
Daher gehörten die Schienenbusse zu den ersten Neuentwicklungen der DB. Von März bis August 1950 gingen die ersten elf Wagen mit den Nummern VT 95 901–911 in Betrieb. Im November folgte mit VT 95 912 (später VT 95 9112) ein letztes, aber wesentlich verlängertes Vorserienfahrzeug. Zu diesen Schienenbussen der ersten Stunde gehörten noch sechs Beiwagen (VB 140 701–706, später in VB 142 001–006 umgezeichnet). 1951 kamen 14 VT und 13 VB in der Art des Prototyps VT 95 911 für die Luxemburgische Staatsbahn (je zehn VT und VB) und für deutsche Privatbahnen zur Auslieferung.
Die Fahrzeuge waren von der Waggonfabrik Uerdingen entwickelt und gebaut worden und bewährten sich ausgezeichnet. Der Wagenkasten wurde in selbsttragender Leichtmetallbauweise ausgebildet, der Rahmen diagonalsteif und an beiden Enden verstärkt. Ein 110 PS-Büssing-Motor übertrug seine Leistung über ein Sechsgang-Wechselgetriebe auf eine Achse. Der Achsstand der Prototypen (außer VT 95 912) betrug nur 4,5 m, während dieser später bei der Serienbauart auf 6,0 m erhöht wurde. Abweichungen zu den übrigen Prototypen zeigte auch der VT 95 911, der feste Rücklehnen und auf jeder Seite zwei (statt bisher einer) Einstiegstüren aufwies. Aus den Vorserien-VT 95 entstand in den 50er Jahren eine ganze Familie von Schienenbussen (vgl. Bd. »Stand 1. 1. 1980«, S. 148 bis 153). Die Prototypen waren vor allem bei den Bw's Kempten und Husum eingesetzt, später zog man sie in der BD Hamburg zusammen. Nur der VT 95 911 blieb beim Bw Landau/Pfalz. Bereits am 11. 4. 1958 musterte die DB die Wagen VT 95 907, VT 95 9112 und VB 142 004 aus und verkaufte sie. Zwischen 1961 und 1965 schieden auch die restlichen Wagen aus, lediglich VT 95 911 wurde erst am 22. 11. 1966 ausgemustert.
Der am 21. 6. 1963 ausgemusterte VT 95 906 ging am 25. 2. 1964 als Indusi-Prüfwagen »Wuppertal 6205« wieder in Betrieb und ist auch heute noch – nach wie vor in Wuppertal stationiert – als 724 001 im ganzen Bundesgebiet anzutreffen.

VT 95 903: Lindau, Juni 1950 (Dr. G. Scheingraber)

Gebaute Stückzahl:	11 (nur DB-Fahrzeuge)
Stückzahl am 1. 1.:	60 61 62 63 64 65 66 67 68 69
	10 10 9 8 5 2 1 – – –
DB-Betriebsnummern bis 1967:	**VT 95** 901–911
DB-Betriebsnummern am 1. 1. 1960:	**VT 95** 901–906, 908–911
Letzte Ausmusterung:	22. 11. 1966 **VT 95** 911 Bw Landau (Pfalz)

Technische Daten:

Achsanordnung:	A 1
Höchstgeschwindigkeit:	90 km/h
Dienstlast:	12 Mp
Länge über Puffer:	10 650 mm
Motorleistung:	110 PS
Kraftübertragung:	mechanisch
Sitzplätze:	54 (**VT 95** 911: 49)
Lieferer:	Uerdingen

Baureihe Schienen-Straßen-Bus

Die Idee von Zweiwegefahrzeugen, die die Vorteile von Schienen- und Straßenverkehr in sich vereinen, ist fast so alt wie die Eisenbahn selber und läßt sich bis in das Jahr 1822 zurückverfolgen. Zum Bau von selbstfahrenden Zweiwegefahrzeugen kam es allerdings erstmals 1931 in England. Bis heute sind Zweiwegefahrzeuge eine Seltenheit geblieben. Vereinzelt findet man noch Zweiwege-Unimogs in Industriebetrieben, Schienen-Straßen-Omnibusse dagegen blieben eine Episode.
Die guten Erfahrungen mit ihren Schienenbussen und die fehlenden Streckenstücke auf einigen Relationen ermutigten die DB zum Bau dieser Zweiwegefahrzeuge. Die Lösung des Zweiwegeproblems schien einfach: Man verwendete normale Straßenbusse und setzte ihnen im Bahnbetrieb zwei Spurwagen unter. Ein Problem freilich war der Antrieb im Schienenbetrieb. Dabei wählte man die Lösung, die hintere Achse (Antriebsachse) des Busses auf den Schienen laufen zu lassen, während die vordere Achse nach Einfahren der Spurwagen keine Bodenhaftung mehr hatte. Diese Lösung barg jedoch zwei Nachteile in sich. Einerseits war der Reifenverschleiß im Schienenbetrieb recht hoch, andererseits lieferten die Gummireifen auf den Schienen oft genug zu wenig Reibung. Sobald die Schienen feucht oder schmierig waren, wurde ein Betrieb sehr erschwert. Diese Nachteile und die etwas umständliche Handhabung des Ein- und Ausfahrens der Spurwagen führten schließlich zur baldigen Einstellung des Schienen-Straßen-Betriebes.
Die Nordwestdeutschen Fahrzeugwerke in Wilhelmshaven lieferten 1953 an die DB 15 Straßenbusse in Sonderbauart mit untersetzbaren Spurwagen für die Schienenfahrt. Die Spurwagen selbst (pro Bus zwei Stück) baute die Firma WMD. 1954 folgten noch zwei weitere Busse anderer Bauart: Man wählte statt der Spurwagen zwei fest eingebaute, schwenkbare Schienenräder unter dem Wagen.
Zum Einsatz kamen die Schienen-Straßen-Busse planmäßig auf den Strecken Cham – Passau, Augsburg – Füssen, Waldshut – Immendingen, Bernkastel-Kues – Remagen und Koblenz – Betzdorf. Mit Ausnahme dieser letztgenannten Strecke (bis Dierdorf Straßen-, danach Schienenbetrieb) stellte man den Verkehr mit Schienen-Straßen-Bussen bereits in der zweiten Hälfte der 50er Jahre wieder ein. Die Busse wurden im Straßenbetrieb weiterverwendet. Für drei Fahrzeuge der Strecke Koblenz – Betzdorf kam das Aus dagegen erst mit Beginn des Sommerfahrplans 1967; sie wurden sofort ausgemustert. Ursprünglich war noch vorgesehen, die drei Busse in den ab 1968 eingeführten neuen Nummernplan als Baureihe 790 zu übernehmen, nachdem sie vorher nur mit einem Kfz-Zulassungskennzeichen versehen waren.

Schienen-Straßen-Bus: Strecke Cham–Passau (Foto DB)

Gebaute Stückzahl:	15									
Stückzahl am 1. 1.:	60	61	62	63	64	65	66	67	68	69
	3	3	3	3	3	3	3	3	–	–

Kfz-Kennzeichen bis 1967:	bis 1955: DB 22-792 – 794, bis 1959: DB 25-011 – 013, ab 1959: DB 29-001 – 003
Kfz-Kennzeichen am 1. 1. 1960:	DB 29-001 bis 003
Letzte Ausmusterungen:	31. 5. 1967 DB 29-001 bis 003 Bww Koblenz-Lützel

Technische Daten:	*auf der Straße*	*mit Spurwagen*	
Achsanordnung:	1 A	2'A 2'	
Höchstgeschwindigkeit:	80	120	km/h
Dienstlast:	7	13	Mp
Länge über alles:	11 100	12 550	mm
Motorleistung:	115 PS		
Kraftübertragung:	hydraulisch		
Sitzplätze:	43 + 16 Notsitze		
Lieferer:	Wilhelmshaven	Spurwagen: WMD	

Anhang

Triebfahrzeugbestand der Deutschen Bundesbahn jeweils am 1.1. der Jahre 1960 bis 1969

In der Kopfspalte befindet sich zu jeder Baureihe ein Hinweis auf die zugehörige Fahrzeugbeschreibung. Mit Ziffer I ist das »Lokomotiv- und Triebwagen-Lexikon Deutsche Bundesbahn – Stand 1.1.1980« gemeint, mit Ziffer II das »Lokomotiv- und Triebwagen-Lexikon Deutsche Bundesbahn – Ausgemusterte Fahrzeuge 1970–1979«, mit Ziffer III der vorliegende Band. Insgesamt ergibt sich eine komplette Übersicht des DB-Triebfahrzeugbestandes vom 1.1.1960 bis zum 1.1.1981.
In der Übersicht sind sowohl die bis 1967 als auch die ab 1968 gültigen Baureihenbezeichnungen aufgeführt. In Klammern gesetzte Bezeichnungen bedeuten, daß diese nur vorgesehen waren.

Dampflokomotiven

Baureihe	1960	1961	1962	1963	1964	1965	1966	1967	1968	1969
01 / 001 II, 13 / 16	161	156	156	155	152	145	132	111	87	45
01^{10} / 011 II, 20	20	20	20	20	20	20	20	20	20	14
01^{10} Öl / 012 II, 22	34	34	34	34	34	34	34	34	34	32
03 / 003 II, 18	144	144	143	140	134	132	112	80	54	31
03^{10} / – III, 20	26	26	26	26	26	26	26	–	–	–
10 / 010 III, 22	2	2	2	2	2	2	2	2	1	–
18^{3} / 018 III, 24	3	3	3	3	3	2	2	2	2	2
18^{4} / 018 III, 26	9	5	3	1	1	1	1	1	1	1
18^{6} / – III, 28	30	30	25	19	13	5	3	–	–	–
23 / 023 II, 24	105	105	105	105	105	105	105	105	104	102
24 / – III, 30	42	39	34	15	7	5	1	–	–	–

Baureihe	1960	1961	1962	1963	1964	1965	1966	1967	1968	1969
38^{10} / 038 II, 26	1140	894	826	737	631	507	296	160	91	47
39 / (039) III, 32	141	92	92	87	79	66	36	6	–	–
41 / 041 II, 29	197	186	176	176	176	176	162	120	71	31
41 Öl / 042 II, 32	19	30	40	40	40	40	40	40	40	37
42 / – III, 34	15	8	6	–	–	–	–	–	–	–
42^{90} / – III, 36	1	–	–	–	–	–	–	–	–	–
44 / 044 II, 36	729	542	528	495	493	483	450	385	367	325
44 Öl / 043 II, 34	2	32	32	32	32	32	32	32	32	32
45 / 045 III, 38	4	4	4	4	4	3	3	3	3	1
50 / 050–053 II, 39	2229	2208	2183	2143	2108	2067	1816	1602	1443	1201
50^{40} / (054) III, 40	30	30	30	30	30	30	27	19	–	–
50^{40}Öl / (059) III, 40	1	1	1	1	1	1	1	1	–	–
52 / – III, 42	32	29	12	3	–	–	–	–	–	–
54^{15} / – III, 44	82	63	36	20	5	2	1	–	–	–
55^{25} / 055 II, 42	429	367	342	308	274	248	204	130	93	57
56^{2} / 056 III, 46	231	145	126	103	71	49	18	1	1	–
56^{20} / – III, 48	97	43	18	6	2	1	–	–	–	–
57^{10} / 057 II, 44	308	191	169	99	83	66	34	22	15	12
64 / 064 II, 64	275	275	274	271	267	236	160	113	82	58
65 / 065 II, 48	18	18	18	18	18	18	18	17	17	11
66 / 066 III, 50	2	2	2	2	2	2	2	2	1	–
70^{0} / – III, 52	34	24	14	4	–	–	–	–	–	–
74^{4} / – III, 54	170	90	73	27	18	10	1	–	–	–

Baureihe	1960	1961	1962	1963	1964	1965	1966	1967	1968	1969
75^{0} / – III, 56	70	54	28	9	–	–	–	–	–	–
75^{1} / – III, 58	10	4	1	–	–	–	–	–	–	–
$75^{4, 10, 11}$ / (075) III, 60	53	43	39	35	27	7	3	1	–	–
78 / 078 II, 50	408	408	407	403	388	356	218	122	66	35
78^{10} / – III, 62	2	2	–	–	–	–	–	–	–	–
80 / – III, 64	11	8	6	4	3	1	–	–	–	–
81 / – III, 66	10	10	7	2	–	–	–	–	–	–
82 / 082 II, 52	41	41	41	41	41	41	41	40	37	17
85 / – III, 68	9	9	–	–	–	–	–	–	–	–
86 / 086 II, 54	377	377	377	377	374	352	253	148	91	61
$89^{6, 7, 8}$ / – III, 70	51	22	15	5	2	–	–	–	–	–
89^{70} / 089 III, 72	7	4	2	2	1	–	–	–	2	–
91^{3} / – III, 76	19	9	5	2	1	–	–	–	–	–
92^{2} / – III, 78	35	19	15	13	6	5	1	–	–	–
92^{5} / – III, 80	36	26	18	14	7	1	–	–	–	–
92^{20} / – III, 82	15	9	1	–	–	–	–	–	–	–
93^{0} / – III, 84	2	–	–	–	–	–	–	–	–	–
93^{5} / 093 III, 84	387	274	248	199	148	101	57	13	7	–
94^{1} / – III, 86	11	1	–	–	–	–	–	–	–	–
94^{5} / 094 II, 56	646	583	535	441	386	353	315	255	198	142
97^{1} / – III, 88	3	3	3	3	–	–	–	–	–	–
97^{5} / – III, 90	3	3	3	–	–	–	–	–	–	–
98^{3} / – III, 92	3	3	2	1	–	–	–	–	–	–

Baureihe	1960	1961	1962	1963	1964	1965	1966	1967	1968	1969
98^{4} / – III, 94	1	–	–	–	–	–	–	–	–	–
98^{8} / 098 II, 58	37	29	25	8	7	4	3	2	2	2
98^{10} / – III, 96	27	22	12	12	7	7	5	–	–	–
98^{11} / 097 III, 98	25	18	18	11	9	3	1	1	1	–
98^{17} / – III, 96	3	1	–	–	–	–	–	–	–	–
98^{18} / – III, 100	2	–	–	–	–	–	–	–	–	–
99^{19} / (099) III, 102	1	1	1	1	1	1	1	1	–	–
99^{21} / – III, 104	1	–	–	–	–	–	–	–	–	–
99^{25} / – III, 106	1	–	–	–	–	–	–	–	–	–
99^{26} / – III, 108	1	1	–	–	–	–	–	–	–	–
99^{63} / 099 III, 110	2	2	2	2	2	2	1	1	1	1
$99^{64,\,67}$ / 099 III, 112	9	9	9	9	9	8	3	3	1	1
99^{720} / – III, 114	4	4	4	4	4	3	–	–	–	–

Elektrolokomotiven

Baureihe	1960	1961	1962	1963	1964	1965	1966	1967	1968	1969
E 03 / 103 I, 10	–	–	–	–	–	–	4	4	4	4
E 04 / 104 I, 14	6	6	6	6	6	6	6	6	6	6
E 10^{0} / 110.0 II, 60	5	5	5	5	5	5	5	5	5	5
E 10 / 110 I, 16/18	115	117	138	147	202	243	290	339	371	375
E 10^{12} / 112 I, 22	–	–	–	9	11	11	11	11	11	31
E 16 / 116 I, 24	19	19	19	19	19	19	19	19	18	18

Baureihe	1960	1961	1962	1963	1964	1965	1966	1967	1968	1969
E 17 / 117 I, 26	26	26	26	26	26	26	26	26	26	26
E 18 / 118 I, 28	41	41	41	41	41	41	41	41	41	41
E 19 / 119 II, 65	4	4	4	4	4	4	4	4	4	4
E 32 / 132 II, 68	24	24	24	24	24	24	24	22	22	19
E 40 / 140 I, 32	154	181	221	327	414	517	552	614	658	706
E 40^{11} / 139 I, 32	7	11	11	11	11	25	31	31	31	31
E 41 / 141 I, 34	120	155	197	243	293	351	401	420	435	435
E 44 / 144 I, 36	123	123	123	107	108	108	109	109	109	109
E 44^{5} / 144.5 I, 38	9	8	8	8	8	8	8	8	8	8
E 44^{11} / 145 I, 40	–	–	–	16	16	16	16	16	16	16
E 50 /150 I, 42	41	48	59	73	105	107	127	127	139	139
E 52 / 152 II, 70	29	29	29	29	29	29	29	29	28	24
E 60 / 160 I, 46	14	14	14	14	14	14	14	14	14	14
E 63 / 163 II, 73	8	8	8	8	8	8	8	8	8	8
E 69 / 169 I, 48	4	4	4	4	4	4	4	4	4	4
E 75 / 175 II, 76	22	22	22	22	22	22	21	19	19	14
E 80 / – III, 116	3	1	–	–	–	–	–	–	–	–
E 91 / 191 II, 79	23	23	23	23	23	23	23	23	23	23
E 93 / 193 I, 56	18	18	18	18	18	18	18	18	18	18
E 94 / 194 I, 58	124	124	124	124	124	124	124	124	124	124
E 244 / – III, 118	5	–	–	–	–	–	–	–	–	–
E 310 / 181 I, 50	–	–	–	–	–	–	–	–	2	4
E 320 / 182 I, 52	1	3	3	3	3	3	3	3	3	3

Baureihe	1960	1961	1962	1963	1964	1965	1966	1967	1968	1969
E 344 / 183 III, 122	–	–	–	1	1	1	1	1	1	1
E 410 / 184 I, 54	–	–	–	–	–	–	–	3	5	5

Diesellokomotiven

Baureihe	1960	1961	1962	1963	1964	1965	1966	1967	1968	1969
V 20 / 270 I, 90	33	33	33	32	31	31	31	31	31	31
V 29 / 299 III, 124	3	3	3	3	3	3	3	3	2	2
V 36 / 236 I, 80	88	88	88	88	88	88	88	88	88	88
V 45 / 245 I, 82	8	8	8	8	8	8	8	8	8	8
V 50 / – III, 126	–	–	–	2	1	–	–	–	–	–
V 51 / 251 I, 84	–	–	–	–	–	3	3	3	3	3
V 52 / 252 II, 88	–	–	–	–	–	2	2	2	2	2
V 60 / 260–261 I, 86	461	712	769	781	781	780	780	780	780	780
V 60^{10} / 260–261 I, 86	19	19	19	26	155	160	160	160	160	160
V 65 / 265 I, 88	15	15	15	15	15	15	15	15	15	15
V 80 / 280 II, 92	10	10	10	10	10	10	10	10	10	10
V 90 / 290 I, 91	–	–	–	–	–	15	20	32	65	155
V 100^{10} / 211 I, 64	6	6	60	336	364	364	364	364	364	364
V 100^{20} / 212–213 I, 66	1	1	1	21	166	241	346	381	381	381
V 160 / 216 I, 70	–	6	6	9	10	15	57	104	154	200
– / 215 I, 68	–	–	–	–	–	–	–	–	–	1

Baureihe	1960	1961	1962	1963	1964	1965	1966	1967	1968	1969
V 162 / 217 I, 72	–	–	–	–	–	–	1	3	3	15
(V 164) / 218 I, 74	–	–	–	–	–	–	–	–	–	6
V 169 / 219 II, 82	–	–	–	–	–	–	1	1	1	1
V 188 / 288 II, 94	2	2	2	2	2	2	2	2	2	2
V 200^{0} / 220 I, 76	86	86	86	86	86	86	86	86	86	86
V 200^{1} / 221 I, 78	–	–	–	1	20	25	50	50	50	50
V 300 / 230 II, 84	(1)	(1)	(1)	(1)	1	1	1	1	1	1

Kleinlokomotiven

Baureihe	1960	1961	1962	1963	1964	1965	1966	1967	1968	1969
Kö I / 311 II, 96; III, 128	92	86	78	74	65	64	61	54	51	47
Kö II / – I, 94; II, 99; III, 130	250	191	173	164	111	70	34	2	–	–
Köf II / 321–324 I, 94; II, 99	584	919	951	957	1008	1049	1112	1175	1176	1174
Ka II / 381–382 I, 102; II, 102	41	40	39	39	37	37	33	27	24	18
Köf III / 331–333 I, 98	8	8	8	17	87	189	271	320	321	370
Köf 99 / 329 I, 96	3	3	3	3	3	3	3	3	3	3

Elektrotriebwagen

Baureihe	1960	1961	1962	1963	1964	1965	1966	1967	1968	1969
ET 11 / – III, 132	6	6	–	–	–	–	–	–	–	–
ET 25 / 425 I, 108	34	34	34	34	34	34	34	34	34	34

Baureihe	1960	1961	1962	1963	1964	1965	1966	1967	1968	1969
ET 26 / 426										
II, 104	4	4	4	4	4	4	4	4	4	4
ET 27 / 427										
I, 110	–	–	–	–	–	10	10	10	10	10
ET 30 / 430										
I, 112	48	48	48	48	48	48	48	48	48	48
ET 32 / 432										
I, 114	12	12	12	12	12	12	12	12	12	12
ET 45 / 445										
II, 106	–	–	–	2	2	2	2	2	2	2
ET 51 / –										
III, 134	1	1	1	–	–	–	–	–	–	–
ET 55 / 455										
I, 116	16	16	16	15	16	16	16	16	16	16
ET 56 / 456										
I, 118	14	14	14	14	14	14	14	14	14	14
ET 65 / 465										
I, 118	23	23	23	24	24	24	24	24	24	24
ET 85 / 485										
II, 109	19	19	19	19	19	19	19	19	19	16
ET 90 / 490										
II, 109	3	3	3	3	3	3	3	3	3	2
ET 91 / 491										
I, 128	1	1	1	1	1	1	1	1	1	1
ET 170 / 470										
I, 122	32	32	32	32	32	32	32	34	48	52
ET 171 / 471										
I, 124	144	144	144	144	144	144	144	144	144	144
ET 174 / –										
III, 136	2	2	2	2	2	2	2	2	–	–
ET 183 / –										
III, 138	1	1	1	–	–	–	–	–	–	–
ET 185 / –										
III, 140	1	1	1	–	–	–	–	–	–	–
ET 195 / –										
III, 142	2	2	–	–	–	–	–	–	–	–
ET 196 / –										
III, 144	5	5	–	–	–	–	–	–	–	–
ET 197 / –										
III, 146	1	1	–	–	–	–	–	–	–	–
ET 255 / –										
II, 106	2	–	–	–	–	–	–	–	–	–

Akkumulatortriebwagen

Baureihe	1960	1961	1962	1963	1964	1965	1966	1967	1968	1969
ETA 150 / 515 I, 130	90	131	154	174	219	220	230	230	230	230
ETA 176 / 517 I, 132	8	8	8	8	8	8	8	8	8	8
ETA 177 / – III, 148	46	28	20	12	2	–	–	–	–	–
ETA 178 / – III, 148	6	2	2	–	–	–	–	–	–	–
ETA 178 051 / – III, 152	1	–	–	–	–	–	–	–	–	–
ETA 179 / – III, 154	14	–	–	–	–	–	–	–	–	–
ETA 180 / – III, 148	10	6	4	–	–	–	–	–	–	–

Dieseltriebwagen

Baureihe	1960	1961	1962	1963	1964	1965	1966	1967	1968	1969
VT 06^1 / – III, 156	2	2	2	2	–	–	–	–	–	–
VT 07^5 / – III, 158	2	–	–	–	–	–	–	–	–	–
VT 08^5 / 608 II, 114	20	20	20	20	11	11	6	6	6	5
VT 10^5 / – III, 160	2	–	–	–	–	–	–	–	–	–
VT 11^5 / 601 I, 134	19	19	19	19	19	19	19	19	19	19
VT 12^5 / 612 I, 136	12	12	12	12	12	12	12	12	12	12
VT 12^6 / 613 I, 138	–	–	–	–	9	9	14	14	14	15
VT 23^5 / 624.5 I, 141	–	–	4	4	4	4	4	4	4	4
VT 24^5 / 624.5 I, 141	–	–	4	4	4	4	4	4	4	4
VT 24^6 / 624.6 I, 141	–	–	–	–	–	5	60	80	80	80
VT 25^5 / – III, 166	6	6	6	6	6	6	5	–	–	–
VT 30^0 / – III, 162	1	1	1	1	1	1	–	–	–	–

Baureihe	1960	1961	1962	1963	1964	1965	1966	1967	1968	1969
VT 32^{0} / – III, 162	7	7	7	5	5	–	–	–	–	–
VT 33^{1,2} / (633) III, 162	14	14	14	14	13	10	6	4	–	–
VT 33^{5} / – III, 166	2	1	1	1	–	–	–	–	–	–
VT 36^{5} / – III, 168	14	14	14	14	9	5	3	–	–	–
VT 38^{0} / – III, 162	2	1	1	–	–	–	–	–	–	–
VT 45^{5} / 645 III, 170	6	6	6	6	6	6	6	6	6	6
VT 60^{5} / 660 II, 117	28	28	28	27	27	27	22	20	17	15
VT 63^{9} / – III, 172	6	3	1	–	–	–	–	–	–	–
VT 69^{9} / – III, 174	3	2	1	–	–	–	–	–	–	–
VT 70^{9} / – III, 176	29	8	1	–	–	–	–	–	–	–
VT 75^{9} / – III, 178	11	2	2	–	–	–	–	–	–	–
VT 90^{5} / – III, 180	2	1	1	–	–	–	–	–	–	–
VT 92^{5} / 692 II, 120	1	1	1	1	1	1	1	1	1	1

Schienenbusse

Baureihe	1960	1961	1962	1963	1964	1965	1966	1967	1968	1969
VT 95^{9} / – III, 182	10	10	9	8	5	2	1	–	–	–
VT 95^{91,99} / 795 I, 148	572	572	572	572	572	570	568	555	538	512
VT 97^{9} / 797 I, 150	–	–	1	6	6	6	8	8	8	8
VT 98^{9} / 798.9 I, 152	3	3	3	3	3	3	3	3	3	2
VT 98^{95} / 798.5 I, 152	167	280	302	327	327	327	327	327	327	327
Schi-Stra-Bus / (790) III, 184	3	3	3	3	3	3	3	3	–	–

Bei-, Mittel- und Steuerwagen für Triebwagen

Baureihe	1960	1961	1962	1963	1964	1965	1966	1967	1968	1969
EM 25 / 825.0 I, 108	–	–	–	–	3	11	16	17	17	17
ES 25 / 825.7 I, 108	25	24	24	23	18	9	4	3	2	1
ES 26 / 826.6 II, 104	4	4	4	4	4	4	4	4	4	4
EM 27 / 827.0 I, 110	–	–	–	–	–	5	5	5	5	5
EM 30 / 830.0 I, 112	24	24	24	24	24	24	24	24	24	24
EM 32 / 832.2 I, 114	–	–	–	–	–	2	2	2	2	2
ES 32 / 832.6 I, 114	4	4	4	4	4	4	4	4	4	4
EB 51 / – III, 134	2	2	2	2	–	–	–	–	–	–
ES 51 / – III, 134	1	1	–	–	–	–	–	–	–	–
EM 55 / 855.0, 1 I, 116	–	–	–	–	–	4	7	8	8	8
ES 55 / 855.6 I, 116	8	8	8	8	8	4	1	1	1	1
EM 56 / 856.0 I, 118	7	7	7	7	7	7	7	7	7	7
EB 65 / – I, 119	64	–	–	–	–	–	–	–	–	–
EM 65 / 865.0 I, 119	2	20	24	24	24	24	24	24	24	24
ES 65 / 865.6 I, 119	19	19	20	20	23	24	24	24	24	24
EB 85 / 885.0 II, 109	6	6	6	8	8	8	8	8	6	5
ES 85 / 885.6, 7 II, 109	23	23	23	23	23	23	23	23	21	16
EM 170 / 870.1 I, 122	16	16	16	16	16	16	16	17	24	26
EM 171 / 871.0 I, 124	72	72	72	72	72	72	72	72	72	72
ES 174 / – III, 136	2	2	2	2	2	2	2	2	–	–
EB 184 / – III, 140	1	1	1	–	–	–	–	–	–	–

Baureihe	1960	1961	1962	1963	1964	1965	1966	1967	1968	1969
EB 196 / – III, 144	1	1	–	–	–	–	–	–	–	–
EB 197 / – III, 146	7	7	–	–	–	–	–	–	–	–
ESA 150 / 815.6 I, 130	72	117	136	182	184	216	216	216	216	216
ESA 176 / 817.6 I, 132	8	8	8	8	8	8	8	8	8	8
EBA 177 / – III, 148	30	6	2	1	1	1	–	–	–	–
ESA 177 / – III, 148	15	3	2	2	–	–	–	–	–	–
ESA 178 / – III, 148/152	5	2	1	–	–	–	–	–	–	–
VM 06 / – III, 156	1	1	1	1	–	–	–	–	–	–
VM 07 / – III, 158	1	–	–	–	–	–	–	–	–	–
VS 07 / – III, 158	1	–	–	–	–	–	–	–	–	–
VM 08 / 908.5 II, 114	22	22	22	21	11	7	6	4	4	4
VS 08 / – II, 114	8	8	8	5	–	–	–	–	–	–
VM 10 / – III, 160	7	–	–	–	–	–	–	–	–	–
VM 11 / 901 I, 134	45	45	45	47	48	48	48	48	48	48
VM 12⁵ / 912.5 I, 136	13	13	13	13	13	13	13	13	13	13
VS 12⁵ / 912.6 I, 136	9	9	9	9	4	4	4	4	4	4
VM 12⁶ / 913.0 I, 138	–	–	–	1	11	15	16	18	18	18
VS 12⁶ / 913.6 I, 138	–	–	–	3	13	13	13	13	13	13
VM 23⁵ / 924.5 I, 141	–	–	2	2	2	2	2	2	2	2
VM 24⁵ / 924.5 I, 141	–	–	2	2	2	2	2	2	2	2
VM 24⁶ / 924.4, 5, 934.4 I, 141	–	–	–	–	–	10	30	40	40	55
VB 97 / 997.0 I, 150	–	–	–	–	–	1	1	1	1	1
VS 97 / 997.6 I, 150	6	6	6	6	6	6	6	6	6	6

Baureihe	1960	1961	1962	1963	1964	1965	1966	1967	1968	1969
VB 98 / 998.0 I, 152	217	247	300	316	316	316	316	316	316	316
VS 98 / 998.6 I, 152	185	273	312	311	311	311	311	311	311	311
VB 140 / – III, 176	74	62	46	21	14	12	2	–	–	–
VB 141 / 941.2 III, 174	59	40	6	4	4	3	3	3	2	2
VB 142 / 995.0 I, 148	569	579	579	579	576	575	574	556	521	501
VS 144 / – III, 176	2	–	–	–	–	–	–	–	–	–
VS 145 / 945.6 II, 117	120	117	117	114	103	100	79	34	25	23
VB 147 / 947.0 II, 117	13	13	12	9	8	7	6	2	2	2

Abkürzungen

1. Lieferer

AEG	Allgemeine Elektrizitäts-Ges., Berlin
Bautzen	Waggon- u. Maschinenfabrik AG, vorm. Busch, Bautzen
BBC	Brown Boveri & Cie AG, Mannheim
Bergmann	Bergmann-Elektrizitäts-Werke AG, Berlin
BMAG	Berliner Maschinenbau-AG, vorm. L. Schwartzkopff, Berlin
Borsig	Borsig Lokomotiv-Werke GmbH, Hennigsdorf-Berlin
Breslau	Breslauer AG für Eisenbahn-Wagenbau u. Maschinenbauanstalt, Breslau
Dessau	Dessauer Waggonfabrik AG, Dessau
Düwag	Düsseldorfer Waggonfabrik AG, Düsseldorf
DWK	Deutsche Werke Kiel AG, Kiel
DWM	Deutsche Waffen- u. Munitionsfabriken AG (vorm. H. Cegielski), Werk Posen
Esslingen	Maschinenfabrik Esslingen, Esslingen
Floridsdorf	Wiener Lokomotivfabrik AG, Wien-Floridsdorf
Freudenstein	Stahlbahnwerke Freudenstein & Co AG, Berlin
Fuchs	H. Fuchs Waggonfabrik AG, Heidelberg

Gastell	Waggonfabrik Gebr. Gastell, Mainz-Mombach
Gmeinder	Gmeinder & Co GmbH, Mosbach (Baden)
Grafenstaden	Elsässische Maschinenbau-Ges., Grafenstaden
Güstrow	Mecklenburgische Waggonfabrik Güstrow, Güstrow
Hagans	R. Wolf AG, Abteilung Lokomotivbau Hagans, Erfurt
Hanomag	Hanomag Hannoversche Maschinenbau-AG, vorm. G. Egestorff, Hannover-Linden
Hartmann	Sächsische Maschinenfabrik, vorm. Rich. Hartmann AG, Chemnitz
Heilbronn	Maschinenbau-Ges., Heilbronn
Henschel	Henschel-Werke GmbH, Kassel
Hohenzollern	Hohenzollern AG für Lokomotivbau, Düsseldorf-Grafenberg
Humboldt	Maschinenbau-Anstalt Humboldt, Köln-Kalk
Jung	Arn. Jung Lokomotivfabrik GmbH, Jungenthal
Karlsruhe	Maschinenbau-Ges. Karlsruhe, Karlsruhe
Kiepe	Kiepe Bahn Elektrik GmbH, Düsseldorf-Reisholz
Krauss	Lokomotivfabrik Krauss & Co AG, München / Linz a. D.
Krauss-Maffei	Krauss-Maffei AG, München
Krenau	Oberschlesische Lokomotivwerke-AG Kattowitz (vorm. Chrzanów), Werk Krenau
Krupp	Fried. Krupp GmbH, Essen
Lindner	Gottfried Lindner Waggonbau AG, Ammendorf
Linke-Hofmann	Linke-Hofmann-Werke AG, Breslau
Maffei	J. A. Maffei, München
Maffei-Schw.	Maffei-Schwartzkopff-Werke GmbH, Wildau
MAN	Maschinenfabrik Augsburg-Nürnberg AG, Werk Nürnberg
MBA	Maschinenbau und Bahnbedarf AG (vorm. O & K), Dortmund
O & K	Orenstein & Koppel AG, Dortmund
Oerlikon	Maschinenfabrik Oerlikon, Oerlikon bei Zürich
Rastatt	Waggonfabrik AG, Rastatt
Rathgeber	Waggonfabrik Jos. Rathgeber AG, München
Rheinmetall	Rheinmetall, Düsseldorf
Schichau	Schichau, Elbing / Danzig / Königsberg
Skoda	AG vorm. Skoda-Werke, Pilsen / Prag
Smoschewer	Feldbahn- u. Lokomotivfabrik Smoschewer & Co, Breslau
SSW	Siemens-Schuckert-Werke GmbH, Berlin / Erlangen
Talbot	Waggonfabrik Talbot, Aachen
Uerdingen	Waggonfabrik Uerdingen AG, Krefeld-Uerdingen
VdZ & C	Waggonfabrik Van der Zypen & Charlier, Köln-Deutz
Vulcan	Stettiner Maschinenbau-AG Vulcan, Stettin-Bredow
Wasseg	Arbeitsgemeinschaft Wasseg (gebildet aus AEG u. SSW)
Wegmann	Wegmann & Co Waggonfabrik, Kassel

Westwaggon	Vereinigte Westdeutsche Waggonfabriken AG, Köln / Mainz
Wilhelmshaven	Nordwestdeutsche Fahrzeugwerke, Wilhelmshaven
Wismar	Triebwagen- u. Waggonfabrik Wismar, Wismar
WMD	Waggon- u. Maschinenbau GmbH, Donauwörth
Wumag	Waggon- u. Maschinenbau AG, Görlitz

2. Sonstige wichtige Abkürzungen

AW	Ausbesserungswerk
BD	Bundesbahndirektion
Bw	Bahnbetriebswerk
DB	Deutsche Bundesbahn (ab 1949)
DR	Deutsche Reichsbahn in der DDR (ab 1949)
DRG	Deutsche Reichsbahn bzw. Deutsche Reichsbahn-Gesellschaft (1920 bis 1945)
DSG	Deutsche Schlaf- und Speisewagengesellschaft
HVB	Hauptverwaltung der Deutschen Bundesbahn
KPEV	Königlich Preußische Eisenbahn-Verwaltung
LAG	Lokalbahn-Aktiengesellschaft (bis 1938, Sitz in München)
LVA	Lokomotiv-Versuchsanstalt
OBL	Oberbetriebsleitung (bei der DB)
RBD	Reichsbahn-Direktion

Literatur

1. Monografien (Auswahl)

Bäzold, D. / Fiebig, G.: Ellok-Archiv. transpress VEB Verlag für Verkehrswesen, Berlin 1971.

Dollhofer, J.: Das Walhalla-Bockerl – Geschichte der Walhallabahn. MZ-Verlag, Regensburg 1972.

Ebel, J. / Gänsfuß, R.: Franco-Crosti – Technik und Geschichte der Baureihen 42.90 und 50.40 der DB. LOK Report, Erlangen 1980.

Fiegenbaum, W. / Sickert, H.: Lokomotiv- und Triebwagen-Lexikon Deutsche Bundesbahn. Stand 1.1.1980. Verlag W. Kohlhammer, Stuttgart/Berlin/Köln/Mainz 1981.

Fiegenbaum, W. / Sickert, H.: Lokomotiv- und Triebwagen-Lexikon Deutsche Bundesbahn. Ausgemusterte Fahrzeuge 1970–1979. Verlag W. Kohlhammer, Stuttgart/Berlin/Köln/Mainz 1981.

Gerlach, D. / Röhr, G.: Die Triebfahrzeuge der Deutschen Bundesbahn und ihre Heimat-Betriebswerke, Stand ca. 31.12.1964. Röhr-Verlag, Krefeld 1980.
Glatte: Diesellokomotiven Deutscher Eisenbahnen. Lizenz für VEB transpress: Alba Buchverlag, Düsseldorf o.J.
Gottwaldt, A. B.: Deutsche Kriegslokomotiven 1939–1945. Franckh'sche Verlagshandlung, Stuttgart 1983.
Herb, M. / Knipping, A. / Wenzel, H. J.: Die Triebfahrzeuge der Deutschen Bundesbahn im Jahre 1950. Eisenbahn-Kurier Verlag, Freiburg 1978.
Holzborn, K.-D.: Unsere Dampflokomotiven. Band 1: Schlepptenderlokomotiven BR 01-59. Band 2: Tenderlokomotiven BR 60-96. Albis Verlag, Düsseldorf 1967.
Joachim, E.: Elektrische Lokomotiven. Alba Buchverlag, Düsseldorf 1973.
van Kampen, M. / Wenzel, H. J.: Die Baureihe 03.10. Eisenbahn-Kurier Verlag, Freiburg 1978.
Knipping, A.: Die Triebfahrzeuge der Deutschen Bundesbahn und ihre Heimatbetriebswerke. Stand 31.12.1958. Stand: 31.12.1962. Röhr-Verlag, Krefeld 1974/1976.
Löttgers, R: Schienenbusse in Deutschland. Frankh'sche Verlagshandlung, Stuttgart 1982.
Mehltretter, J. M.: Die deutschen Museums- und Denkmal-Lokomotiven. Motorbuch Verlag, Stuttgart 1977.
Messerschmidt, W.: Taschenbuch Deutsche Lokomotivfabriken. Frankh'sche Verlagshandlung, Stuttgart 1977.
Moll, G. / Wenzel, H. J.: Die Baureihe 24. Eisenbahn-Kurier Verlag, Freiburg 1979.
Moll, G. / Wenzel, H. J.: Die Baureihe 89.70 – preußische T 3. Eisenbahn-Kurier Verlag 1981.
Moll, G. / Wenzel, H. J.: Die Baureihe 93. Eisenbahn-Kurier Verlag, Freiburg 1979.
Obermayer, H. J.: Taschenbuch Deutsche Dampflokomotiven (Regelspur). Franckh'sche Verlagshandlung, Stuttgart 1969.
Obermayer, H. J.: Taschenbuch Deutsche Schmalspur-Dampflokomotiven. Franckh'sche Verlagshandlung, Stuttgart 1971.
Obermayer, H. J.: Taschenbuch Deutsche Elektrolokomotiven. Franckh'sche Verlagshandlung, Stuttgart 1970.
Obermayer, H. J.: Taschenbuch Deutsche Diesellokomotiven. Franckh'sche Verlagshandlung, Stuttgart 1972.
Obermayer, H. J.: Taschenbuch Deutsche Triebwagen. Franckh'sche Verlagshandlung, Stuttgart 1973.
Pieper, O.: Lokomotivverzeichnis der Deutschen Reichsbahn, DB und DR. Band 1: Baureihe 01–19.10. Band 2: Baureihe 22 bis 38.5. Band 3: Baureihe 38.10 bis 39.10. Band 4: Baureihe 41 bis 51.70. Röhr-Verlag, Krefeld 1968–1971.
Quill, K.-P. / Ebel, J.: Privatbahnen in der DDR – seit 1949 im Reichsbahn-Eigentum. Verlag W. Kohlhammer, Stuttgart/Berlin/Köln/Mainz 1982.
Röhr, G. (Hrsg.): Die Triebfahrzeuge der Deutschen Bundesbahn und ihre Heimat-Betriebswerke. Stand: Ende 1966. Stand: Ende 1969. Stand: Ende 1970. Röhr-Verlag, Krefeld 1967/1970/1971.

Röhr, G. (Hrsg.): Die Triebfahrzeuge der Deutschen Bundesbahn und ihre Heimat-Betriebswerke, Stand Ende 1967 / Umzeichnungsplan der Deutschen Bundesbahn 1968. Röhr-Verlag, Krefeld o.J.

Rogl, H. W.: Abseits der großen Strecken – Nebenbahnen in der Bundesrepublik Deutschland 1950–1982. Alba Buchverlag, Düsseldorf 1983.

Schadow, F.: Lokomotivverzeichnis der Deutschen Reichsbahn, DB und DR. Band 21: Elektrische Lokomotiven. Band 31: Diesellokomotiven. Röhr-Verlag, Krefeld o.J.

Troche, H.: Die Akkumulator-Triebwagen Bauart Wittfeld der Preußischen Staatsbahn. In: Jahrbuch für Eisenbahngeschichte 1978 (= Band 10). Deutsche Gesellschaft für Eisenbahngeschichte, Karlsruhe / Rösler und Zimmer Verlag, Augsburg.

Weisbrod, M. / Müller, H. / Petznick, W.: Dampflokarchiv. Band 1: Baureihen 01 bis 39. Band 2: Baureihen 41 bis 59. Band 3: Baureihen 60 bis 96. Band 4: Baureihen 97, 98 und 99. transpress VEB Verlag für Verkehrswesen, Berlin 1976/1977/1978/1981.

Wenzel, H. J.: Die Baureihe 39. Eisenbahn-Kurier Verlag, Solingen 1971.

Wenzel, H. J.: Die Baureihe 55. Eisenbahn-Kurier Verlag, Wuppertal 1976.

Zintl, R.: Die letzten Bayerischen. Motorbuch Verlag, Stuttgart 1979.

Zschech: Triebwagen deutscher Eisenbahnen. Band 1: ET und ETA. Band 2: VT und DT. Lizenz für VEB transpress: Alba Buchverlag, Düsseldorf o.J.

2. Zeitschriften

Verschiedene Ausgaben der Zeitschriften

Die Bundesbahn
Eisenbahn-Kurier
Eisenbahn-Magazin
Glasers Annalen
Kölner Schienenverkehr
Lok-Magazin
LOK Report
LOK Report-Reiseführer
Die Lokrundschau
Moderne Eisenbahn
Welt der Eisenbahn

3. Sonstige Unterlagen

- Ausmusterungsverfügungen, Bestandslisten, Unterhaltungsübersichten, Triebfahrzeug-Änderungsmeldungen, Baureihen- und Kurzbeschreibungen, Jahrbücher der Deutschen Bundesbahn
- Dienstvorschriften (DV) der Deutschen Bundesbahn, vor allem Merkbücher für Fahrzeuge (DV 939)
- Dienstvorschriften (DV) der Deutschen Reichsbahn / Deutschen Reichsbahngesellschaft, vor allem Merkbücher für Fahrzeuge (DV 939)
- Betriebsbücher und Betriebsbuchauszüge
- Unterlagen aus dem Verkehrsarchiv Nürnberg und aus den Archiven der Herren Ebel, Dr. Fiegenbaum, Iffländer, Knipping, Lauscher und Wenzel sowie des Verfassers